本研究由广西高校重点人文研究基地"广西经济预测与决策研究中心"、
广西数量经济学重点实验室、广西统计学重点学科联合资助

Guangxi Economic Development Report（2016）

广西经济发展报告（2016）

王德劲　席鸿建◎等著

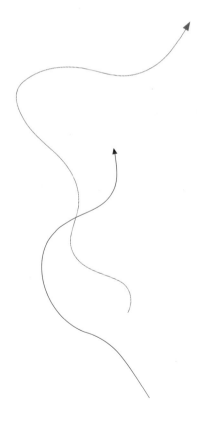

西南财经大学出版社

中国·成都

图书在版编目(CIP)数据

广西经济发展报告(2016)/王德劲等著 . —成都:西南财经大学出版社,
2017. 6
ISBN 978 - 7 - 5504 - 2898 - 0

Ⅰ.①广…　Ⅱ.①王…　Ⅲ.①区域经济发展—研究报告—广西—2016
Ⅳ.①F127.67

中国版本图书馆 CIP 数据核字(2017)第 050467 号

广西经济发展报告(2016)

王德劲　席鸿建　等著

责任编辑:孙婧　廖韧
责任校对:王青清
封面设计:墨创文化
责任印制:封俊川

出版发行	西南财经大学出版社(四川省成都市光华村街 55 号)
网　址	http://www.bookcj.com
电子邮件	bookcj@foxmail.com
邮政编码	610074
电　话	028 - 87353785　87352368
照　排	四川胜翔数码印务设计有限公司
印　刷	郫县犀浦印刷厂
成品尺寸	170mm×240mm
印　张	14.75
字　数	270 千字
版　次	2017 年 6 月第 1 版
印　次	2017 年 6 月第 1 次印刷
书　号	ISBN 978 - 7 - 5504 - 2898 - 0
定　价	78.00 元

前　言

　　年度经济发展报告一般描述一个地区或国家某一年的经济运行状况和态势，注重短期的经济发展形势分析。政府部门如统计局等大多采用这种分析方式，进行经济发展的月度、季度和年度经济形势分析与评价，为国家或地方政府提供决策参考。然而，经济发展具有一定的内在规律性，短期的众多经济表现都是在其长期发展过程中的某个特定发展阶段的阶段性特征，只有从总体上认识其内在的发展演化规律，才能更为深入地理解和把握短期的经济运行态势及问题，才能更好地为制定科学的经济政策提供决策依据。

　　本书不仅仅局限于短期的经济形势分析，还从经济增长、经济周期、工业化、创新能力等多个方面，采用多种统计和计量经济模型，深入刻画了广西长期经济发展规律，在对广西长期经济发展形势和运行规律进行深入剖析和对其内在发展规律深入认识的基础上，对广西未来经济发展形势做出了基本判断和预测，并提出了相应的政策建议。

　　本书为广西经济预测与决策研究中心 2016 年年度重点项目研究成果。该项目由王德劲和席鸿建负责总体设计、协调和组织开展研究，得到的研究成果是课题组成员共同努力的结果。本书共分 11 章：第 1 章为绪论，对研究背景、研究思路和方法、研究内容和基本观点等进行概述（课题组）；第 2 章为 2015 年国内外经济形势分析（席鸿建）；第 3 章为 2015 年广西经济形势分析（王德劲）；第 4 章为广西经济增长核算分析（王德劲、席鸿建）；第 5 章为广西经济周期及其波动特征研究（王德劲、张玉英）；第 6 章为广西经济增长预测（王德劲、范雅静）；第 7 章为广西工业化进程评价与分析（赵西超）；第 8 章为广西战略性新兴产业发展评价与分析（廖鸣霞）；第 9 章为广西创新能力评价与分析（谭元元）；第 10 章为广西全面小康建设进程评价与分析（范雅静）；第11章为结束语（王德劲）。本书最后由王德劲和谭元元负责统稿。

本研究获得了广西教育厅人文社会科学重点研究基地——广西经济预测与决策研究中心、广西数量经济学重点实验室和广西统计学重点学科的联合资助。感谢西南财经大学孙婧编辑及其同事的辛苦工作。当然，本书的不足和缺点都应归咎于笔者。

王德劲　席鸿建

2017 年 2 月

目　录

§1 绪论

  2015 年世界经济处于国际金融危机后的修复期，货币政策措施有效性渐弱、缺乏新的经济增长点，且总体保持着"低利率、低通胀、低增长、高负债"的发展态势，经济复苏疲弱乏力，国际贸易形势恶化，贸易保护主义抬头，大宗商品价格大幅下跌，商品总体价格增幅回落，通缩势头有所增强，发达国家就业状况好转但经济复苏缓慢，新兴经济体增速进一步回落。为了应对这一经济形势的变化，我国政府制定了相对宽松的货币政策与适度的财政政策、相对稳定的汇率政策、提振内需政策、"去产能、去杠杆、去库存"的经济结构调整政策等一系列经济政策手段，使得 2015 年我国经济仍然保持了较好的增长态势。其中比较突出的是，消费对经济增长的拉动作用明显增强，服务业主导的经济转型日益显著，高技术产业和战略性新兴产业发展势头良好，等等，保障了我国经济的平稳运行，基本实现了既定的经济增长目标。在未来一段时期内，国际经济仍将保持微弱复苏走势，世界经济短期内走出低谷的可能性比较小，经济或许将在底部盘桓，有反复探底的可能。随着宽松货币政策效果的下降，我国有可能收紧货币转向较为激进的财政刺激政策，适度调低经济增长预期，以促进我国经济平稳运行和实现我国经济转型升级。

  经济发展具有一定的内在规律性，短期的众多经济现象都是经济长期发展过程中某个特定发展阶段的阶段性特征的具体表现，只有从总体上认识其内在的发展演化规律，才能更为深入地理解和把握其短期的经济运行态势及其问题，才能更好地为制定科学的经济政策提供决策依据。面对严峻和复杂的国内外经济形势，2015 年广西经济仍表现出较好的运行态势：广西经济增速在全国居于中等偏上水平，地区经济总量再创新高，区域经济地位继续提升，产业结构有所优化，就业和物价总体水平基本稳定，工业生产保持较快增长，工业企业总体经营情况较上一年度有所改善，双边贸易大幅增长，财政金融稳定运行，总需求稳定增长，有触底回升的迹象。所有这些经济现象隐含了怎样的经济运行规律，是否具有内在必然性？本书试图在年度经济形势分析的基础上，从经济增长、经济周期、工业化、创新能力和全面小康建设进程等多个方面，采用多种统计和计量经济模型，深入刻画广西长期的经济发展规律；在对广西长期经济发展形势和运行规律进行深入剖析和对其内在发展规律深入认识的基础上，对广西未来经济发展形势做出基本判断和预测，并提出相应的政策建议。

本书主要内容大致可分为四个部分共 10 章：第一部分为第 1 章即绪论，对本书研究背景、内容等做出简要介绍；第二部分包括第 2、3 章，为国内外经济形势和广西年度经济运行特征和发展形势的分析；第三部分包括第 4、5、6 章，为广西经济增长核算分析、广西经济周期波动分析和广西经济增长预测等；第四部分包括第 7、8、9、10 章，为广西经济发展相关的几个专题评价分析，包括广西工业化进程评价与分析、广西创新能力评价与分析、广西战略新兴产业发展评价与分析和广西全面小康建设进程评价与分析等内容。

本书基本观点如下：

第一，2015 年广西经济运行态势良好，经济总量再创新高，经济地位继续提升，但经济下行风险不容忽视，经济结构转型势在必行。

2015 年广西实现生产总值 16 803.12 亿元，在全国各地区的生产总值排名中列第 17 位（上升 2 个位次），增长 7.2%，实际增长 8.1%（不变价格），超过全国 6.9% 的平均增长速度约 1.2 个百分点。但考察连续几年广西生产总值的增长率，其持续下降的趋势比较明显，按当年价格计，广西生产总值增长率逐步由 2012 年的 11.2% 下降到 2015 年的 7.2%，平均每年下降 1.33 个百分点，经济增长已处于下行通道。广西经济结构明显滞后于全国平均水平，尤其是第三产业占比及其对经济增长的拉动作用均显著低于全国平均水平。随着国家"去产能、去杠杆、去库存"等经济转型和经济结构调整政策的实施，投资对经济增长拉动作用的重要性必将进一步下降，消费和出口将成为广西经济增长的主要动力，经济增长对房地产的依赖性将逐步削弱。在稳增长的同时，淘汰落后产能，降低整体债务水平，促进经济结构调整，大力发展战略新兴产业和旅游等服务业是实现广西未来经济快速发展的必然选择。2015 年广西总需求和工农业生产稳定增长，但增速回落，工业企业总体经营情况好转，产业结构性调整效果初显，对外双边贸易大幅增长，贸易顺差回落，能源生产和消费总量持续增长，能源结构持续优化。

第二，2015 年广西财政、金融保持平稳运行，就业和总体物价形势稳定。

2015 年广西财政收支保持中高速增长，财政收入和预算内财政支出分别增长 7.9% 和 16.8%，且财政收入增速持续回落，而财政支出增速持续上升，预算内财政缺口大幅增长，金融机构贷款余额为 18 119.3 亿元，新增贷款 2 048.35 亿元，增长 12.7%，增速回落 1.4 个百分点，增速在 2014 年短暂上升后重返持续回落的趋势。2015 年广西就业形式稳中向好，总体物价基本稳定，消费品物价温和上涨，投资品物价连续 4 年持续下跌。全年全区城镇新增就业 44.62 万人，城镇失业人员再就业 8.77 万人，就业困难人员实现就业 2.48 万人，新增农村劳动力转移就业 65.69 万人次，均超额完成年度预定目标。城镇登记失业人数为 18.13 万人，城镇登记失业率为 2.92%，失业率比上年下降 0.23 个百分点。全区全年工业品出厂价格比上年下跌 3.0%，跌幅比上年上升 1.4 个百分点，维持了持续下跌的趋势；总体来看，初级品价格下跌幅度较大，高技术类产品价格上涨幅度较大，结构调整态势比较明确。

第三，对广西 1978—2015 年的经济增长核算分析结果表明，1990—1991 年为广西经济增长模式的转折点；1993—2015 年，广西资本和科技进步对经济增长的贡献率基本稳定，分别为 40% 和 50% 左右，而劳动的贡献率不足 10%，且有下降的趋势。

应用索洛模型和超越对数函数模型，估计了广西 1978—2015 年的经济增长模型，得到较为一致的结果：1978—2015 年广西经济增长可大致划分为两个阶段（采用计量经济模型中的邹氏检验来识别模型的拐点）。第一阶段（1979—1993 年）资本投入对经济增长的贡献比较小，大多数年份都在 20% 以内，而劳动和科技进步的贡献率比后一阶段高，前者大多数年份在 30% 左右，而后者大多数年份达到 55% 以上。第一阶段为我国改革开放初期，经济制度改革所产生的制度红利比较大，制度改革对经济增长产生巨大的影响，但经济增长模型没有将这一影响刻画出来，而直接将其融入科技进步贡献率之中，所以科技进步对经济增长的贡献率相对较大。1993 年之后为第二个阶段。这一阶段资本的贡献率相对前一阶段显著上升，而且有逐年提高的趋势，近些年稳定在 40% 左右（部分年份比较异常除外）。而劳动的贡献率相对前一阶段显著下降，自 2001 年起大部分年份下降到 10% 以内，且有持续下降的趋势。科技进步贡献率周期性波动的迹象比较明显，最近几年在 50% 左右波动。

第四，采用多种统计模型识别了 1978—2015 年广西经济增长周期波动特征，认为广西目前处于最近一个中周期的底部阶段，近期广西经济增长周期波动与全国同步，与大部分广西地区宏观经济变量同步。

1978—2015 年广西大致经历了 9 个左右的短周期，每个周期大约持续 2 到 3 年；大致经历了 4 个中周期，每个周期平均持续约 7 年时间，而且每个中周期的持续时间有延长的趋势。目前广西经济处于最近一个中周期（即大约为2002—2015年，直到目前该周期还未结束）的衰退阶段后期，有可能继续探底或在底部持续更长一段时期。最近两个周期（自1990年开始）广西经济增长与全国基本同步，增长态势与全国的经济发展形势更加密切。因此要准确把握广西经济发展状况，有必要从更高层次的国家层面进行分析，对国家层面的有关宏观经济政策进行深入的分析，为广西区域经济发展制定相应的应对策略，具有重要的经济意义。广西经济增长与部分宏观经济变量的周期波动形态大致相同，但最终消费支出的波动周期略有滞后，而投资和工资水平领先于经济增长周期的波动；最近能源生产和能源消费与经济增长波动出现背离的走势。通过对宏观经济变量与经济增长周期的考察，可以将有关宏观经济变量用于构建识别经济增长规律的宏观监测指标。

第五，受制于国内外经济形势的发展，2016年或者整个"十三五"期间，广西经济增长都有可能都处于下降或探底的过程之中，经济进一步减速换挡的可能性比较大，估计经济增长率在5%～8%波动，2018年可能成为本轮经济周期的转折点。

随着国家"去产能、去杠杆、去库存"等经济转型和经济结构调整政策的实施，投资对经济增长拉动作用的重要性必将进一步下降，消费和出口将成为广西经济增长的主要动力，经济增长对房地产的依赖性将逐步削弱。在稳增长的同时，淘汰落后产能，降低整体债务水平，促进经济结构调整，大力发展战略新兴产业和旅游等服务业是实现广西未来经济快速发展的必然选择。对不同计量经济模型预测结果进行比较可知，地区生产总值增长率序列模型得到的地区生产总值增长率预测值都有持续增长趋势，而经过滤波成分预测值合成的地区生产总值增长率在2018年达到顶峰值后回落（呈倒U形），不同模型得到的地区生产总值增长率的值均较高（均超过9%以上），这一结果与二次移动平均法预测结果大相径庭，后者预测"十三五"广西经济增长率持续下滑，且均不超过当前的增长水平。然而，二次移动平均模型更关注当前水平及其趋势，与目前经济增速下滑的趋势相符，但可能没有考虑未来各种经济条件改善的可能，从而导致低估经济增长水平。相反，自回归移动平均模型更多地考察历史经济增长率的变化规律，特别是周期性的变化规律，而对目前的经济复杂形势没有更好地考虑而导致高估其增长水平。综合考虑，"十三五"期间广西经济增速区间估计在5%～8%的可能性比较大，预计广西经济增长率将低位盘桓至2018年左右的低谷，之后可能逐步走出经济增长的底部，进入缓慢复苏阶段。

第六，在工业化进程中，广西在工业化发展速度和工业化发展可持续方面具有较为明显的优势。但是工业化基础较为薄弱、工业化水平及工业化质量较为低下仍然是制约广西工业化进程的主要因素，加快完善广西工业基础环境建设、发展战略新兴产业及高新技术产业和第三产业、缩小城乡居民收入差距等是未来促进广西工业化发展的关键所在。

实证结果表明：广西工业化进程评价综合指数呈现倒 U 形分布，并且在 2013 年出现拐点。2011—2013 年广西工业化指数不断上升，在 2013 年达到近五年最高值（0.648）；2013 年之后，工业化指数逐步下降，至 2015 年跌至 0.455。

与全国平均水平相比，广西工业基础较为薄弱，工业化水平、工业化质量等指标处于劣势。在工业化水平方面，第三产业占地区生产总值比重指标的实现程度低于全国平均水平；在工业化质量方面，R&D（研究与开发）人员占从业人员比重、R&D 投入强度和总资产贡献率等实现程度较高，且具有上升趋势，而工业化费用利用率、新产品开发经费支出占 R&D 经费支出比重等指标实现程度较低。因此，应加快产业结构调整，大力发展战略新兴产业及高新技术产业，加大工业化对第三产业的推动作用。

广西工业化发展速度和可持续性优势较为明显。在工业化发展速度方面，广西经济增长速度、工业增加值增长速度两个指标处于较高水平，而 2015 年广西工业化发展速度指数达到 0.069，为各地区最高水平。工业化可协调性和可持续性方面，实现程度较高的有万元地区生产总值综合能耗、二氧化硫排放强度、城镇登记失业率等指标，但是城乡居民人均收入比指标的实现程度较低，因此，广西在工业化进程中如何有效缩小城乡居民的收入差距是当前或者未来相当长一段时期内应重点关注的问题。

第七，广西战略性新兴产业保持快速增长，支撑作用逐步凸显，但也存在产业竞争力弱、科技投入不足、企业创新自主性不强、政策体系不完善等问题。本书采用的实证证据表明，广西医药制造业、电子及通信设备制造业、电子计算机及办公设备制造业和航空航天器制造业等处于产业成长期，医疗设备及仪器仪表制造业处于产业形成期。建议根据产业发展规律，对处于形成期阶段和进入成长期阶段的各产业分别制定以政府为主导和以市场为主导的不同发展策略。

广西战略性新兴产业快速发展，拥有一批处于国内领先水平的产品和技术。2015 年，广西规模以上高技术产业增加值同比增长 16.9%，高于规模以上工业 9.0 个百分点，占规模以上工业增加值的 8.6%，比上年提高 1.2 个百分点，对优化全区产业结构和促进转型升级的作用明显。多项高科技技术迈入领先行列，如铝电解预焙槽控制技术、机械设计与 CAE 技术、稀土冶炼分离和深加工技术，拥有可再生空气混合动力柴油发动机、最大的轮式装载机等先进装备产品。存在的主要问题包括：其一，产业发展存在"高端产业、低端环节"的问题，竞争力弱；其二，科技投入不足，广西全社会 R&D 经费内部支出占地区生产总值的比重为 0.6%，低于全国的 2.1%；其三，企业创新自主性不强，广西区域创新综合能力在全国排第 19 位，企业创新方面位居第 22 位；其四，政府资金投入不足，政策体系不完善。

本书根据产业生命周期理论，使用龚伯兹曲线对 2010—2015 年广西高技术产业相关数据进行拟合，根据结果判断：广西医药制造业、电子及通信设备制造业、电子计算机及办公设备制造业和航空航天器制造业处于产业成长期，医疗设备及仪器仪表制造业处于产业形成期。根据发达国家发展经验，战略性新兴产业发展离不开政府的培育和扶持。对处于形成期阶段的产业，建议在技术创新方面，以政府资金为引导，建立以政府为主导的产学研合作方式，致力于突破战略性新兴产业的核心技术；在融资方面，加大政策性银行对战略性新兴产业的融资支持力度；在需求方面，加强政府采购和对消费市场的引导。对于进入成长期的产业，在技术创新方面，建议引导民间资本进入战略新兴产业，采用以市场为主导的产学研模式，政府进一步完善科技成果转化的一系列政策的制定、平台建设等公共服务职能，加速科研成果向产业化生产转移；在发展模式方面，积极促进产业的集群发展；在融资方面，发挥商业银行的主体作用，建立和完善多层次的担保体系和多层次的资本市场，构建多元化的融资渠道；在需求方面，政策重点转向消费者，通过对消费者购买战略性新兴产业的相关产品进行直接补贴、税收价格优惠等措施促进战略性新兴产业产品市场的形成和发展。鼓励社会民间资本支持创新产品的生产、应用和示范。

第八，广西创新能力稳步提高，呈波浪式增长。2014 年广西创新指数为 1 084.1%（以 2006 年为 100%），期间增长将近 10 倍，年均增长 34.7%，2014 年创新能力指数增速更是达到 131.6%。其中，2014 年创新投入、创新环境、创新产出和创新效果指数分别为 233.3%、585.7%、2 424.1% 和 251.3%，分别年均增长 11.2%、24.7%、45.0% 和 12.2%，创新产出增长显著，创新投入和创新效果增长相对较缓。创新投入不足，经济发展水平、居民收入和教育水平低等是制约广西创新能力提升的主要因素。

通过构建以创新投入、创新产出、创新环境和创新效果等方面指标的广西创新指数评价指标体系，对广西 2006—2014 年进行实证评价。结果表明

2006—2014 年广西创新指数逐年稳步提高，由 2006 年的 100%，增长到 2014 年的 1 084.1%，年均增长 34.7%。

创新环境不断优化，各项指标年均增长均在 10% 以上。创新产出能力显著提升，包括发明专利申请数、专利授权数、技术合同成交额、高新技术产业主营业务收入和高新技术产业利税总额等创新产出指标涨幅巨大，分别年均增长 35.8%、26.8%、82.7%、37.2% 和 36.8%。创新投入和创新效果都不断提升，但增长相对较慢，部分指标增长相对迟缓，如地方财政科研拨款占地方财政支出的比重、财政性教育经费支出占地区生产总值的比重、高新技术产业总产值占地区生产总值的比重和工业新产品产值率等，年均增速分别仅为 3.86%、3.93%、1.12%、和-0.39%，增速较为缓慢。而万元地区生产总值综合能耗指数（逆向指标）年均减速仅为 2.95%，创新投入不足是制约广西创新能力提升的主要因素之一。

另外，经济发展水平、居民收入及教育水平低等也是广西创新能力提升的主要制约因素。广西在这些方面与发达地区相比差距较大，同时，人均生产总值、城镇居民人均收入，以及人口教育水平等指标明显滞后于全国平均水平。

第九，广西在全面小康建设过程中也有着具有自然资源比较优势、经济发展速度快等亮点，而经济水平、人民生活水平和科教文化产业等相对落后是广西与全国同步建成全面小康社会的主要制约因素，至 2020 年实现全面小康社会的建设任务仍十分艰巨。

实证结果表明，广西全面小康社会进程的当前完成程度达到 67.66%，总体来看发展较快，其中经济方面增长最快，资源环境方面增速次之但水平较高。近十年，广西小康社会建设推进迅速，由 2005 年的 33.5% 增长至 2015 年的 67.66%，增幅达 82.74%。与"十一五"时期相比，"十二五"期间，广西全面小康建设进程明显加快。其中完成程度最高的为资源环境方面，达到 78.81%；生活水平方面建设完成程度为 73.58%，但增速较慢，且在"十一五"期间有下降趋势，2008 年起才开始慢慢回升；经济发展方面完成程度最低，仅为 61.20%，年平均增长 6.21%。全面小康建设进程中较突出的是互联网普及率、每万人口发明专利拥有量、人均地区生产总值、农业劳动生产率等，而经济发展水平、科教文化产业发展和人民生活水平较为落后是制约广西实现全面小康社会的主要因素。

与邻省广东、云南相比，广西全面小康建设水平处于中间位置，其中资源环境方面优于广东、云南，但人民生活水平方面则较落后。从总体来看，三个省份增速几乎相同，每年平均以 3% 左右的速度增长。但广东的建设进程领先广西和云南较多，2014 年，广东全面小康建设进程达到 87.12%，广西次之，为 65.45%，而云南仅为 62.92%。

按照当前发展速度，广西完成 2020 年全面建成小康社会的目标仍有一定难度。预测模型分析结果显示，未来五年，综合进程以及其三个方面均在不断发展，但以目前的发展水平，直至 2020 年，广西全面小康建设进程离 100% 完成的目标仍有一定距离。从总体进程来看，到 2020 年，其发展进程可达到 78.73%，较 2015 年增长约 11 个百分点。其中，人民生活水平方面发展最为明显，根据预测，至 2020 年可达到 96.22%，接近 100% 完成，资源环境方面也较为乐观，2020 年可达到 92.04%。而经济发展方面形势较为严峻，直至 2020 年完成程度仅为 76.54%，离完全达到小康水平仍相差约 23%。

§2 2015年国内外经济形势分析

2.1 国际经济形势分析

2.1.1 国际经济运行特征：2015年

2015年世界经济低速增长，国际贸易形势恶化，贸易保护主义抬头，大宗商品价格大幅下跌，商品价格增幅回落，通缩势头有所增强。发达国家就业状况好转但经济复苏缓慢，新兴经济体增速进一步回落。虽然各国货币政策继续宽松，但其促经济增长的效果渐弱，世界经济整体复苏但仍疲弱乏力，增长速度放缓。

2.1.1.1 2015年世界经济总体增速放缓，但有所分化

2015年世界各国国内生产总值总和达734 336亿美元，在2014年的基础上增长2.5%，同比下滑1个百分点，连续3年经济增速在低位徘徊（见表2-1）。

部分发达经济体经济增长增速回升，美国经济增长2.4个百分点，与2014年的增速持平。日本由上一年的零增长，转为增长0.5个百分点。欧盟主要成员国如德国、法国、意大利和西班牙等经济增速显著回升，但澳大利亚、加拿大和英国增速下降，且后两者降幅较大（分别下降1.4和0.6个百分点）。欧盟和日本GDP增速的回升带动了发达经济体2015年总体GDP增长率的上升。

表 2-1   主要发达国家经济增长速度

国家或 地区	国内生产总值 （2015 年，亿美元）	国内生产总值增速（%）			2015 年同比增速 变化百分点
		2013 年	2014 年	2015 年	
世　界	734 336	2.4	2.6	2.5	-0.1
美　国	179 470	1.5	2.4	2.4	0.0
日　本	41 233	1.4	0.0	0.5	0.5
法　国	24 217	0.6	0.3	1.2	0.9
德　国	33 558	0.3	1.6	1.7	0.1
意 大 利	18 148	-1.8	-0.3	0.8	1.1
西 班 牙	11 991	-1.7	1.4	3.2	1.8
土 耳 其	7 182	4.2	3.0	4.0	1.0
澳大利亚	13 395	2.4	2.5	2.3	-0.2
英　国	28 488	2.2	2.9	2.3	-0.6
加 拿 大	15 505	2.2	2.5	1.1	-1.4

资料来源：《中国统计年鉴 2016》。

新兴市场和发展中经济体经济增速依旧保持下滑势头，但局部表现抢眼。由于大部分国家经济增速回落，中国等体量较大经济体增速下降以及俄罗斯等国甚至陷入负增长等因素，导致新兴市场与发展中经济体整体增速继续下滑。但新兴市场和亚洲发展中经济体依然是世界上经济增长最快的地区，2015 年中国、印度、孟加拉国、菲律宾和马来西亚等国经济增长率均超过 5%。比较突出的是，部分发展中国家，如印度、泰国、孟加拉国和埃及等保持强劲增长。2015 年印度 GDP 增长 7.6%，同比上升 0.4 个百分点；泰国和埃及 GDP 分别增长 2.8% 和 4.2%，同比均上升 2 个百分点；孟加拉国 GDP 增长 6.6%，同比上升 0.5 个百分点（见表 2-2）。

表 2-2   部分发展中国家和新兴经济体经济增长速度

国家或 地区	国内生产总值 （2015 年，亿美元）	国内生产总值增长率（%）			2015 年同比增速 变化百分点
		2013 年	2014 年	2015 年	
中　国	108 664	7.7	7.3	6.9	-0.4
韩　国	13 779	2.9	3.3	2.6	-0.7
马来西亚	2 962	4.7	6.0	5.0	-1.0
菲 律 宾	2 920	7.1	6.1	5.8	-0.3
新 加 坡	2 927	4.7	3.3	2.0	-1.3

表2-2(续)

国家或地区	国内生产总值（2015年，亿美元）	国内生产总值增长率（%）			2015年同比增速变化百分点
		2013年	2014年	2015年	
印度尼西亚	8 619	5.6	5.0	4.8	-0.2
以 色 列	2 961	3.4	2.6	2.5	-0.1
尼日利亚	4 811	5.4	6.3	2.7	-3.6
南 非	3 128	2.2	1.6	1.3	-0.3
俄 罗 斯	13 260	1.3	0.7	-3.7	-4.4
孟加拉国	1 951	6.0	6.1	6.6	0.5
印 度	20 735	6.6	7.2	7.6	0.4
泰 国	3 953	2.7	0.8	2.8	2.0
埃 及	3 308	2.1	2.2	4.2	2.0

资料来源：《中国统计年鉴2016》。

2.1.1.2 就业形势好转，但表现各异

2015年世界整体就业形势好转。发达经济体，如美国、日本和欧盟等三大经济体失业率明显下降，美国失业率由2014年的6.2%下降到5.3%，下降0.9个百分点，日本失业率由2014年的3.6%下降到3.4%，下降0.2个百分点，主要欧盟成员国德国、英国、意大利、西班牙、荷兰等失业率显著下降，分别在2014年的基础上下降0.7、0.8、0.8、2.4和0.5个百分点（法国略有上升，上升0.1个百分点）。虽然欧洲整体失业率下降，但部分国家的就业形势仍然十分严峻，失业率处于较高水平，如西班牙、意大利和荷兰等国家失业率仍然分别高达22.1%、11.9%和6.9%。

新兴经济体的就业状况形势不一。中国城镇失业率与上一年持平，连续多年都维持在较低水平，就业状况相对较好，其经济增速下滑并没有带来大规模的失业现象。巴西和俄罗斯这两个经济负增长的国家失业率显著上升，分别上升1.9和0.4个百分点。南非和土耳其就业形势继续恶化，失业率均上升0.3个百分点，达到25.4%和10.3%的高位。加拿大、澳大利亚的失业率与上一年持平，韩国、泰国和新西兰等国失业率略有上升（见表2-3）。

表 2-3		世界部分国家失业率			单位:%
国家或地区	2010年	2013年	2014年	2015年	2015年变动百分点
西 班 牙	19.9	26.1	24.5	22.1	-2.4
波 兰	12.1	13.5	9	7.5	-1.5

表2-3(续)

国家或地区	2010 年	2013 年	2014 年	2015 年	2015 年变动百分点
新 加 坡	2.1	1.7	2.7	1.7	-1.0
捷 克	9	7.7	6.1	5.1	-1.0
美 国	9.6	7.4	6.2	5.3	-0.9
意 大 利	8.4	12.1	12.7	11.9	-0.8
英 国	7.9	7.6	6.2	5.4	-0.8
德 国	7.7	6.9	6.7	6.0	-0.7
墨 西 哥	5.3	4.9	4.8	4.3	-0.5
荷 兰	5.0	7.2	7.4	6.9	-0.5
菲 律 宾	7.4	7.1	6.6	6.3	-0.3
日 本	5.1	4.0	3.6	3.4	-0.2
中 国	4.1	4.1	4.1	4.1	0.0
加 拿 大	8.1	7.1	6.9	6.9	0.0
澳 大 利 亚	5.2	5.7	6.1	6.1	0.0
韩 国	3.7	3.1	3.5	3.6	0.1
泰 国	1.1	0.7	0.8	0.9	0.1
法 国	9.3	9.9	10.3	10.4	0.1
新 西 兰	6.7	6.1	5.7	5.8	0.1
马 来 西 亚	3.3	3.1	2.9	3.1	0.2
南 非	24.9	24.7	25.1	25.4	0.3
土 耳 其	11.9	9.7	10.0	10.3	0.3
俄 罗 斯	7.5	5.5	5.2	5.6	0.4
巴 西	6.7	5.4	4.9	6.8	1.9

资料来源:《中国统计年鉴2016》,中国数据为城镇登记失业率。

2.1.1.3 物价水平增速普遍下降,隐含通缩风险

2015 年大部分国家价格指数均处于较低水平,且同比下滑。不仅发达经济体的通胀率较大幅度地下降,部分发展中国家经济体的下降幅度也较大。2015 年,美国消费价格指数为 100.1%,比上年下降 1.6 个百分点;日本消费价格指数为 100.8%,比上年下降 2 个百分点;加拿大和澳大利亚的消费价格指数分别为 101.1% 和 101.4%,较上年下降 0.8 和 1.1 个百分点;主要欧盟成员国如英国、法国、德国和意大利等的消费价格指数都处于较低水平,且保持了下滑趋势,分别较上年下降 1.5、0.6、0.7 和 0.1 个百分点(见表2-4)。

新兴市场的通胀率仍然较高，且少量国家通胀率继续上升，但大部分国家都开始下降。2015年印度、泰国、菲律宾和南非等的消费价格指数增长率下降明显，降幅都在1个百分点以上，土耳其、韩国和马来西亚的消费价格指数增幅也有较大幅度的回落。俄罗斯、缅甸和埃及等少量国家消费价格指数同比增长较快，出现了较明显的滞胀特征。

表2-4　　　　　　　　消费价格指数及其变动百分点

国家	消费价格指数（%）			变动百分点	
	2013年	2014年	2015年	2014年	2015年
中　　国	102.7	102.0	101.5	-0.7	-0.5
伊　　朗	139.3	117.2	113.7	-22.1	-3.5
泰　　国	102.2	101.9	99.0	-0.3	-2.9
菲 律 宾	103.0	104.1	101.4	1.2	-2.8
日　　本	100.3	102.8	100.8	2.5	-2.0
南　　非	105.5	106.3	104.6	0.8	-1.7
美　　国	101.4	101.7	100.1	0.3	-1.6
英　　国	102.6	101.5	100.0	-1.2	-1.5
印　　度	110.9	106.4	105.2	-4.6	-1.2
土 耳 其	107.5	108.9	107.7	1.4	-1.2
马来西亚	102.1	103.2	102.1	1.1	-1.1
澳大利亚	102.5	102.5	101.4	0.0	-1.1
加 拿 大	101.0	101.9	101.1	0.9	-0.8
德　　国	101.5	100.9	100.2	-0.6	-0.7
法　　国	100.9	100.6	100.0	-0.3	-0.6
新 西 兰	101.2	100.9	100.4	-0.3	-0.6
韩　　国	101.3	101.2	100.7	-0.1	-0.5
西 班 牙	101.4	99.9	99.4	-1.5	-0.5
荷　　兰	102.5	100.9	100.6	-1.5	-0.3
意 大 利	101.2	100.2	100.1	-1.0	-0.1
埃　　及	109.4	110.2	110.3	0.7	0.2
缅　　甸	105.5	105.4	110.8	-0.1	5.4
俄 罗 斯	106.8	107.9	115.5	1.1	7.6

资料来源：根据《中国统计年鉴2016》中附录2-10计算得到（上年=100）。

2.1.1.4 国际贸易显著下降

全球国际贸易额负增长是 2015 年的显著特征。2015 年全世界出口额为 164 820 亿美元，进口额为 167 660 亿美元，进出口总额为 332 480 亿美元，分别较上一年度下降 25 130 亿美元、23 380 亿美元和 48 510 亿美元，下降幅度分别为 13.2%、13.7% 和 12.7%（见表 2-5）。

表 2-5　　　　　世界和部分国家货物进出口额　　　　　单位：亿美元

国家或地区	2014 年			2015 年			2015 年增长（百分点）		
	出口	进口	进出口总额	出口	进口	进出口总额	出口	进口	进出口总额
世　　界	189 950	191 040	380 990	164 820	167 660	332 480	−13.2	−13.7	−12.7
中　　国	23 423	19 592	43 015	22 749	16 820	39 569	−2.9	16.1	−8.0
印　　度	3 227	4 629	7 856	2 671	3 920	6 591	−17.2	−42.3	−16.1
日　　本	6 902	8 122	15 024	6 249	6 485	12 734	−9.5	−23.1	−15.2
韩　　国	5 727	5 255	10 982	5 268	4 365	9 633	−8.0	0.2	−12.3
马来西亚	2 339	2 089	4 428	1 999	1 760	3 759	−14.5	−4.3	−15.1
菲　律　宾	621	677	1 298	586	699	1 285	−5.6	−13.4	−1.0
新　加　坡	4 098	3 662	7 760	3 505	2 967	6 472	−14.5	−4.3	−16.6
泰　　国	2 275	2 277	4 552	2 144	2 027	4 171	−5.8	−5.8	−8.4
越　　南	1 502	1 478	2 980	1 621	1 661	3 282	7.9	9.7	10.1
埃　　及	264	713	977	191	650	841	−27.7	−73.2	−13.9
南　　非	910	1 220	2 130	817	1 046	1 863	−10.2	−33.0	−12.5
加　拿　大	4 747	4 800	9 547	4 085	4 364	8 449	−13.9	−14.9	−11.5
墨　西　哥	3 971	4 116	8 087	3 808	4 053	7 861	−4.1	−7.5	−2.8
美　　国	16 205	24 125	40 330	15 049	23 079	38 128	−7.1	−37.6	−5.5
法　　国	5 805	6 766	12 571	5 059	5 727	10 786	−12.9	−25.2	−14.2
德　　国	14 946	12 070	27 016	13 295	10 500	23 795	−11.0	10.1	−11.9
意　大　利	5 299	4 742	10 041	4 591	4 089	8 680	−13.4	−3.2	−13.6
荷　　兰	6 727	5 894	12 621	5 672	5 058	10 730	−15.7	−3.8	−15.0
俄　罗　斯	4 978	3 080	8 058	3 403	1 941	5 344	−31.6	10.5	−33.7
西　班　牙	3 245	3 589	6 834	2 818	3 093	5 911	−13.2	−21.5	−13.5
土　耳　其	1 576	2 422	3 998	1 439	2 072	3 511	−8.7	−40.6	−12.2
英　　国	5 052	6 905	11 957	4 604	6 258	10 862	−8.9	−33.3	−9.2
澳大利亚	2 412	2 369	4 781	1 884	2 084	3 968	−21.9	−20.5	−17.0
新　西　兰	416	425	841	344	366	710	−17.3	−19.1	−15.6

资料来源：总量数据来自《中国统计年鉴 2016》，增长数据根据总量数据计算得到。

分国别和地区来看，只有越南等极少数国家在 2015 年保持了进出口的双向正增长，绝大部分国家和地区的出口和进口的绝对额均下降。发达经济体进出口额都有明显下降，且进口下降幅度更大。美国和日本全年出口额比上年分别下降 7.1% 和 9.5%，进口额分别下降 37.6% 和 23.1%，进出口总额分别下降 5.5% 和 15.2%。欧盟主要成员国的情形与美、日相似，进口额比出口额的下降幅度更大，如英国、法国、西班牙等国的出口额分别下降 8.9%、12.9% 和 13.2%，进口额分别下降 33.3%、25.2% 和 21.5%。加拿大、澳大利亚和新西兰等发达国家进口和出口额都有较大幅度下降（超过 10%），但两者相差不大。发展中国家（或地区）经济体的进出口额增减不一，部分国家（或地区）的进出口额变化与发达国家类似，如印度、菲律宾、埃及和南非等国的出口额大幅度下降的同时，进口额下降幅度更大。部分国家出口额下降的同时进口额仍有较快增长，如中国出口额下降 2.9%，但进口额增长 16.1%，韩国出口额下降 8.0% 而进口额增长 0.2%，俄罗斯出口额下降 31.6% 而进口额增长 10.5%。部分国家的出口额下降幅度较大而进口额下降幅度相对较小，如马来西亚、荷兰、新加坡等。

虽然全球贸易额下降的部分原因在于贸易品价格的下降，特别是能源和资源产品的价格下跌所致，但国际贸易形势的恶化不仅减缓了各国经济复苏的步伐，而且增大了贸易保护和货币竞争的风险，发展中国家面临外需萎缩的严峻局面，如 2015 年 10 月，由美国主导的 12 国达成跨太平洋伙伴关系（TPP）协议，将中国等发展中大国排除在外，意图通过全球非中性贸易投资规则体系实现其国家利益最大化。

2.1.1.5 政府债务高悬，债务危机犹存

2015 年全球政府债务状况仍然堪忧。2015 年发达经济体政府总债务与GDP 之比与上一年几乎持平（为 104.5%），政府净债务与 GDP 之比略有上升（由 2014 年的 70.0% 上升至 70.9%）。其中，2015 年美国政府总债务与 GDP 之比略有上升，由 2014 年的 104.8% 上升到 104.9%，增长 0.1 个百分点。日本政府总债务与 GDP 之比由 2014 年的 246.2% 下降到 2015 年的 245.9%，略有改善。欧元区政府总债务与该地区生产总值之比为 93.7%，在上一年基础上有所回落（约 0.5 个百分点），同时部分重债国的债务负担持续加重，欧元区债务风险并没有减弱。虽然发达国家经济体的债务负担能力更强，但部分国家的负债已经严重威胁到其政府财政体系的稳定。新兴市场与发展中经济体总债务与 GDP 之比上升较快（比 2014 年上升 2.9 个百分点，上升到 44.3%），总体的政府债务水平却不高，但有些新兴市场与中等收入经济体的政府总债务与

GDP 之比超过国际警戒线（60%），且有上升的趋势，如克罗地亚（89.3%）、巴西（69.9%）、斯里兰卡（76.7%）和乌克兰（94.4%）等，部分国家已面临较大的财政困难，财政危机迫在眉睫①。

2.1.2 对 2016 年国际经济形势的基本判断

总体来说，2015 年世界经济处于国际金融危机后的修复期，货币政策措施有效性渐弱，缺乏新的经济增长点，总体保持着"低利率、低通胀、低增长、高负债"的发展态势，经济复苏疲弱乏力。2016 年国际经济形势将继续延续 2015 年的基本走势，经济将进一步复苏回暖，部分国家的经济增长率将进一步提高，就业状况好转，但随着各国宽松货币政策效果的下降，部分国家将进一步收紧货币转向较为激进的财政刺激政策，但由于大部分国家债务状况不佳，财政政策的力度势必大打折扣，2016 年世界经济走出低谷的可能性比较低，经济运行或许将在底部盘桓，有反复探底的可能。

2.2 国内经济形势分析

2.2.1 我国经济运行特征：2015 年

2015 年我国经济发展面临较大困难，但仍然保持了较好的增长态势，全年国内生产总值增长 6.9%（不变价格），消费对经济增长的拉动作用明显增强、经济增长正在降低对投资的依赖、服务业主导的经济转型日益显著、居民收入增长超过国内生产总值增速且城乡差距缩小。归纳起来，有如下几个突出的特征：

2.2.1.1 经济仍然保持较快增长，但增速回落，区域增长差异显著

2015 年中国经济运行遭遇不少预期内和预期外的冲击与挑战，经济下行压力持续加大。面对错综复杂的形势，我国实施了一系列稳增长、调结构、促改革、惠民生、防风险的政策组合，使国民经济仍然保持了较快增长，但增速放缓，且各地区增长呈现分化趋势。

2015 年我国全年实现国内生产总值 685 505.8 亿元，增长 6.45%，增速比上年回落 1.74 个百分点。剔除价格因素后实际增长 6.92%（实际国内生产总值增长速度大于名义增长速度意味着通货紧缩，整体产品价格下降），增速比

---

① 以上数据来自张宇燕和姚枝仲（2016），见本章参考文献［3］.

上年回落 0.38 个百分点，延续了近几年经济增速较快回落的趋势（见表 2-6），保增长的压力仍然比较大。

表 2-6 国内生产总值及其增速

年份	国内生产总值(亿元)		国内生产总值增长速度(%)		增速变化百分比(与上年比较)	
	当年价格	2010 年价格	当年价格	不变价格	当年价格	不变价格
2011	489 300.6	452 429.9	18.47	9.54	−	−
2012	540 367.4	487 976.2	10.44	7.86	−8.03	−1.68
2013	595 244.4	525 835.4	10.16	7.76	−0.28	−0.10
2014	643 974.0	564 194.4	8.19	7.30	−1.97	−0.46
2015	685 505.8	603 212.1	6.45	6.92	−1.74	−0.38

资料来源：总量指标来自《中国统计年鉴 2016》，速度指标根据总量指标计算得到。

就区域层面来看，各地区增长差异分化比较大。2015 年大部分省市保持了较高速度的增长，但增速下降。重庆、贵州和西藏等三地仍保持了 10% 及以上的超高速增长，绝大多数省份相对平稳，保持在 7%~9% 的中高速增长区间。31 个省市中有 24 个地区的经济增长速度超过全国平均水平（6.9%），北京和上海两个直辖市的增长速度与全国水平持平，另有 5 个地区的经济增长速度低于全国平均水平。这 5 个地区分别是河北、山西以及东北三省（辽宁、吉林和黑龙江），增长速度分别为 6.8%、3.1%、3.0%、6.3% 和 5.7%，特别是山西和辽宁的经济形势较为严峻；辽宁、山西等资源型、重化工业大省下行压力较大，减速幅度人，增速低于 3%，甚至其省内部分地市出现负增长，情况极不乐观。

经济增长速度增幅下降比较大的地区降幅从大到小依次有：辽宁下降 2.8 个百分点、山西和陕西都下降 1.8 个百分点，下降幅度超过 1.0 个百分点的地区还有新疆、青海和湖南等地区，下降幅度比较大的还有福建、湖北、甘肃、天津、山东、海南和四川等地区，降幅超过 0.5 个百分点。这些地区既包括东、中部发达省份，也包括西部落后地区（见图 2-1，按不变价格计算）。

总体来看，2015 年区域经济增长出现明显分化，一些基础好、结构多元和开放程度高的地区，经济仍然保持良好发展势头，而一些产业结构落后单一、产能过剩行业比较集中的地区，经济下行速度较快。

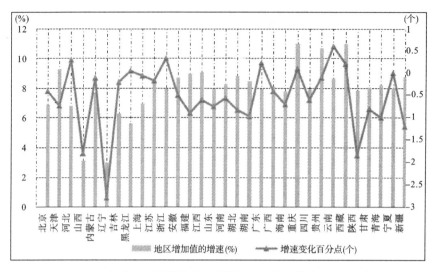

图 2-1　2015 年地区经济增长速度及其与上一年比较的增速变化百分点

2.2.1.2　产业结构持续优化，第三产业表现突出

2015 年我国产业结构持续优化。其中，第一产业增加值为 60 870.5 亿元，在上一年的基础上增长 3.9%（不变价格计算，下同）；第二产业增加值为 280 560.3 亿元，增长 6.1%；第三产业增加值为 344 075.0 亿元，增长 8.3%。第一、第二产业增加值的增长速度分别下降 0.2 和 1.3 个百分点，第三产业增加值增长速度上升 0.8 个百分点（见表 2-7）。

2015 年，我国三次产业增加值占国内生产总值总量的比重分别为 8.9%、40.9% 和 50.2%（当年价格）。第一、第二产业增加值份额持续下降，第三产业增加值份额持续上升并首次突破 50%，比《我国国民经济和社会发展十二五规划纲要》中提出的"第三产业增加值占国内生产总值的比重由 2010 年的 43% 提升到 2015 年的 47%"的发展目标高出 3.2 个百分点。

表 2-7　　　　　2011—2015 年国内生产总值及其构成（当年价格）

年份	国内生产总值（亿元）	三次产业增加值（亿元）			构成（%）		
		第一产业	第二产业	第三产业	第一产业	第二产业	第三产业
2011	489 300.6	46 163.1	227 038.8	216 098.6	9.4	46.4	44.2
2012	540 367.4	50 902.3	244 643.3	244 821.9	9.4	45.3	45.3
2013	595 244.4	55 329.1	261 956.1	277 959.3	9.3	44.0	46.7
2014	643 974.0	58 343.5	277 571.8	308 058.6	9.1	43.1	47.8
2015	685 505.8	60 870.5	280 560.3	344 075.0	8.9	40.9	50.2

资料来源：《中国统计年鉴 2016》。

三次产业增加值的增长分别拉动国内生产总值增长 0.3、2.9 和 3.7 个百分点，第一产业的拉动作用与上年持平，第二产业的拉动作用显著下降（下降 0.6 个百分点），第三产业的拉动作用略有上升（上升 0.2 个百分点）。第三产业增加值的增长对国内生产总值增长的拉动作用十分明显①（见表 2-8）。

表 2-8　　2011—2015 年国内生产总值增长率及三次产业的贡献

年份	国内生产总值增长率（%）	三次产业增长率（%）			三次产业贡献率（%）			三次产业拉动百分点（%）		
		第一产业	第二产业	第三产业	第一产业	第二产业	第三产业	第一产业	第二产业	第三产业
2011	9.5	4.2	10.7	9.5	4.2	52.0	43.8	0.4	5.0	4.2
2012	7.9	4.5	8.4	8.0	5.2	49.9	44.9	0.4	3.9	3.5
2013	7.8	3.8	8.0	8.3	4.3	48.5	47.2	0.3	3.8	3.7
2014	7.3	4.1	7.4	7.8	4.7	47.8	47.5	0.3	3.5	3.5
2015	6.9	3.9	6.1	8.3	4.6	41.6	53.7	0.3	2.9	3.7

注：本表增长率按不变价格计算（上年＝100），数据来自《中国统计年鉴 2016》。

第三产业中，金融业表现抢眼，占国内生产总值的比重达到 8.4%，增长 1.2 个百分点，对国内生产总值的贡献率达到 15.0%，拉动国内生产总值增长 1 个百分点。住宿和餐饮业、房地产业略有增长（占国内生产总值的比重都增长 0.1 个百分点），批发零售业与上年持平，除上述之外的其他第三产业比重累计增长 1 个百分点（主要受益于电子商务、物流快递等新兴服务业的强劲增长，如网上商品零售额达到 38 773.2 亿元，增长 33.3%）②。

第二产业中部分产能过剩行业比较困难，特别是资源类、重化工业普遍陷入困境，增速大幅下滑，煤炭、钢铁、水泥等产品产量下降，行业总体库存压力较大，仍处在调整探底阶段，而计算机通信、新能源、新材料医药制造等高新技术产业仍保持快速增长，其增长速度大幅快于传统制造业。

2.2.1.3　消费需求持续增长，投资需求增速回落，消费成为经济增长主引擎

2015 年我国全社会消费品零售总额为 30.093 万亿元，增长 10.7%（当年价格，扣除价格因素，实际增长 10.2%），但增长速度下降，与上年比较增速回落 1.3 个百分点。从需求结构考察，2015 年最终消费支出为 359 516 亿元，增长 9.5%，增速回落 0.2 个百分点。最终消费占国内生产总值的比重为

---

① 产业贡献率是指各产业增加值增量与国内生产总值增量之比，拉动指国内生产总值增长速度与各产业贡献率的乘积。

② 未注明出处的数据来自《中国统计年鉴 2016》，下同。

51.6%，对国内生产总值增长的贡献率为 59.9%，贡献率比上年提高 5.7 个百分点，最终消费率和最终消费支出对国内生产总值的贡献率近几年都呈持续上升趋势①。

资本形成总额为 313 070 亿元，增长 3.4%，增速大幅回落 3.9 个百分点。资本形成总额占国内生产总值的比重为 44.9%，下降 1.9 个百分点。资本形成总额对国内生产总值增长的贡献率为 42.6%，下降 4.3 个百分点。资本形成总额拉动国内生产总值增长 2.9 个百分点，在上年基础上下降 0.5 个百分点。

全社会固定资产投资为 561 999.8 亿元，较上年增长 9.8%，增速回落 4.9 个百分点，而其中的住宅投资为 80 247.7 亿元，较上年下降 0.5%（即负增长）。按产业分，第一产业投资增长 27.1%，第三产业投资增长 10.2%，第二产业投资增长 8%。第二产业中的资源行业和房地产业等增长乏力是投资增速回落的主要原因（特别是采矿业和制造业下滑严重）。

2.2.1.4 物价水平总体平稳，结构性通缩压力加大

受各种因素的影响，2015 年各月度居民消费价格涨幅均低于 2%，个别月份甚至低于 1%，全年增长 1.4%，物价总水平平稳。由于国内需求偏弱且国际大宗商品价格持续下跌，我国生产领域中原材料、燃料价格持续下降，工业生产者出厂价格指数和购进价格指数均连续 4 年负增长，本年度降幅更大（2015 年两个指数分别为 94.8% 和 93.9%，下降 3.3 和 3.9 个百分点），工业生产领域的结构性通缩风险已较为突出。

由于服务类产品价格因劳动力成本上升而保持上涨，生产者价格持续 4 年的负增长并未导致 CPI 出现负增长。生产者价格受国际大宗商品价格低迷的输入性影响，降幅较大，而消费者价格受国内猪肉价格上涨等因素的影响，小幅回升，从而导致两者背离的剪刀差不断扩大，并创下 1997 年以来的最大背离幅度。

2.2.1.5 货物贸易大幅下滑，全年对外贸易负增长，但外商投资仍保持活跃

2015 年我国货物与服务合计进出口贸易总额为 46 660.3 亿美元，与上年度比较下降 4.9%。其中，货物和服务合计出口额和进口额分别为 25 616.7 亿美元和 21 043.6 亿美元，分别比上年度下降 0.1% 和 10.1%。贸易下降的主要原因是货物进出口的大幅下降所致，而实际上服务贸易仍然保持增长态势。2015 年我国货物进出口总额为 39 530.3 亿美元，下降 8.1%，其中货物出口下

---

① 三大需求贡献率指三大需求增量与支出法国内生产总值增量之比，拉动指国内生产总值增长速度与三大需求贡献率的乘积。

降 2.9 个百分点，货物进口下降 14.3 个百分点；2015 年我国服务进出口总额为 7 130 亿美元，增长 18.0%，其中服务出口为 2 882 亿美元，增长 29.7 个百分点，服务进口为 4 248 亿美元，增长 11.2 个百分点。

虽然货物进出口额都下降，但由于出口始终大于进口，净出口额仍然保持增长。2015 年我国净出口额为 4 573.1 亿美元，增长 104.9%，其中货物净出口额为 5 939.1 亿美元，增长 55.0%，服务净出口额为-1 366 亿美元，比上年增长 233 亿美元。以人民币计，我国 2015 年货物与服务净出口额为 24 007 亿元，对国内生产总值的贡献率为-2.5%，拉动国内生产总值增长率下降 0.1%。

2015 年我国外商投资大幅增长，外商投资保持活跃。其中，外商直接投资合同项目数达 26 575 个，增长 11.8%，增速上升 7.4 个百分点，实际使用外资额为 1 262.7 亿美元，增长 5.5%，增速上升 4.7 个百分点。

2.2.2　对 2016 年我国经济形势的基本判断

总体来说，面对复杂的国际经济形势，我国政府制定了相对宽松的货币政策与适度的财政政策、相对稳定的汇率政策、提振内需政策、"去产能、去杠杆、去库存"的经济结构调整政策等经济政策，使得 2015 年我国经济仍然保持了较好的增长态势。其中比较突出的是，消费对经济增长的拉动作用明显增强，服务业主导的经济转型日益显著，高技术产业和战略性新兴产业发展势头良好，等等。这些政策保障了我国经济的平稳运行，基本实现了既定的经济增长目标。

2016 年我国面临的国际经济形势仍然十分复杂，投资和出口增长对经济增长的促进作用仍将难以改善，经济下行风险仍然存在，我国政府适度调低了经济增长预期，在继续执行和落实 2015 年所制定的经济政策手段条件下，必将促进我国经济平稳运行和实现我国经济转型升级。

参考文献

[1] 联合国经济与社会事务部. 2006：世界经济形势与展望 [J]. 上海金融报，2006（2）：1-3.

[2] 陈文玲，颜少君. 2015—2016 年世界经济形势分析与展望 [J]. 全球化，2016（1）：6-27.

[3] 张宇燕，姚枝仲. 2015—2016 年世界经济形势分析与展望 [J]. 光明

日报，2016（1）：1-4.

　　［4］毕吉耀. 2016年国际经济形势及对我国的影响［J］. 中国投资，2016（2）：64-67.

　　［5］刘霞辉. 2015年世界宏观经济形势分析及2016年展望［J］. 经济与管理评论，2016（2）：5-12.

　　［6］金雪军. 2016年国际经济形势述评［J］. 中国城市化，2016(1)：22-25.

　　［7］王洛林，张宇燕. 2016年世界经济形势分析与预测［D］. 北京：社会科学文献出版社，2015.

　　［8］爱德华·索勒. 国际政治经济形势解读［J］. 国外理论动态，2015（5）：2-12.

　　［9］马海倩，汪曾涛. 2015年国际经济形势分析判断［J］. 科学发展，2014（12）：21-29.

　　［10］李雪松，张涛，李军，等. 2015—2016年中国经济形势分析与预测［J］. 科技促进发展，2015（5）：561-566.

　　［11］王小广. 2015年中国宏观经济形势分析及2016年展望［J］. 中国石油和化工经济分析，2016（1）：8-12.

　　［12］张永军. 2015年中国经济形势分析与2016年展望［C］//中国国际经济交流中心. 中国经济分析与展望：2015 —2016. 北京：社会科学文献出版社，2016.

　　［13］杨晓光，杨翠红，陈锡康，等. 2016年中国经济增长形势展望［J］. 中国科学院院刊，2015（6）：810-817.

　　［14］张立群. 2016年中国经济稳中向好［J］. 专家视野，2016(3)：29-31.

　　［15］刘伟，苏剑. 供给、需求双宽松经济下行压力加大下的宏观调控［J］. 经济学动态，2016（3）：4-10.

　　［16］陈建奇，张原. 中国宏观经济艰难筑底 供给侧改革释放新动力［J］. 中国经贸，2016（4）：24-27.

　　［17］陈德胜，李洪侠. 2015—2020年国际国内经济形势研判［J］. 宏观经济管理，2015（3）：24-28.

§3 2015年广西经济形势分析

3.1 广西经济运行特征：2015年

3.1.1 经济总量再创新高,经济地位继续提升,经济增长较快但增速明显回落

2015 年广西经济总量再创新高，经济地位继续提升，经济增长较快但增速明显回落。2015 年广西生产总值达 16 803.12 亿元，在全国各地区的生产总值排名中列第 17 位，在上一年的基础上上升 2 个位次（本年度超过天津和江西），在全国的经济地位进一步提升。广西生产总值名义增长 7.2%，实际增长 8.1%（不变价格），保持中高速增长。其中，以不变价格计，第一产业增加值增速保持不变，第二产业增加值增速大幅回落（下降 1.9 个百分点），第三产业增加值增速大幅上升（1.5 个百分点）。广西生产总值实际增长速度超过全国平均增速 1.2 个百分点，增速在全国各地区中排第 16 位。本年度实际增长速度高于名义增长速度，表明总体价格下降，有通货紧缩的倾向（见表 3-1）。

表 3-1 广西生产总值及三次产业增加值增长率

年份	名义价格增长率（%）				不变价格增长率（%）			
	广西生产总值	第一产业	第二产业	第三产业	广西生产总值	第一产业	第二产业	第三产业
2011	–	–	–	–	12.3	4.8	16.5	10.5
2012	11.2	6.1	10.1	15.4	11.3	5.6	14.2	9.8
2013	10.9	5.4	7.7	17.6	10.2	4.1	11.6	10.9
2014	8.5	5.4	8.8	9.3	8.5	3.9	10.1	8.1
2015	7.2	6.3	5.4	9.9	8.1	3.9	8.2	9.6

注：如果通缩影响,2015 年以不变价格计算的地区生产总值增长率为 8.1%,高于当年价格增长率。

考察连续几年广西生产总值的增长率,其持续下降的趋势比较明显。按当年价格计,广西生产总值增长率逐步由 2012 年的 11.2% 下降到 2015 年的 7.2%,平均每年下降 1.33 个百分点。按不变价格计,广西生产总值增长率由 2011 年的 12.3% 下降到 8.1%,年均下降 1.05 个百分点,其下降趋势主要由第一、第二产业增速的持续下降所致,第三产业增速则呈区间波动态势。

3.1.2 第三产业快速增长,产业结构有所优化,但仍明显滞后于全国平均水平

分产业看,广西第一、第二和第三产业增加值分别为 2 565.45 亿元、7 717.52 亿元和 6 520.15 亿元,分别增长 3.9%、8.2% 和 9.6%(增长率按不变价格计),第一产业增速与全国平均水平持平,第二产业增速比全国平均水平高 2.1 个百分点,第三产业增速比全国平均水平高 1.3 个百分点。

三次产业占广西生产总值的比重分别为 15.3%、45.9% 和 38.8%,第一、第二产业在上年的基础上分别下降 0.1 个百分点和 0.8 个百分点,第三产业上升 0.9 个百分点。产业结构有所优化,但与全国平均水平比较,第一、第二产业比重分别比全国高 6.4 个百分点和 5.0 个百分点,第三产业比重比全国低 12.6 个百分点,产业结构明显滞后全国平均发展水平,具有较大的优化空间。

三次产业对地区生产总值的贡献率分别为 13.4%、34.7% 和 51.8%。其中,第二产业的贡献率下降 13.8 个百分点,第一、第三产业贡献率分别上升 3.4 个和 10.4 个百分点。三次产业分别拉动广西生产总值增长 1.1 个、2.8 个和 4.2 个百分点,第二产业拉动力下降,第一、第三产业拉动力上升。第三产业的贡献率和拉动力均大幅增强(见表 3-2)。

表 3-2　　　　　　　广西生产总值及三次产业结构

年份	广西生产总值(亿元)	三次产业增加值(亿元)			三次产业构成(%)			三次产业贡献率(%)			三次产业拉动(%)		
		一产	二产	三产	一产	二产	三产	一产	二产	三产	一产	二产	三产
2011	11 720.87	2 047.23	5 675.32	3 998.33	17.5	48.4	34.1	—	—	—	—	—	—
2012	13 035.10	2 172.37	6 247.43	4 615.30	16.7	47.9	35.4	9.5	43.5	46.9	1.1	4.9	5.3
2013	14 449.90	2 290.64	6 731.32	5 427.94	15.9	46.6	37.6	8.4	34.2	57.4	0.9	3.5	5.9
2014	15 672.89	2 413.44	7 324.96	5 934.49	15.4	46.7	37.9	10.0	48.5	41.4	0.9	4.1	3.5
2015	16 803.12	2 565.45	7 717.52	6 520.15	15.3	45.9	38.8	13.4	34.7	51.8	1.1	2.8	4.2

注:1. 表中数据按国民经济新行业划分进行了调整;2. 根据国家统计局的布置,1998—2003 年按经济普查数据进行了衔接;3. 按当年价格计。

3.1.3 总需求稳定增长，增速触底回升，房地产投资增速大幅回落

2015 年广西最终消费支出为 8 878.53 亿元，增长 8.1%（不变价格），增速在 2014 年（增长 7.7%）达到低谷后，结束持续下降的趋势，在 2015 年触底回升 0.4 个百分点。最终消费支出与广西生产总值的比值为 52.8%，保持了近几年的持续上升趋势。最终消费支出中，居民消费支出为 6 645.66 亿元，政府消费支出为 2 232.87 亿元，分别占最终消费支出的 39.6% 和 13.3%，分别增长 8.3% 和 7.5%（不变价格）。虽然居民消费支出增长速度高于政府消费支出，但居民消费支出增速逐年回落（政府消费支出增速自 2012 年以来持续上升）。

2015 年广西全社会消费品零售总额为 6 348.02 亿元，增加 575.23 亿元，增长 9.96%，增速回落约 2.5 个百分点。

2015 年广西资本形成总额为 11 452.17 亿元，增长 6.7%，增速略有回升（0.1 个百分点）。资本形成总额与生产总值的比值为 68.2%，延续多年来的下降趋势。消费支出和资本形成总额之和与生产总值之比为 121.0%，持续下降但比例超过 100%，表明广西在国内外贸易中，处于净流入的状况①（见表 3-3）。

2015 年全社会固定资产投资额为 16 227.8 亿元②，在上年的基础上增长 17.2%，增速上升 0.9 个百分点。其中，房地产开发投资额为 1 909.1 亿元，增长 3.8%，增速大幅回落，达 10.1 个百分点。

表 3-3　　　　支出法广西生产总值及其构成和增长速度

年份	支出法广西生产总值(亿元)	最终消费（亿元）	资本形成总额（亿元）	构成比例(当年价格,%)			增长率(不变价格,%)		
				最终消费	资本形成总额	小计	生产总值	最终消费	资本形成总额
2011	11 720.87	5 601.59	10 036.05	47.8	85.6	133.4	12.3	6.3	19.5
2012	13 035.10	6 535.83	9 421.61	50.1	72.3	122.4	11.3	12.6	-6.6
2013	14 378.00	7 407.67	10 129.47	51.5	70.5	122.0	10.2	11.4	7.3
2014	15 672.89	8 187.66	10 789.81	52.2	68.8	121.0	8.5	7.7	6.6
2015	16 803.12	8 878.53	11 452.17	52.8	68.2	121.0	8.1	8.1	6.7

---

① 即消费支出和资本形成总额之和大于生产总值，表明广西消费和投资支出的商品或服务来自于国内外流入，即广西表现为国内外贸易的净流入，或国内外贸易逆差。

② 根据相关制度要求，自 2013 年开始，广西固定资产投资统计起点由项目计划总投资 50 万元提高到 500 万元，2013 年度广西固定资产投资与国家公布的各省数据口径完全一致（不包含跨省项目投资），各市投资包含跨省项目投资，因此各市投资合计与广西固定资产投资不一致。

3.1.4 农业生产增长乏力，甘蔗等农作物播种面积和产量大幅下降

2015 年广西农林牧渔业总产值达 4 197.12 亿元，增长 3.7%（增长率按可比价计算）。其中农业、林业和渔业总产值分别增长 5.1%、6.3% 和 4.0%，牧业总产值下降 0.3%，农林牧渔服务业总产值增长 7.8%，除了林业增速略有上升，其他行业增速均下滑。农作物播种面积 613.5 万公顷，较上年下降 5.14 万公顷，下降 0.83%。其中甘蔗和稻谷的播种面积减少幅度较大，分别减少 10.78 万公顷和 4.23 万公顷，较上年分别下降 10.07% 和 2.19%；另外，木薯、烤烟和大豆等农作物播种面积也有较大幅度下降。粮食作物产量达 1 524.75 万吨，减少 9.66 万吨，下降 0.63 个百分点。其中甘蔗、稻谷、木薯等产量分别下降 447.65 万吨、28.29 万吨和 6.88 万吨，较上年分别下降 5.63%、2.43% 和 3.77%。由于粮食作物单位面积产量均有增长，因此，粮食播种面积的大幅下降，是导致粮食作物产量下降的主要原因。

3.1.5 工业生产保持较快速度增长，重点工业产品产量出现分化

2015 年广西全部工业总产值达 23 375.6 亿元，增长 9.4%，其中国有工业企业产值持续萎缩（连续三年下降，本年度下降 13.2%），集体和其他工业企业仍保持较快增长，但增速回落。

主要工业产品中，中成药、硫酸、罐头、铝、铁合金等的产量大幅增长，分别增长 17.5%、17.4%、17.1%、11.7%、11.1%；汽车、发动机、钢材等也有较大幅度增长，增长速度在 8%~10% 之间。十种有色金属产量合计增长 14.6%，但不同品种增减不一。原煤、锡、纸、成品糖、手表和原盐等生产萎缩，产量分别下降 30.9%、17.3%、16.1%、14.1%、13.9% 和 11.6%。另外，客车和小型拖拉机的生产下降严重，产量分别下降 99.1% 和 62.2%。

3.1.6 工业企业总体经营情况好转，产业结构性调整效果初显

全年广西全部工业企业实现经营利润总额 1 279.1 亿元，增长 17.8%；实现利税总额 2 326.3 亿元，增长 8.96%。企业总体经营状况好转，但行业有所分化，一些资源性行业经营困难，而环保等新兴产业和高技术产业等增长较快，产业结构性调整的效果初步显露。行业利润总额增长较快的主要有：废弃资源综合利用业，增长 349.6%；燃气生产和供应业，增长 125.5%；其他采矿业，增长 109.2%；制糖业，增长 73.3%；水力发电业，增长 55.4%；计算机和通信设备制造业，增长 47.8%；电器机械及器材制造业，增长 47.3%；金属

制品、机械和设备维修业，增长34.1%。另有农副产品、金属制品、家具制造、食品制造、橡胶和塑料制品、电力和热力生产供应等行业的利润总额均增长20%以上。行业利润总额下降幅度较大的主要有：火力发电，下降78.2%；石油和天然气开采业，下降30.3%；有色金属矿采选业，下降29.4%；水泥制造业，下降22.3%；通用设备制造业，下降20.6%。另有文教、工美、体育和娱乐用品制造业，医药制造业，黑色金属矿采选业，黑色金属冶炼及压延加工业等下降幅度在10%~20%之间。

有色金属冶炼及压延加工业、石油加工业、炼焦及核燃料加工业、造纸及纸制品业等行业实现扭亏为盈，煤炭的开采和洗选业、化学纤维制造业亏损幅度下降。总体来看，工业企业亏损面与上年（18.1%企业亏损面）持平，经营效益与上年相比变化不大。其中，产值利税率略有下降，主营业务收入税率、固定资产原价实现利税率和成本费用利润率等略有上升。亏损企业中，国有企业所占份额比较高，集体和私有企业盈利状况较好。

3.1.7 财政、金融保持平稳运行，预算内财政缺口大幅增长

2015年广西财政收支保持中高速增长，财政收入增速持续回落，而财政支出增速持续上升，预算内财政缺口大幅增长，金融机构新增贷款突破2 000亿元，增速呈持续回落态势。

2015年广西财政收入达2 333.03亿元，较上年增加170.49亿元，增长7.9%，略高于经济增长速度（名义），增速回落0.2个百分点。财政收入中的公共财政预算收入达1 515.16亿元，较上年增加92.88亿元，增长6.5%，略低于名义经济增长速度，增速回落1.4个百分点。公共财政预算支出达4 065.51亿元，较上年增加585.72亿元，增长16.8%，增速大幅上升8.4个百分点。预算内财政收支缺口达2 550.35亿元，缺口增加492.84亿元，增长24个百分点。预算收入和预算支出的增长变化趋势由同步下降转为相互背离，如图3-1所示。

金融机构贷款余额为18 119.3亿元，新增贷款2 048.35亿元，增长12.7%，增速回落1.4个百分点，增速在2014年短暂上升后重返持续回落的趋势，如图3-2所示。

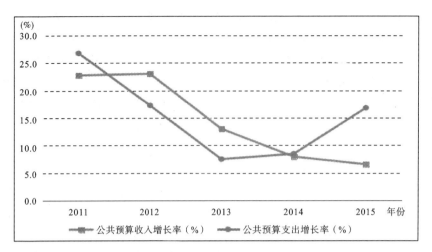

图 3-1　广西财政收支增长序列

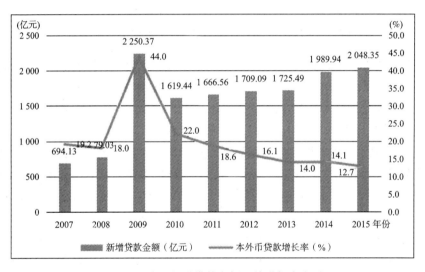

图 3-2　广西新增贷款金额及其增长率序列

3.1.8 对外双边贸易大幅增长，贸易顺差回落，地区分布不平衡

总体来说，2015 年广西对外双边贸易大幅增长，特别是进口增长强劲，贸易顺差回落，地区分布不平衡。

2015 年广西对外贸易进出口总额为 3 190.3 亿元，增加 699.2 亿元，增长 28.1%，增速上升 3.7 个百分点。其中出口额为 1 739.9 亿元，出口额增加 245.1 亿元，增长 16.4%，增速下降 14.7 个百分点，出口目的地主要为东南亚等亚太地区，对亚太经济合作组织国家的出口额占出口总额的92.1%，对东盟国家的出口额占出口总额的87.1%。对越南、中国香港和美国的出口份额比较高，对越南、中国香港和美国的出口额分别占年度出口总额的63.9%、13.0%和5.3%。其他国家出口份额都很小，表现出地区分布极不平衡。

2015年，广西进口额为1 450.4亿元，增加454.0亿元，增长45.6%，增速大幅上升30个百分点。进口主要来自亚太（占比75.0%）、北美（占比17.5%）。国际贸易顺差为289.4亿元，减少208.9亿元，下降41.9%。贸易顺差主要来自民营企业，国有企业和外商投资企业均为净的贸易逆差。从国别来看，贸易顺差主要来自越南、中国香港、新加坡和美国等，分别获得贸易顺差112.0亿美元、30.5亿美元、6.0亿美元和3.3亿美元[①]。

3.1.9　能源生产和消费总量持续增长，结构持续优化

2015年广西能源生产和消费总量持续增长，原煤等初级能源的生产消费下降、水电等新能源的生产消费显著增长，能源生产和消费结构持续优化。

2015年广西能源年生产总量达3 274.39万吨标准煤，增长14.1%，增速与上年几乎持平。其中，原煤和原油的生产量负增长（分别下降34.2%和5.4%），其份额也由上一年的11.9%和2.9%下降至6.9%和2.4%；而水电及其他新能源的增长幅度巨大，年增长21.5%，增速上升4.2个百分点，其生产份额由85.2%上升到90.7%。能源生产结构持续优化。

2015年广西能源消费总量达9 760.65万吨标准煤，增长2.6%，增速回落2个百分点。其中煤炭的消费下降，石油、水电及其他能源的消费上升。煤炭消费由上年的5 025.22万吨标准煤下降至4 492.78万吨，减少532.44万吨，下降10.6%；石油消费由上年的1 593.11万吨标准煤增加到1 760.29万吨，增加167.18万吨，增长10.5%；水电及其他能源消费由上年的2 897.01万吨标准煤增加到3 507.58万吨，增加610.57万吨，增长21.1%。能源消费结构也发生显著变化，煤炭消费份额首次下降到50%以下（占比46.03%），石油消费份额增加到18.03%，上升1.31个百分点，水电及其他能源消费份额增加到35.94%，上升5.5个百分点。能源消费结构持续优化。

3.1.10　就业和总体物价形势稳定

2015年广西就业形式稳中向好，总体物价基本稳定，消费品物价温和上

---

①　2015年广西总贸易顺差为47.9亿美元。

涨，投资品物价连续四年持续下跌。

全年全区城镇新增就业人员 44.62 万人，城镇失业人员再就业 8.77 万人，就业困难人员实现就业 2.48 万人，新增农村劳动力转移就业 65.69 万人次，均超额完成年度预定目标①。城镇登记失业人数 18.13 万人，城镇登记失业率 2.92%，失业率下降 0.23 个百分点。

全年全区居民消费价格指数（CPI）比上年上涨 1.5%，涨幅比上年回落 0.6 个百分点。分类别来看，交通通信和居住两类价格下降（分别同比下降 1.5% 和 0.4%），其余各类价格均有所上涨，涨幅较大的有衣着、食品、医疗保健和个人用品等类别，其价格分别同比上涨 5.0%、2.6% 和 1.8%，烟酒及用品、家庭设备用品及维修服务的价格均同比上涨 1.3%。

全区全年工业品出厂价格比上年下跌 3.0%，跌幅比上年上升 1.4 个百分点，维持了持续下跌的趋势。按轻重工业分，以农业为原料的轻工业产品价格略有上升。其他轻工业产品和重工业产品价格均同比下跌，重工业品价格跌幅更大（同比下跌 4.3%）。按两大部类分，生活资料工业品价格上涨（同比上涨 1.3%），生产资料工业品价格下跌（同比下跌 4.5%）。按工业行业分，石油加工及炼焦和核燃料加工业、黑色金属冶炼及压延加工业、煤炭开采和洗选业等行业产品价格下降幅度较大，同比分别下降 16.7%、14.4% 和 7.1%；非金属矿采选业、仪器仪表制造业、铁路船舶航空航天和其他运输设备制造业等行业产品价格上涨幅度较大，同比分别上涨 7.7%、2.2% 和 2.0%。总体来看，初级品价格下跌幅度较大，高技术类产品价格上涨幅度较大，结构调整态势比较明确。

3.2 对未来广西经济形势的基本判断

总体来看，2015 年广西经济运行尚处于较好态势：经济增速在全国居于中等偏上水平，地区经济总量再创新高，区域经济地位继续提升，产业结构有所优化，就业和物价总体水平基本稳定，工业生产保持较快增长，工业企业总体经营情况较上一年度有所改善，双边贸易大幅增长，财政金融稳定运行总需求稳定增长，有触底回升的迹象。但仍存在一些值得注意的问题：广西经济增

---

① 中商情报网. 2015 年广西经济运行情况分析报告及 2016 年经济走势展望［EB/OL］. (2016-01-28)［2016-04-08］. http://www.askci.com/news/finance/2016/01/28/1139297j9n.shtml.

长也处于下行通道，促增长仍将是主要经济调控目标之一，特别是房地产投资增速大幅回落导致的投资需求增长乏力，经济结构明显滞后于全国平均水平，农业生产增长乏力（特别要重视甘蔗等农作物播种面积和产量的大幅下降），第三产业对经济增长的拉动作用有待进一步挖掘。

展望未来，受制于国内外经济形势的发展，整个"十三五"期间，广西经济增长有可能都处于下降或探底的过程之中，经济进一步减速换挡的可能性比较大。随着国家"去产能、去杠杆、去库存"等经济转型和经济结构调整政策的实施，投资对经济增长拉动作用的重要性必将进一步下降，消费和出口将成为广西经济增长的主要动力，经济增长的房地产依赖性将逐步削弱。在稳增长的同时，淘汰落后产能，降低整体债务水平，促进经济结构调整，大力发展战略新兴产业和旅游等服务业是实现广西未来经济快速发展的必然选择。

§4 广西经济增长核算分析：
1978—2015 年

4.1 研究述评

现代经济增长理论认为，长期经济增长具有三个关键影响因素：资本积累、人口增长和技术进步。其中，资本的含义由原来的物质资本，扩展到包括物质资本和人力资本。国外对科技进步贡献率的测算始于 19 世纪 50 年代，而且大多数学者将科技进步贡献率的测算作为生产率测算的一个组成部分。索洛（1956）在完全竞争市场、资本和劳动可以相互替代、规模效益不变、技术进步为希克斯中性技术进步等假设前提下，由希克斯中性技术进步生产函数推导出增长速度方程，并用增长速度方程的"余值"来测算科技进步对经济增长的贡献率①。在此基础上，许多经济学家做了大量理论和实证研究工作，极大地丰富了技术进步测算理论和实践，其中以丹尼森和乔根森的研究最具有代表性。丹尼森（1976）的一系列研究，深化了科技进步贡献率测算和生产率分析工作。他采用因素分解的方法，将影响国民收入增长的因素分解为总投入和单位产出投入，并进一步将两者各自细分为若干子因素。显然，丹尼森的因素分解法，实际上是在考虑了影响经济增长的资源配置效率、规模经济效益、教育等更多因素的情况下将"索洛余值"进行了再分解。乔根森等（1981）将技术进步分解为显性的和隐性的技术进步。显性的技术进步通过资本和劳动质量改进来体现；隐性的技术进步不是通过投入要素，而是通过全要素生产率来体现。丹尼森和乔根森都认为，产出和要素投入的准确度量是生产率测算的关键所在。欧洲经济合作组织（OECD）（2001）制定的生产率测算手册较为全

---

① 在实际测算中，增长速度方程对应的生产函数常被设定为科布-道格拉斯生产函数形式。

面地总结了生产率测算的 5 种方法，并对各国生产率测算提出指导意见。

经济增长是指一个国家或地区在一定时期内生产总量和社会财富的增加，它的价值形式是社会总产值、国内生产总值或国民收入的增加。经济增长可以分为依靠资本和劳动等要素增加的粗放型经济增长方式和依靠技术进步推动的集约型经济增长方式。科学技术能否成为经济增长的决定性力量，在多大程度上影响经济增长的速度，需要我们对科技进步贡献率做出测定。

定量分析科技进步对经济增长的作用，就是在影响经济增长的诸多因素中分离出科技进步这一因素，并分析其作用。不同经济增长理论用于经济增长分析的生产函数模型有很大的差异，常用的分析模型主要有索洛模型、有效劳动模型、扩展的索洛模型、人力资本外部性模型等，还有一些其他模型，如随机前沿生产函数法与非参数方法等（董敏杰、梁泳梅，2013）。

索洛（1956）将技术进步因素引入经济增长模型，将经济增长中不能由要素投入解释的部分归因于技术进步。他所定义的技术进步是外生的，可以用一个时间变量来代替。Kendrick（1976）将技术进步解释为由人力资本、制度、结构等其他因素决定的一个综合因子，并称之为全要素生产率。沈坤荣（1999）在索洛模型的基础上，加入时间趋势和虚拟变量（以 1978 年为分界点）对我国 1953—1997 年经济增长因素进行分析。结果表明，1953—1997 年，中国经济增长中资本投入和劳动投入的贡献份额分别为 57.8% 和 18.8%，综合要素生产率对经济增长的贡献份额为 23.4%，资本投入的贡献占有主导地位。梁昭（2000）对我国 1978—1996 年的经济增长因素进行索洛模型估计，并用于与扩展的索洛模型进行比较。他的估计结果是，资本和劳动的产出弹性分别为 0.747 5 和 0.138 1，对经济增长的贡献分别为 76.1% 和 3.8%。王金营（2001）对我国 1978—1998 年的经济增长因素进行索洛模型估计。结果表明我国资本和劳动的产出弹性分别为 0.811 和 0.195。类似研究还有李秋斌（2009）、郭莉和张金锁（2010）、付婷婷和杨斌（2011）、潘云文等（2013），等等。

有效劳动模型将索洛模型中的劳动投入替换为人力资本总量，人力资本总量为 Lucas（1988）提出的有效劳动总量[1]。它既包含了劳动力数量，也包含了劳动力质量。采用有效劳动模型进行经济增长分析的代表研究的，有沈利生和朱运法（1999）、盛乐（2000）、王金营（2001）、安雪慧（2002）、胡永远（2003）、刘华等（2004）、肖红叶和郝枫（2004）、高素英等（2005）、边雅静和沈利生（2004）、包迪鸿和盛乐（2005）等。其中沈利生和朱运法（1999）、

---

① 王金营. 人力资本与经济增长：理论与实证 [M]. 北京：中国财政经济出版社，2001：37.

盛乐（2000）、包迪鸿和盛乐（2005）采用加权教育成本，边雅静和沈利生（2004）采用人力资本指数（其有效劳动为教育因子和健康因子的乘积），其他学者采用总教育年限作为有效劳动总量。

扩展的索洛模型在增长方程中，将人力资本作为与物质资本、劳动同等性质的要素投入看待①，这实际上是卢卡斯人力资本外部性模型的一种变形。在我国经济增长分析中采用扩展的索洛模型做出代表性研究的有王小鲁（2000）、梁昭（2000）、陈昌兵和徐海燕（2001）、王文博等（2002）、朱翊敏和钟庆才（2002）、张宏亮等（2003）、胡永远（2003）、胡文国等（2004）、李红松等（2004）、肖红叶和郝枫（2004）、郝枫（2005）、邓群钊和李可柏（2005）、徐小飞和龚若恩（2005）、徐迎春等（2005）、王德劲和向蓉美（2005），杨建芳、龚六堂和张庆华（2006），王德劲（2007）、王永水和朱平芳（2016）、张亚平和胡永健（2016）等，各学者采用的人力资本指标不尽相同。另外，还有些学者考虑了 R&D 资本、结构、制度等因素（梁昭，2000；王小鲁，2000；王文博等，2002），和无形资本因素（王利政等，2012）等。

卢卡斯人力资本外部性模型将每个人具有的人力资本对各自生产力的影响称之为人力资本的内在影响或直接影响，将所有劳动力的平均人力资本水平对其他生产要素生产率的影响称之为人力资本的外部性影响。我国在这方面做出代表性研究的有王金营（2001）、刘华等（2004）、王金营（2005）。王金营（2001）对我国 1978—1998 年的数据进行人力资本外部性模型分析，其结果为，物质资本的产出弹性为 0.694，对经济增长贡献率为 58.6%，总量人力资本和平均人力资本的产出弹性分别为 0.306 和 0.324，贡献率分别为 11.36% 和5.14%，人力资本的贡献合计仅为 16.5%。王金营（2005）对我国西部地区1978—2000 年的研究与此类似。刘华等（2004）的估计结果表明，在经济增长过程中，物质资本仍然是我国经济增长的主要源泉，物质资本在 1978－1990 年的经济增长贡献率为 51.32%，在 1990—2001 年的贡献率上升到61.31%；人力资本的总贡献率由 1978—1990 年的 32.78% 下降到 1990—2001年的 22.30%。

除了上述总量生产函数模型之外，王金营（2001）的人力资本分类模型区分了普通和专业人力资本，张明海（2002）、廖楚晖（2004）采用 CES 生产函数，李坤望（1996）、王小鲁（2000）、董栓成（2002）、陆根尧（2002）等

---

① 胡永远将其称之为劳动力数量和质量分解模型。参见：胡永远. 替代效应下的个人人力资本投资研究 [D]. 厦门：厦门大学，2001：127.

采用针对地区截面数据的普适性生产函数模型，李宝元（2000）、洪银兴（2000）、李玲（2004）、徐映梅和叶峰（2005）的多元回归模型，王超然和罗然然（2004）、李志强等（2005）的 Panel data 回归模型，曹晋文（2004）、张海星（2004）的结构方程模型，以及江兵、潘妍和蔡艳（2014），董敏杰和梁泳梅（2013）等的非参数模型。

就经济增长模型本身而言，索洛模型、有效劳动模型的含义比较明确，无须过多讨论。需要指出的是，在实际应用中，有的学者对于扩展的索洛模型存在一定的误解。在扩展的索洛模型中，人力资本与物质资本被视为同样的或可比的投入要素，因此最适宜的人力资本变量应当是以预期收入或投入成本计量的价值量或教育总年限等总量指标，使用平均教育年数或人力资本指数均不太合适（王德劲，2009）。

就实证研究而言，不同学者在对人力资本的经济增长贡献的实证研究中，其模型和指标数据的选择有很大不同，由此得到悬殊的实证结果自然也就不足为奇。对于同一数据和样本期，采用不同的模型进行估计，可以比较由于模型不同所导致的估算结果差异。对此已有学者进行考虑，在其研究中分别对同一数据采用不同的模型进行比较。王金营（2001）采用四种模型，胡永远（2003）采用三种模型，郝枫（2005）、王德劲和向容美（2005）均采用两种模型进行估计和比较分析。王金营（2001）通过对 CES 生产函数的估计结果，发现科布-道格拉斯生产函数适于估计我国经济增长模式。而舒元和徐现祥（2002）采用 Jones（1995）实证检验新增长理论的方法，针对各类经济增长理论的核心特征，实证分析了 1952—1998 年我国经济增长的典型事实。结果发现这些典型事实明显地拒绝了新古典增长理论和 R&D 类型增长理论，而支持 AK 模型增长理论。值得指出的是，舒元和徐现祥（2002）在其分析中没有考虑人力资本。

上述模型在计算要素贡献率时，包括两个关键方面：一是对资本存量的估计问题。由于我国没有完整的资本统计制度，模型中的资本存量指标需要通过间接的方法进行估计，一般采用永续盘存法，通过对固定资本投资或固定资本形成进行累计得到。二是资本、劳动等要素投入的弹性系数的估计问题。一般采用样本数据和回归方法估计各种模型得到。回归方法估计得到的资本弹性和劳动弹性是一个固定值，或者说得到一个阶段的平均值，因而使得要素贡献率的计算也仅表现为阶段特征。最近有部分文献考虑到了这一问题，认为资本弹性、劳动弹性等是可变的。杨少华和郑伟（2011），黄桂英和闫丽霞（2013），吴建宁和王选华（2013），曾光、王玲玲和王选华（2015），等等，在使用索洛模型时，将劳动和资本的产出弹性作为一个动态指标来测算（将资本产出比作为资本弹性，劳动弹性通过资本弹性得到；或采用劳动报酬占新增价值之比作为劳动弹性，再通过劳动弹性计算资本弹性），而罗羡华、杨振海和周勇（2009）采用时变弹性系数生产函数时，通过非参数估计得到资本和劳动弹性，他们还放宽了规模报酬不变的假设。郑照宁和刘德顺（2004）、佟仁城等（2006）采用超越生产函数估计可变资本和劳动产出弹性。

范小俊（2005）采用包含时间趋势的科布-道格拉斯生产函数测算了广西1978—2003 年的科技进步贡献率，并采用灰色系统方法预测了广西 2004—2020 年要素投入和科技进步的贡献率。其测算结果表明，1996—2003 年和1978—2003 年广西科技进步贡献率分别为 39.34% 和 28.21%。这一研究为广西经济增长核算和科技进步贡献率的测定提供了很好的对比基准，但在其测算中还存在较为严重的缺陷：资本存量数据没有合理估算，仅简单地将固定资本投资作为资本存量来估计模型。本书尝试在修正其这一关键缺陷的基础上，测算广西科技进步贡献率，并将样本期扩展至 1978—2015 年。

本书对广西经济增长模型的研究采用三种模型——索洛模型、扩展的索洛模型和超越对数生产函数进行估计（前两种模型得到不变弹性且规模报酬不变，后一种模型估计可变资本和劳动弹性并得到可变的规模报酬），再用索洛余值法计算各要素贡献率，并对结果进行比较分析，对广西要素贡献做出选择性判断。

4.2　测算模型

4.2.1　生产函数模型的一般形式

生产函数模型：

$$Y = F(A, t, K, L, \mu) \tag{4-1}$$

其中，Y 表示产出，K、L、A、t 分别表示资本存量、劳动投入量、技术进步和时间因素，μ 表示随机干扰项，包含了所有其他没有量化因素的影响。这里的科技进步也称为全要素生产率，是指包含各种非观测因素在内的广义科技进步。随机干扰项服从如下一阶自回归模型[①]：

---

① Ludger（2002）对此的解释是，根据实际商业循环理论假定，技术进步包括一个时间趋势和一个服从一阶自回归的技术创新过程［AR（1）过程］。

$$\mu_t = \rho\mu_{t-1} + \varepsilon_t; \ \varepsilon_t \sim N(0, \ \sigma_\varepsilon^2) \tag{4-2}$$

根据计量经济学理论，残差存在自相关时，最小二乘法失效，此时可用广义差分法进行估计。函数形式随不同模型的设定而不同。

4.2.2 索洛模型

假设资本和劳动投入的规模收益不变，函数为科布-道格拉斯函数形式，则索洛模型可以表示为：

$$Y = Ae^{\delta t}K^\alpha L^{1-\alpha}e^\mu \tag{4-3}$$

为了消除资本投入和劳动投入的共线性，（4-3）变形为：

$$y = Ae^{\delta t}k^\alpha e^\mu \tag{4-4}$$

其中，$y = \dfrac{Y}{L}$ 和 $k = \dfrac{K}{L}$ 分别为劳均产出和劳均资本存量，两边取对数后，得到：

$$\ln y = \ln A + \delta t + \alpha \ln k + \mu \tag{4-5}$$

4.2.3 扩展的索洛模型

根据王德劲（2009）的讨论，扩展的索洛模型和卢卡斯外部性模型具有内在一致性，只是两者包含的人力资本指标的含义不同（后者的人力资本是既包含数量也包含质量的有效劳动总量指标，而前者为仅包含人力资本质量的平均指标）。在增长方程中，将人力资本作为与物质资本、劳动同等性质的要素投入看待，就得到扩展的索洛模型。这实际上是卢卡斯人力资本外部性模型的一种变形。扩展的索洛模型将人力资本作为一个生产要素，假定产出由物质资本、人力资本和劳动决定，且生产规模收益不变，即约束所有要素的规模弹性和等于1，即 $\alpha + \beta + \gamma = 1$。其生产函数形式为：

$$Y = A \cdot K^\alpha \cdot H^\beta \cdot L^\gamma \tag{4-6}$$

其中，Y 为产出，A 为既定的技术水平（或称为全要素生产率），K、H 和 L 分别为物质资本存量、人力资本存量（人力资本质量指标）和劳动（人力资本数量）。该生产函数的可估计结构模型（取对数，标准化，并加入随机误差项）为：

$$\ln y_t = c + \alpha \cdot \ln k_t + \beta \cdot \ln h + \mu_t \tag{4-7}$$

其中，$y = \dfrac{Y}{L}$ 为单位劳动产出，$k = \dfrac{K}{L}$ 为单位劳动拥有的物质资本存量，$h = \dfrac{H}{L}$ 为平均人力资本存量（如果 H 为平均人力资本存量指标，则直接进入模型，此时为人力资本外部型模型），$c = \ln A$ 为截距。

4.2.4 超越对数生产函数模型

Christensen、Jorgenson 和 Lau（1973）提出超越对数生产函数模型。该函数模型是一种易于估计和包容性很强的变弹性系数生产函数模型，它在结构上属于平方反映面模型，可有效研究生产函数中投入要素的交互影响、各种投入技术进步的差异。通过超越对数生产函数模型，可以分析投入要素的产出弹性和要素的替代弹性及其变化趋势。不考虑人力资本时，超越对数生产函数模型形式为：

$$\ln Y_t = \beta_0 + \beta_K \ln K_t + \beta_L \ln L_t + \beta_{KK} (\ln K_t)^2 + \beta_{LL} (\ln L_t)^2 + \beta_{KL} \ln K_t \times \ln L_t$$

$$(4-8)$$

公式中，Y_t 为 t 年产出；K_t、L_t 为 t 年资本存量、劳动力投入量；β 为需要估计的模型系数。资本投入的产出弹性为：

$$\eta_K = \frac{dY/Y}{dK/K} = \frac{d\ln Y_t}{d\ln K_t} = \beta_K + \beta_{KL} \ln L_t + 2\beta_{KK} \ln K_t \qquad (4-9)$$

劳动投入的产出弹性为：

$$\eta_L = \frac{dY/Y}{dK/K} = \frac{d\ln Y_t}{d\ln L_t} = \beta_L + \beta_{KL} \ln K_t + 2\beta_{LL} \ln L_t \qquad (4-10)$$

资本和劳动的替代弹性为：

$$\sigma_{Kl} = \frac{d(K/L)}{(K/L)} \Big/ \frac{d(MPP_L/MPP_K)}{(MPP_L/MPP_K)}$$

$$= \frac{d(K/L) \cdot (MPP_L/MPP_K)}{d(MPP_L/MPP_K) \cdot (K/L)}$$

$$= \left[1 + \left(-\beta_{KL} + \frac{\eta_K}{\eta_L} \beta_{LL} (\eta_L - \eta_K)^{-1} \right) \right]^{-1} \qquad (4-11)$$

考虑人力资本时，超越对数生产函数模型形式为：

$$\ln Y = a_1 + a_2 \ln K + a_3 \ln L + a_4 t + a_5 (\ln K)^2 + a_6 (\ln L)^2 + a_7 \ln K \times \ln H$$
$$+ a_8 \ln L \times \ln H + a_9 \ln K \times \ln L \qquad (4-12)$$

式（4 - 12）中，H 代表人力资本，它对经济增长的作用是通过提升资本和劳动要素的质量来实现的，而 t 则为除人力资本之外的技术进步。此时，资本存量的产出弹性为：

$$\eta_K = \frac{dY/Y}{dK/K} = \frac{d\ln Y}{d\ln K} = a_2 + a_4 \ln K_t + a_6 \ln AH_t + a_6 \ln L_t \qquad (4-13)$$

劳动力的产出弹性为：

$$\eta_L = \frac{dY/Y}{dL/L} = \frac{d\ln Y}{d\ln L} = a_3 + a_5\ln L_t + a_7\ln AH_t + a_9\ln K_t \tag{4-14}$$

人力资本的产出弹性为：

$$H = \frac{dY/Y}{dH/H} = \frac{d\ln Y}{d\ln H} = a_7\ln K_t + a_8\ln L_t \tag{4-15}$$

物质资本对劳动力的技术替代率为：

$$TRS_{K/L} = -\frac{dK}{dL} = \frac{MP_L}{MP_K} = \frac{dY/dL}{dY/dK} = \frac{\eta_L \cdot K}{\eta_K \cdot L} \tag{4-16}$$

4.2.5 索洛余值

通过式（4-5）、（4-7）、（4-8）或（4-12），可以分别估计或者计算得到各模型中各投入要素的产出弹性系数。得到要素弹性系数后，可采用增长速度方程的"余值"测算资本、劳动、人力资本和科技进步等要素对经济增长的贡献和贡献率。其中，资本贡献和贡献率分别为：$\eta_K\frac{\Delta K}{K}$、$\eta_K\frac{\Delta K}{K}\bigg/\frac{\Delta Y}{Y}\times$ 100%；劳动的贡献和贡献率分别为：$\eta_L\frac{\Delta L}{L}$、$\eta_L\frac{\Delta L}{L}\bigg/\frac{\Delta Y}{Y}\times 100\%$；人力资本的贡献和贡献率分别为：$\eta_H\frac{\Delta H}{H}$、$\eta_H\frac{\Delta H}{H}\bigg/\frac{\Delta Y}{Y}\times 100\%$。

科技进步的贡献和贡献率为：

$$\frac{\Delta A}{A} = \frac{\Delta Y}{Y} - \eta_K\frac{\Delta K}{K} - \eta_L\frac{\Delta L}{L} - \eta_H\frac{\Delta H}{H} \tag{4-17}$$

$$C_A = \frac{\dfrac{\Delta A}{A}}{\dfrac{\Delta Y}{Y}} \times 100\% \tag{4-18}$$

式中，Δ 表示各变量的增量，即用各变量的增量作为各变量相应微分的近似，C_A 为科技进步对经济增长的贡献率。如果模型包含人力资本要素，则科技进步贡献率为狭义科技进步贡献率。

4.3 指标数据

我国学者目前在应用增长速度方程计算科技进步贡献率时，在产出、资本投入（包括人力资本）、劳动投入等指标的确定上存在着混乱与分歧（庞智强，2007）。很多关于科技进步贡献率测算结果差异较大的情况的原因在于对资本投入范畴认识的含混不清，如魏和清（2004）认为，资本投入是用实际服务流量还是用潜在服务流量核算，所得到的科技进步贡献率的涵义是不同的。还有一些学者针对目前科技进步贡献率测算方法的不足，提出了相应的改进办法。一般情况下，产出量 Y 是按照不变价格计算的各年国内生产总值；投入的资本量 K 是按照不变价格计算出来的各年资本存量，也可以采用各年的全社会固定资产投资额或固定资本形成额累计计算得到；投入的劳动量 L 是各年经济活动中消耗的一般劳动时间，一般采用各年的就业人数或全社会从业人数计算。在进行经济增长核算，测算要素投入和科技进步对经济增长的影响及其贡献时，应该对产出量、资本和劳动量等指标做出具体的界定，否则测算的结果会有所不同，缺乏可比性。以下对所用指标数据进行界定和估算，模型估算的数据区间为 1978—2015 年。

4.3.1 产出、劳动投入和人力资本

产出指标。总量生产函数模型的被解释变量——产出，一般采用不变价国内生产总值。《广西统计年鉴 2016》给出了 1978—2015 年广西以当年价格计的名义地区生产总值数据及其可比价格指数（1978 年 = 100）。据此可以推算广西实际地区生产总值。计算公式为：各年实际 GDP（1978 年价格）=（1978 年名义 GDP）×（各年以 1978 年不变价格计的 GDP 可比价格指数）。本章附表 4-1 给出了 1978—2015 年广西名义的和不变价生产总值（也称为广西地区生产总值）。

劳动投入指标。实证分析中的劳动投入指标主要有经济活动人口、劳动报酬、从业人数和标准劳动强度的劳动时间等。从理论上来说，最合适的是使用标准劳动强度的劳动时间来衡量，但是实际当中无法用此计算。因为经济活动人口包含了大量的非市场活动人口，同时也没有对失业人口进行修正，而现行的社会从业人员指标对流动人口从业人员的统计并不充分，这种忽略可能对结果有一定的影响。本书选择广西历年从业人员数作为劳动投入指标，该指标数

据来源于各年的广西统计年鉴。值得指出的是，从业人员数仅代表了人口的数量，没有反映人口质量的变化。

人力资本指标。人力资本存量（质量）目前没有很好的测量指标，但部分学者做了许多有益的探索。由于人力资本是无形的，不可触摸的，其存量不能直接得到，因而所有的存量估计都是间接、有偏的，基于预期收入、成本和教育指标等的测算方法是目前主要的人力资本测算方法（王德劲，2009）。鉴于区域层面的数据更为缺乏，我们采用教育指标法估算广西人力资本存量，即采用相关的教育指标——实际财政预算内教育经费支出作为人力资本存量的替代指标。

4.3.2 资本存量估算

资本投入量可以用直接或间接构成生产能力的资本总存量来表示。它包括用于直接生产或提供各种物质产品和劳务的各类固定资产和流动资产，以及为生活过程提供各种服务和福利设施的资产，如住房、医疗等。由于流动资产受资金流动速度影响很大，难以找到具体的数据，因此本书选取固定资本存量作为资本投入量的衡量指标。目前，在我国统计年鉴公布的数据中，没有现成的固定资本存量的时序数据，需要通过相关指标进行估算。关于固定资本存量的估算，本书采用通用的永续盘存法，基本公式为：

$$K_t = (1 - \delta_t)K_{t-1} + I_t/P_t \qquad (4-19)$$

其中 K_t 表示第 t 年的固定资本存量，K_{t-1} 表示第 $t-1$ 年的固定资本存量，I_t 表示第 t 年的投资额，P_t 表示第 t 年的固定资产投资价格指数，δ_t 表示第 t 年的固定资产折旧率，假定每年折旧率相同。通过迭代可以将式（4-19）变为：

$$K_t = \sum_{j=1}^{t} (1 - \delta)^{tj} I_j + (1 - \delta)^{t} K_0 \qquad (4-20)$$

式中，K_0 为初始物质资本存量。初始资本存量对当期资本存量估计的影响逐步减弱。

计算历年不变价固定资本存量有四个关键因素：初始资本存量、折旧率、当年固定资产投资及其价格指数。

4.3.2.1 初始固定资本存量的确定

已有的研究对基年的选择一般为 1952 年或 1978 年，本研究采用 1978 年的固定资本存量作为初始固定资本存量。由于对初始固定资本存量的估算方法各不相同，而且难以获得测算广西固定资本存量所需要的多项指标数据，本研究参照邹（Chow，1993）估计的资本产出比的方法来进行估计。Chow（1993）对我国的估计为2.58，按此推算，广西1978年资本产出比应比此值更大（因为效率更低，可能达不到全国的平均水平）。我们假设1978年广西地区生产总值的3倍为初始资本存量。广西1978年的地区生产总值为75.85亿元，那么当年的初始资本存量可估算为75.78×3＝227.34亿元。

4.3.2.2　当年固定资产投资及其价格指数

统计年鉴公布的"固定资本形成总额"可以视为未扣除折旧的投资指标，并且在经过对国民经济核算的两次历史数据的补充和一次调整后，"固定资本形成总额"与"固定资产积累"成为等价的两个概念，所以我们认为用固定资本形成总额来衡量当年投资较为合理。固定资本形成总额的数据也来源于各年广西统计年鉴。《广西统计年鉴2015》编制了可比价格的每年固定资本形成存量指数数据（1978年＝100），因此，根据名义固定资本形成指数和不变价固定资本形成指数，可以推算每年不变价固定资本形成总额，即当年的资本投入额。计算公式如下：

$$RI_t = I_{1978} \times I_{p,\,1978=100} \tag{4-21}$$

其中，RI_t 为当年实际资产形成总额，I_{1978} 为1978年固定资本形成总额（当年价格），$I_{p,\,1978=100}$ 为不变价格固定资本形成总额指数（1978年＝100）。

4.3.2.3　折旧率的选取

在折旧率的选择上，各个研究有较大的出入。张军（2004）估计的折旧率为9.6%，许多后续研究都采用了张军的这一数值。考虑到广西资本更新较全国更新慢，我们采用8%的折旧率进行计算，同时考虑不同的折旧率对计算结果的影响（考虑5%、9.6%和12%的折旧率）。图4-1给出了不同折旧率下的资本存量估计值，不同折旧率下资本存量估计值有所差异，折旧率越大，资本存量越小，增长速度也越慢。

4.3.2.4　估计结果

表4-1给出了部分年份广西实际地区生产总值和资本存量劳动投入等指标估算数据（1978年价格）。结果显示：1980年广西实际地区生产总值为86.39亿元，2015年增长到2 724.00亿元，比1980年增长30.5倍，年均增长10.16%；资本存量由1980年的233.63亿元增长到2015年的10 658.68亿元，2015年比1980年增长44.6倍，年均增长10.96%。分阶段看，产出增长的波动比较大，"六五"期间增长最慢，而在"七五"期间产出增长最快（年均增长15.2%）。资本存量增长速度较快（早期较慢），其增长趋势比产出增长更

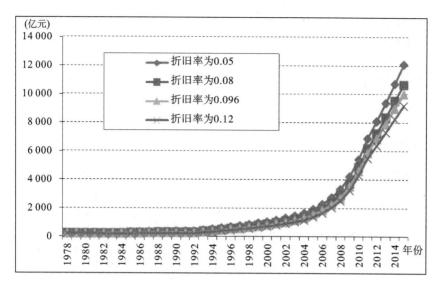

图 4-1 不同折旧率下的资本存量估计值

为明显。从业人数增长速度较慢，并有下降趋势。在"八五"之前的时期，产出增长速度高于资本存量增长速度，但从"九五"开始，资本存量增长速度明显比产出增长速度快（见表 4-1、图 4-2）。

表 4-1 部分年份广西产出、资本存量和劳动投入及其年均增长率

年份	实际产出 Y（亿元）	资本存量 K（亿元）	从业人数 L（万人）	年平均增长率（%）			
				时　期	Y	K	L
1980	86.39	233.63	1 550	"六五"	6.1	3.4	2.9
1985	128.72	246.90	1 830.50	"七五"	15.2	11.2	2.5
1990	173.24	291.21	2 108.50	"八五"	8.5	12.5	1.5
1995	350.73	494.15	2 383.00	"九五"	10.8	13.3	1.0
2000	526.25	891.67	2 566.00	"十五"	13.9	24.0	1.4
2005	879.48	1 661.24	2 703.00	"十一五"	10.1	16.9	-0.6
2010	1 687.28	4 873.95	2 903.00	"十二五"	10.05	14.34	-0.58
2015	2 724.00	10 658.68	2 820.00	1978—2015	10.16	10.96	1.80

注：产出、资本都调整为 1978 年价格，增长率采用几何平均数计算。资料来源：历年《广西统计年鉴》，所有年份数据见附表 4-1。

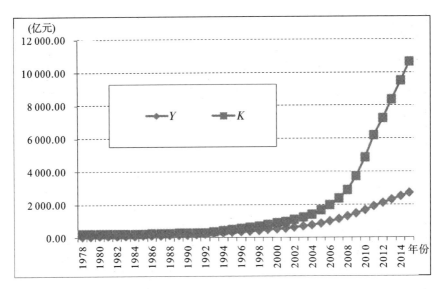

图 4-2　广西实际地区生产总值和资本存量（折旧率 = 0.08）序列：1978—2015 年

从经济增长的投入要素变化看，广西资本存量与产出的增长变化趋势基本一致，早期均处于较低增长水平但波动幅度较大，近期均呈加速增长趋势（见图 4-2）。劳动力数量投入的增长则呈下降趋势，而且，国内大多学者的研究表明，这一下降的趋势将得以延续。因此，产出的增长主要靠资本的高速增长来维持。得益于国家西部大开发和北部湾经济开放开发区的建立，广西经济在短期内可能通过资本的高速增长而实现快速增长。但由于边际递减规律的存在，资本投入对经济增长的作用将受到抑制，因此，经济要获得持续增长，仅靠要素投入的增长是不可能实现的，技术进步在未来产出增长和增长方式转变中将起到关键的作用。

4.4　测算结果与分析

4.4.1　变量平稳性检验和协整检验

协整理论是针对单位根过程所引起的伪回归问题而提出的。实证表明，大多数的宏观经济变量都是非平稳的，当两个变量均为非平稳时间序列时，它们之间的回归可能导致伪回归，即传统的回归显著性检验所得到的变量间的关系是不存在的。因此，在估计模型之前，本书先对各个变量进行单位根检验，再对各组变量进行协整检验。

表 4-2 的单位根检验结果表明[①]，序列 $\ln Y$、$\ln K$、$\ln K \ln K$、$\ln K \ln L$、$\ln K \ln H$ 为二阶差分平稳序列，$\ln L$、$\ln L \ln L$、$\ln L \ln H$ 为一阶差分平稳序列，因此，有必要进行变量间的协整关系检验。

表 4-2　　　　模型变量单位根检验（样本期 1978—2015 年）

变量代号	检验值（t 值）			5% 临界值			差分平稳
	原始变量	一阶差分	二阶差分	原始变量	一阶差分	二阶差分	
$\ln Y$	1.140	−2.503	−3.939	−2,951	−2.948	−2.951	$I(2)$
$\ln K$	1.135	−1.932	−3.831	−2.948	−2.948	−2.948	$I(2)$
$\ln L$	−4.433	−3.733		−2.943	−2.946		$I(1)$
$\ln K \ln K$	1.181	−1.701	−3.688	−2.948	−2.948	−2.948	$I(2)$
$\ln L \ln L$	−4.089	−3.868		−2.943	−2.946		$I(1)$
$\ln K \ln L$	1.010	−1.885	−5.386	−2.946	−2.946	−2.948	$I(2)$
$\ln K \ln H$	1.225	−3.230	−7.604	−2.946	−2.946	−2.948	$I(2)$
$\ln L \ln H$	−0.018	−4.081		−2.946	−2.946		$I(1)$

注：各变量都被标准化后进行检验，$I(1)$ 表示该变量为一阶差分平稳，$I(2)$ 表示二阶差分平稳。

设 x_t 是同阶单整变量向量（即其各分量至少有两个高阶变量是同阶的），如果存在某一参数向量 β，使得 $z_t = \beta' x_t \sim I(0)$，则我们称 x_t 的各分量之间存在同阶协整关系，简称协整关系[②]。常用来检验变量间的协整关系的方法有两种，其一是由 Engel 和 Granger（1987）提出的两步法，原理是[③]：如果变量 y 与 x 存在协整关系，则其回归方程的残差 $\hat{v}_t = \hat{y} - \hat{a} - \hat{b}\hat{x}$ 一定是平稳的，即 $\hat{v}_t$ 为 $I(0)$ 变量；否则 $\hat{v}_t$ 是非平稳变量。因此，可以通过对残差 $\hat{v}_t$ 进行平稳性检验来确定协整关系是否存在，这种方法称之为基于残差的协整检验。其二是基于向量误差校正模型的极大似然法协整检验。该方法由约翰逊（1988）提出，讨论始于如下向量误差校正模型：

---

① 单位根检验和协整检验在统计软件 Eviews3.0 上完成。

② 根据协整的定义，如果向量序列 y_t 满足：1、y_t 的所有分量都是 d 阶协整的，即 $y_{it} \sim I(d)$，$(i=1, \cdots, n)$；2、存在一个数值向量 β 使得 y_t 的各分量的线性组合变为低阶协整序列，即存在 $\beta \neq 0$，使得 $z_t = \beta' y_t \sim I(d-b)$，$b>0$。则称向量序列 y_t 的各分量是 d，b 阶协整的。记为：$y_t \sim CI(d, b)$。其中 β 称为协整向量。协整的概念对应着经济学上的长期均衡关系。

③ 这里用只有两个变量的情形来说明，多变量时同样处理。

$$\Delta x_t = \sum_{i=1}^{k-1} \Gamma_i \Delta x_{t-i} + \Pi x_{t-k} + \mu + \varepsilon_t \qquad (4-22)$$

式中的 Γ_i（$i=1$，2，$\cdots$，$k-1$。）和 Π 均为 $n \times n$ 维参数矩阵，Γ_j 表示变量间在第 j 滞后期通过第 i 个方程的短期调整（$i=1$，2，$\cdots$，n）；矩阵 $\Pi = \alpha\beta T$，秩（Π）$= r$，（$1 \leqslant r \leqslant n-1$）。因为若 $r=0$，则式（4-25）为一般的向量自回归模型；若 $r=n$，则 Π 满秩，xt 为平稳序列，两种情况都不存在误差校正形式。约翰逊（1988）提出用 λ_{trace} 和 λ_{max} 两个统计量来检验变量间的协整关系，其中 $\lambda_{trace} = -T\sum_{i=1}^{r}\ln(1-\lambda_i)$，$\lambda_{max} = -T\ln(1-\lambda_{r+1})$。

两步法的协整回归就是最小二乘回归。最小二乘法基于回归残差平方和最小，回归所得到的残差有趋于平稳的趋势，检验过程中很容易拒绝非平稳的原假设，即常常接受变量之间有协整关系的假设；而且，它检验残差的估计值 $\hat{v}_t$ 而非残差 v_t 本身，这会产生较大的误差。另外，在进行协整回归时，应将某一个变量（如 x_{1t}）的系数规范为1，并以此变量对其他变量做回归。对不同的变量进行规范，会得到不同的估计参数。也就是说，必须先假定变量的内生和外生性，只能对内生变量进行规范化，因此需要事先检验因变量的内生性[①]。极大似然法协整检验对参数做联合估计，对变量的协整关系做系统分析，不需要任何假定条件，也不需要了解模型的动态结构，协整向量的个数是检验的结果。本书采用极大似然法检验模型各变量间的协整关系。检验结果见表4-3。

将所有变量看为一个组合向量时间趋势 T 并作为外生变量进行协整检验。结果表明变量组（$\ln Y$，$\ln K$，$\ln L$，$\ln K \ln K$，$\ln L \ln L$，$\ln K \ln L$）存在五个协整关系，这些具有协整关系的变量组合分别是（$\ln Y$，$\ln K$，$\ln L$，$\ln K \ln K$，$\ln L \ln L$，T）、（$\ln Y$，$\ln L$，$\ln K \ln K$，$\ln L \ln L$，T）、（$\ln K$，$\ln L$，$\ln K \ln K$，$\ln L \ln L$，T）（$\ln L$，$\ln K \ln K$，$\ln L \ln L$，T），这些协整关系包含了所列出的集中经济增长模型的模型变量设定形式，资本和劳动的交叉效应项没有进入协整关系方程，这可以作为构建经济增长模型的参考。

表4-3　　　　　　　　　　Johansson 协整检验结果

Eigenvalue	L. R.（λ_{trace}）	5%的临界值	显著性水平 p-值	原假设
0.869 1	73.20	40.08	0.000 0	无协整关系**
0.743 8	49.02	33.88	0.000 4	一个协整关系**

---

① 根据判别变量外生性的 Sim 定理："当且仅当 Y 不以 Granger 方式引致 X 时，变量 X 关于变量 Y 是严格外生的"。

表4-3(续)

Eigenvalue	L. R. (λ_{trace})	5%的临界值	显著性水平 p-值	原假设
0.711 1	44.70	27.58	0.000 1	两个协整关系**
0.465 6	22.56	21.13	0.031 3	三个协整关系*
0.307 9	13.25	14.26	0.071 8	四个协整关系

注：*、** 表示在5%、1%的显著性水平下拒绝原假设，L. R. 检验表明在5% 的显著性水平下变量之间变量组有 4 个协整关系；调整后的样本期：1980—2015 年；变量序列：lnY lnK lnL lnKlnK lnLlnL lnKlnL；时间趋势 T 为外生变量。

4.4.2　模型估计结果与分析

4.4.2.1　索洛模型和拓展的索洛模型估计结果

索洛模型直接回归结果发现存在显著的自相关（DW 值过小）；改用广义差分法，得到模型的估计结果如表 4-4 所示：所有变量都通过显著性检验（t 检验均显著），方程也具有整体显著性（F 检验显著），拟合程度很高（调整后的 R^2 =0.999 1)[1]，故而得到资本弹性 α=0.286 5，劳动弹性 β=1-α=0.713 5。

表 4-4　　　　　　索洛模型估计结果（广义差分法）

变量	系数	标准差	t-值	p-值
C	−2.575 547	0.219 621	−11.727 23	0.000 0
ln$k$	0.286 491	0.058 501	4.897 238	0.000 0
t	0.057 195	0.007 461	7.665 337	0.000 0
AR（1）	0.776 042	0.119 301	6.504 909	0.000 0
R-squared	0.999 197	Mean dependent var		−1.706 502
Adjusted R-squared	0.999 124	S. D. dependent var		0.911 200
S. E. of regression	0.026 968	Akaike info criterion		−4.286 525
Sum squared resid	0.024 000	Schwarz criterion		−4.112 372
Log likelihood	83.300 71	Hannan-Quinn criter.		−4.225 128
F-statistic	13 688.70	Durbin-Watson stat		1.172 332
Prob（F-statistic）	0.000 000			
Inverted AR Roots	0.78			

注：各检验统计量的 p 值均小于显著性水平 0.05，说明各系数显著不为零；F=13 688.70 足够大，说明取对数之后的生产函数模型回归显著；R^2=0.999 接近于 1，说明模型的拟合效果良好；D. W. 值=1.172 表明仍有弱的自相关。

----

① 异方差性的 white 检验和 ARCH 检验都显示模型无异方差。

根据索洛余值法，计算得到各因素对经济增长的贡献率，如表4-5、图4-3所示。表4-5给出部分年份估计结果，附表4-2和图4-3给出所有年份的估计结果。资本对经济增长的贡献为倒U形变动走势，早期年份由于资本增长率和资本产出比均较小，导致资本的贡献相对较小；随着资本增速的加大，资本贡献呈上升趋势，在2010年左右达到峰值，之后持续下降。其中2008—2009年国家四万亿投资计划的影响，使得资本贡献率有所提高外，相对稳定在40%左右。劳动的贡献呈持续下降趋势，早期年份劳动的贡献率相对后期更高，近期维持在较低的水平震荡[1]，"十一五"以来，相对稳定在10%以内。科技进步贡献率初期较高且波动较大[2]，许多年份对经济增长的贡献率均超过2/3，1992年达到峰值之后有下降趋势；自1995年开始，波动率下降，大多数年份稳定在50%以内。抛开异常年份不谈，"十一五"期间科技进步贡献率相对较低，处于低谷，"十二五"时期又有所回升，2013—2015年间稳定在50%左右。总体来说，大致可以将广西经济增长模式划分为前后两个阶段，分界点大致在1993年左右，前一阶段资本贡献较小，劳动贡献较大，而科技进步贡献占经济增长的主要份额，原因可能是改革开放早期制度因素导致的经济增长包含在广义科技进步之中；后一阶段资本、劳动和科技进步的贡献相对趋于稳定状态，劳动的贡献有下降趋势。

表4-5　部分年份资本、劳动力和科技的贡献率，索洛模型估计结果　　单位：%

年份	经济增长率	资本贡献	劳动贡献	科技进步速度	资本贡献率	劳动贡献率	科技进步贡献率
1980	10.15	0.63	2.73	6.79	6.21	26.86	66.93
1985	10.99	1.15	2.19	7.65	10.5	19.93	69.57
1990	6.98	0.17	2.17	4.64	2.38	31.1	66.52
1995	11.37	4.41	1.44	5.52	38.8	12.64	48.56
2000	7.9	3.26	1.45	3.19	41.21	18.36	40.43
2005	13.25	5.16	1.93	6.17	38.89	14.57	46.53
2010	14.24	8.83	1.38	4.03	62	9.68	28.32

---

① 2012年比较异常，广西从业人员数下降168万人，下降5.72%。我们估计数据出现异常的原因，有可能是近期统计局对从业人员数的调查更为精确，修正了原来的统计结果，或者说原有的统计结果可能有较大误差，有待进一步修正。

② 早期科技进步贡献率较大的原因可能是：其一，早期资本存量的增速估计值可能偏低，导致资本的贡献较低；其二，索洛余值法估计的科技进步贡献率为综合要素生产力，改革初期的制度改进因素可能起到较大的作用，这些作用没有从科技进步贡献率中剔除。

表4-5(续)

年份	经济增长率	资本贡献	劳动贡献	科技进步速度	资本贡献率	劳动贡献率	科技进步贡献率
2011	12.3	7.76	0.81	3.73	63.1	6.6	30.3
2012	11.26	4.89	-4.09	10.46	43.4	-36.27	92.87
2013	10.16	4.39	0.37	5.4	43.23	3.62	53.15
2014	8.5	3.94	0.35	4.2	46.39	4.15	49.46
2015	8.1	3.41	0.61	4.08	42.05	7.57	50.38

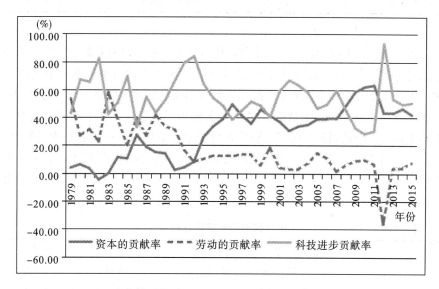

图4-3　索洛模型估计结果：要素贡献率序列1979—2015年

各变量取对数后直接进入拓展的索洛模型的估计。人力资本的系数不显著，拟合优度检验和整体显著性的F检验等都通过显著性检验。模型的D.W.值=0.752 789，自相关性比较严重，需要进行修正，如表4-6所示。

表4-6　　　扩展的索洛模型估计结果（各变量直接进入模型）

变量	系数	标准差	t-值	p-值
$\ln K$	0.584 666	0.021 717	26.921 84	0.000 0
$\ln L$	2.245 288	0.088 707	25.311 25	0.000 0
$\ln H$	-0.068 214	0.049 244	-1.385 220	0.175 0
C	-15.134 59	0.646 150	-23.422 71	0.000 0

表4-6（续）

变量	系数	标准差	t-值	p-值
R-squared	0.998 312	Mean dependent var		5.990 423
Adjusted R-squared	0.998 163	S. D. dependent var		1.115 398
S. E. of regression	0.047 806	Akaike info criterion		−3.144 033
Sum squared resid	0.077 704	Schwarz criterion		−2.971 655
Log likelihood	63.736 62	F-statistic		6 702.591
Durbin-Watson stat	0.752 789	Prob （F-statistic）		0.000 000

注：因变量为 $\ln Y$。

将产出、资本存量和人力资本都除以从业人员数，再取对数后应用广义差分法对拓展的索洛模型进行估计。结果表明，人均人力资本的系数仍然不显著，拟合优度检验和整体显著性的 F 检验等都通过显著性检验。模型的 D. W. 值 = 1.306 4，自相关性被消除，如表 4-7 所示。由于人力资本或平均人力资本都不显著，应被剔除出模型，剔除人力资本后的模型实际上就是索洛模型。因此，我们推断，索洛模型比拓展的索洛模型更适合描述广西经济增长（人力资本的影响不显著），显示了广西经济增长中来自劳动力质量的内生动力不足。

表 4-7　　　　　　　扩展的索洛模型估计结果

变量	系数	标准差	t-值	p-值
$\ln k$	0.366 059	0.126 589	2.891 699	0.006 7
$\ln h$	−0.033 419	0.055 779	−0.599 129	0.553 2
C	7.099 489	33.083 97	0.214 590	0.831 4
AR （1）	0.994 365	0.020 435	48.661 00	0.000 0
R-squared	0.999 097	Mean dependent var		−1.706 502
Adjusted R-squared	0.999 015	S. D. dependent var		0.911 200
S. E. of regression	0.028 594	Akaike info criterion		−4.169 415
Sum squared resid	0.026 982	Schwarz criterion		−3.995 262
Log likelihood	81.134 18	F-statistic		12 174.71
Durbin-Watson stat	1.306 437	Prob （F-statistic）		0.000 000

注：因变量为 $\ln Y$、$\ln k = \ln (K/L)$、$\ln h = \ln (H/L)$。

4.4.2.2 超越对数函数模型估计结果

超越对数函数模型的自变量为资本、劳动及其交叉项，这些宏观变量之间具有相同的趋势，同时进入模型存在多重共线性的可能性比较高，通过计算变量之间的简单相关系数矩阵，得到如表4-8所示的结果：变量之间存在高度的正相关，所有变量的相关系数都在0.8以上，特别是劳动力的对数与劳动对数的平方的相关系数高达1，同时进入模型具有完全的共线性。

表4-8　　　　　　　　　　皮尔逊相关系数

变量	$\ln y$	$\ln K$	$\ln L$	$\ln K \ln K$	$\ln L \ln L$
$\ln K$	0.974	1			
$\ln L$	0.938	0.840	1		
$\ln K \ln K$	0.959	0.997	0.807	1	
$\ln L \ln L$	0.942	0.845	1.000	0.812	1
$\ln K \ln L$	0.984	0.999	0.867	0.993	0.872

在不考虑人力资本的情况下对超越对数函数模型进行最小二乘法回归估计，得到如表4-9所示的结果：劳动力、资本和劳动力的平方等项的影响不显著，资本和资本与劳动力的交叉项的系数显著，模型拟合优度很高，调整以后的$R^2 = 0.998\,6$，整体显著性的F检验显著。根据这些结果可以做出基本的判断：变量之间存在较为严重的多重共线性，且D. W. $= 0.549\,3$，模型具有严重的自相关性。

表4-9　　　　　　超越对数函数经济增长模型估计结果

变量	系数	标准差	t-值	p-值
$\ln K$	5.668 725	1.457 555	3.889 202	0.000 5
$\ln L$	−7.438 015	10.355 79	−0.718 247	0.477 8
$\ln K * \ln K$	0.013 540	0.019 824	0.682 992	0.499 5
$\ln L * \ln L$	0.869 677	0.745 114	1.167 172	0.251 8
$\ln K * \ln L$	−0.669 311	0.209 606	−3.193 193	0.003 2
C	7.675 188	36.780 17	0.208 677	0.836 0
R-squared	0.998 788	Mean dependent var		5.990 423
Adjusted R-squared	0.998 598	S. D. dependent var		1.115 398
S. E. of regression	0.041 761	Akaike info criterion		−3.369 751
Sum squared resid	0.055 808	Schwarz criterion		−3.111 184
Log likelihood	70.025 26	F-statistic		5 272.482
Durbin-Watson stat	0.549 267	Prob（F-statistic）		0.000 000

注：解释变量为$\ln Y$；模型估计方法为最小二乘法；样本期为1978—2015年；样本量为38。

显然，超越对数函数模型的估计需要修正多重共线性问题和自相关问题。多重共线性问题的修正一般采用剔除部分自变量的逐步回归法、岭回归估计或主成分回归等方法。由于逐步回归法可能剔除部分变量而使得模型经济意义不明确，本书使用主成分回归法估计模型的参数。

　　主成分回归法是指通过主成分变换，将高度相关的自变量转换为互不相关的主成分，再将主成分作为自变量对因变量进行回归，消除自变量之间的多重相关性但又无需剔除自变量，从而保持模型原有的经济意义。

　　自变量和时间趋势项 T 组成的 6 维变量向量为（$\ln k$, $\ln l$, $\ln k\ln k$, $\ln l\ln l$, $\ln k\ln l$, T），对其做主成分分析得到主成分的特征根及其方差解释矩阵，如表 4-10 所示。结果表明有两个主成分的特征根大于 1。这两个主成分几乎能够解释所有自变量的方差，第一主成分的方差（也就是第一大特征根）为 569.29，方差贡献率为 97.66%，第二主成分的方差为 13.41，方差贡献率为 2.306%。前两个主成分的累积方差解释比达到 99.97%，极大化方差旋转后两个主成分的累计贡献率为 99.91%。

表 4-10　　　　　　　　　　　特征值及其方差贡献率

主成分	初始			未旋转提取			旋转后提取		
	特征值	方差贡献率(%)	累积贡献率(%)	特征值	方差贡献率(%)	累积贡献率(%)	特征值	方差贡献率(%)	累积贡献率(%)
1	569.29	97.66	97.66	569.29	97.664	97.664	409.966	70.332	70.332
2	13.441	2.306	99.97	13.441	2.306	99.97	172.416	29.579	99.91
3	0.109	0.019	99.99						
4	0.065	0.011	100						
5	2.1E-05	3.5E-6	100						
6	4.3E-07	7.4E-08	100						

　　主成分分析同样可以得到两个主成分在每个自变量上的载荷（包括时间趋势项），将载荷矩阵的第一列（即第一主成分载荷序列）除以最大特征根的算术平方根，得到第一主成分变换系数；同样将载荷矩阵的第二列除以第二大特征根的算术平方根得到第二主成分的变换系数，如表 4-11 所示，即两个主成分可以用自变量表示为：

　　$F1 = 0.451\,6T + 0.052\,7\ln K + 0.007\,7\ln L + 0.752\,5\ln K\ln K + 0.118\,1\ln L\ln L + 0.461\,5\ln K\ln L$

　　$F2 = 0.740\,3T - 0.015\,5\ln K + 0.028\,1\ln L - 0.519\,9\ln K\ln K + 0.424\,7\ln L\ln L + 0.016\,1\ln K\ln L$

表 4-11 　　　　　　　　　　　主成分载荷矩阵和变换系数

自变量	载荷		主成分变换系数	
	第一主成分	第二主成分	第一主成分	第二主成分
T	10. 776	2. 714	0. 451 6	0. 740 3
$\ln K$	1. 258	−0. 057	0. 052 7	−0. 015 5
$\ln L$	0. 183	0. 103	0. 007 7	0. 028 1
$\ln K \ln K$	17. 955	−1. 906	0. 752 5	−0. 519 9
$\ln L \ln L$	2. 819	1. 557	0. 118 1	0. 424 7
$\ln K \ln L$	11. 011	0. 059	0. 461 5	0. 016 1

注：主成分中各自变量的变换系数为其相应的载荷除以最大特征根 4.614 的平方根（即 2.148 1）
得到。

将两个主成分作为自变量对因变量 $\ln Y$ 进行最小二乘回归，并消除自相关
后，模型及系数的各种检验统计量都通过显著性检验（见表 4-12），得到主成
分回归方程：

$$\ln Y = 1.631\ 89 + 0.045\ 648F1 + 0.055\ 226F2 + 1.230\ 118\Delta\mu_{t-1} - 0.502\ 783\Delta\mu_{t-2}$$

表 4-12 　　　　　　　　　　　主成分回归结果

变量	系数	标准差	t-值	p-值
$F1$	0. 045 648	0. 000 675	67. 600 47	0
$F2$	0. 055 226	0. 005 175	10. 670 96	0
C	1. 631 89	0. 113 916	14. 325 34	0
AR（1）	1. 230 118	0. 158 6	7. 756 083	0
AR（2）	−0. 502 783	0. 157 421	−3. 193 865	0. 003 2
R-squared	0. 999 533	Mean dependent var		6. 081 809
Adjusted R-squared	0. 999 472	S. D. dependent var		1. 073 303
S. E. of regression	0. 024 657	Akaike info criterion		−4. 439 275
Sum squared resid	0. 018 847	Schwarz criterion		−4. 219 342
Log likelihood	84. 906 95	F-statistic		16 571. 95
Durbin-Watson stat	2. 011 635	Prob（F-statistic）		0
Inverted AR Roots	0. 62−0. 35i；	0. 62+0. 35i		

注：解释变量为 $\ln Y$；估计方法为最小二乘法；调整后的样本期为 1980—2015 年；6 次迭代后
收敛。

将主成分的自变量系数表达式进行替换，此方程可转换为自变量形式为：

$\ln Y = 1.631\ 9 + 0.065 \ln T + 0.001\ 5 \ln K + 0.001\ 9 \ln L + 0.005\ 6 \ln K \ln K + 0.028\ 85$
$\ln L \ln L + 0.021\ 95 \ln K \ln L + 1.230\ 118 \Delta \mu_{t-1} - 0.502\ 783 \Delta \mu_{t-2}$

忽略自相关项，利用各自变量的系数可以计算出每一年份的资本弹性、劳动弹性和资本劳动替代弹性等指标，如表4-13所示。得到的主要结论有：资本弹性和劳动弹性均具有长期的增长趋势；劳动弹性始终大于资本弹性；资本弹性与劳动弹性之和，即规模报酬小于1，资本和劳动要素投入的规模报酬递减，但由于规模报酬具有长期增长趋势，因此规模报酬递减的速度持续下降；资本对劳动的替代弹性都大于1，且有下降的趋势，表明资本对劳动的替代富有弹性，但不太大且有下降的趋势。

表4-13　超越对数函数估计的资本弹性、劳动弹性和资本对劳动的替代弹性

年份	资本弹性	劳动弹性	规模报酬	资本对劳动的替代弹性
1978	0.222 7	0.541 3	0.763 9	1.032 7
1979	0.223 3	0.542 8	0.766 1	1.032 6
1980	0.224 3	0.545 5	0.769 8	1.032 4
1981	0.225 2	0.547 7	0.772 9	1.032 3
1982	0.225 8	0.549 5	0.775 3	1.032 2
1983	0.226 4	0.551 0	0.777 4	1.032 1
1984	0.227 5	0.553 7	0.781 2	1.032 0
1985	0.228 6	0.556 3	0.784 9	1.031 8
1986	0.230 1	0.559 6	0.789 7	1.031 6
1987	0.231 5	0.562 8	0.794 3	1.031 4
1988	0.232 3	0.564 8	0.797 1	1.031 3
1989	0.232 9	0.566 2	0.799 1	1.031 2
1990	0.233 6	0.568 1	0.801 6	1.031 1
1991	0.234 4	0.570 1	0.804 6	1.031 0
1992	0.235 5	0.572 5	0.807 9	1.030 9
1993	0.237 8	0.577 3	0.815 1	1.030 6
1994	0.240 2	0.582 4	0.822 6	1.030 3
1995	0.242 2	0.586 7	0.829 0	1.030 0
1996	0.244 1	0.590 5	0.834 6	1.029 8
1997	0.245 6	0.593 8	0.839 4	1.029 6
1998	0.247 4	0.597 4	0.844 8	1.029 4

表4-13(续)

年份	资本弹性	劳动弹性	规模报酬	资本对劳动的替代弹性
1999	0.248 9	0.600 4	0.849 3	1.029 3
2000	0.250 5	0.603 9	0.854 5	1.029 1
2001	0.251 8	0.606 5	0.858 2	1.028 9
2002	0.253 1	0.609 0	0.862 1	1.028 8
2003	0.254 5	0.611 8	0.866 3	1.028 7
2004	0.256 2	0.615 4	0.871 7	1.028 5
2005	0.258 7	0.620 6	0.879 3	1.028 2
2006	0.261 1	0.625 6	0.886 6	1.028 0
2007	0.263 3	0.629 9	0.893 1	1.027 7
2008	0.265 7	0.634 8	0.900 6	1.027 5
2009	0.268 9	0.641 4	0.910 3	1.027 2
2010	0.272 4	0.648 4	0.920 7	1.026 9
2011	0.275 3	0.654 3	0.929 6	1.026 6
2012	0.275 8	0.654 3	0.930 2	1.026 6
2013	0.277 6	0.657 8	0.935 3	1.026 4
2014	0.279 1	0.660 9	0.940 0	1.026 3
2015	0.281 2	0.665 6	0.946 8	1.026 1

　　将超越对数函数模型估计的资本弹性、劳动弹性应用于索洛余值法，计算得到各投入要素对经济增长的贡献百分点和贡献率，如表4-14所示。根据计算结果的数据特点，可以将1979—2015年广西经济增长模式大致划分为两个阶段：1979—1993年为第一阶段。此阶段资本投入对经济增长的贡献比较小，大多数年份都在20%以内，而劳动和科技进步的贡献率相对后期较高，前者大多数年份在30%左右，而后者大多数年份达到55%以上。第一阶段为我国改革开放初期，经济制度改革所产生的制度红利比较大，制度改革对经济增长产生巨大的影响，但经济增长模型没有将这一影响刻画出来，而直接将其融入科技进步贡献率之中，所以科技进步对经济增长的贡献率相对较大。1993年之后为第二个阶段。这一阶段资本的贡献率相对前一阶段显著上升，而且有逐年提高的趋势，近些年稳定在40%左右（部分年份比较异常除外），劳动的贡献率相对前一阶段显著下降，自2001年起大部分年份下降到10%以内，且有持续下降的趋势。科技进步贡献率周期性波动的迹象比较明显，最近几年在50%左右波动。

2012年和2015年是要素投入贡献率比较异常的两个年份，2012年由于劳动人数下降168万人，下降了5.72%，导致劳动投入对经济增长的贡献率为负值（−33.24%），同时导致科技进步贡献率高达91.38%；而2015年劳动力人数增加110.3万人，增长了3.945%，导致劳动投入的贡献率显著增长到32.42%，科技进步贡献率下降为26.23%。导致这两年异常的原因可能是劳动力人数统计数据异常所致，一般来说，劳动力人数的变化相对缓慢，经济社会正常变动情况下不可能在一年之间大幅变动。广西统计局对这一数据异常情况没有做出说明，有可能是最近对劳动力人数的统计更为准确而以前年份的统计数据误差较大，但还没有恰当的方法对以前年份的数据误差进行合理的修正。

我们估计，剔除异常情况，资本和劳动弹性的估计可能误差不大，上述模型对经济增长要素投入贡献率的变化趋势的描述也较为合理。

表4-14　　　超越对数函数模型的要素贡献百分点和贡献率

年份	贡献率百分点（%）			贡献率（%）		
	K	L	A	K	L	A
1979	0.1	1.38	1.92	3.02	40.57	56.41
1980	0.49	2.08	7.58	4.87	20.51	74.62
1981	0.21	1.94	5.92	2.64	24.06	73.30
1982	−0.46	2.16	10.73	−3.67	17.35	86.31
1983	−0.01	1.49	1.85	−0.34	44.72	55.62
1984	0.63	2.04	4.26	9.04	29.41	61.55
1985	0.92	1.71	8.36	8.40	15.54	76.06
1986	1.42	2	3.01	22.04	31.08	46.88
1987	1.39	1.94	5.86	15.18	21.06	63.76
1988	0.54	1.47	2.45	12.19	32.92	54.89
1989	0.42	0.97	2.26	11.53	26.51	61.95
1990	0.14	1.73	5.12	1.95	24.74	73.31
1991	0.44	1.68	10.62	3.44	13.22	83.34
1992	1.21	1.22	15.9	6.62	6.66	86.72
1993	3.93	1.51	12.84	21.49	8.25	70.26
1994	4.27	1.56	9.37	28.09	10.27	61.64
1995	3.74	1.18	6.45	32.86	10.38	56.75
1996	3.51	0.84	3.97	42.16	10.12	47.72
1997	2.87	0.91	4.27	35.61	11.30	53.09

表4-14(续)

年份	贡献率百分点（%）			贡献率（%）		
	K	L	A	K	L	A
1998	3.08	1.1	5.84	30.74	10.94	58.32
1999	3.19	0.38	4.43	39.85	4.78	55.37
2000	2.85	1.23	3.82	36.09	15.53	48.38
2001	2.7	0.28	5.32	32.47	3.42	64.11
2002	2.86	0.26	7.47	26.99	2.45	70.56
2003	3.06	0.28	6.86	29.98	2.78	67.24
2004	3.68	0.73	7.38	31.21	6.18	62.61
2005	4.66	1.68	6.91	35.18	12.67	52.15
2006	4.88	1.32	7.35	36.00	9.74	54.27
2007	5.44	0.21	9.42	36.10	1.36	62.54
2008	5.8	0.69	6.32	45.26	5.37	49.36
2009	7.67	1.12	5.15	55.02	8.06	36.92
2010	8.41	1.25	4.58	59.04	8.79	32.16
2011	7.47	0.74	4.08	60.75	6.05	33.20
2012	4.72	-3.74	10.29	41.86	-33.24	91.38
2013	4.26	0.34	5.56	41.96	3.34	54.71
2014	3.85	0.33	4.33	45.27	3.84	50.89
2015	3.35	2.63	2.12	41.35	32.42	26.23

4.5 不同模型结果比较

由于扩展的索洛模型拟合效果很差，我们不予考虑。本书主要比较索洛模型和超越对数函数模型的估计结果。

从两种模型估计结果可以看出，两者都较为合理地描述了广西经济增长状况。其估计结果虽在具体数据结果上有所差异但其趋势大致相符，其相同或相似的结论有：第一，资本弹性较小而劳动的弹性较大，意味着单位资本的投入对经济增长的拉动作用小于单位劳动投入的拉动作用；第二，经济增长模式在1993年前后发生明显的变化，要素投入及其对经济增长的贡献份额等具有大致相似的结果及变动趋势，如图4-4、图4-5、图4-6所示。为了简便起见，我们认为应用更为简单易懂的索洛模型便足以刻画广西经济增长的基本态势。

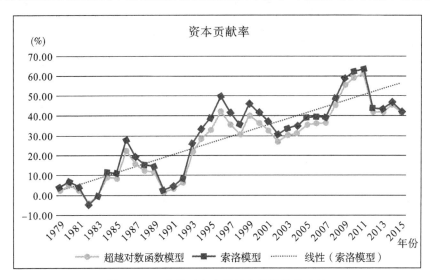

图 4-4　不同模型资本贡献率估计结果比较

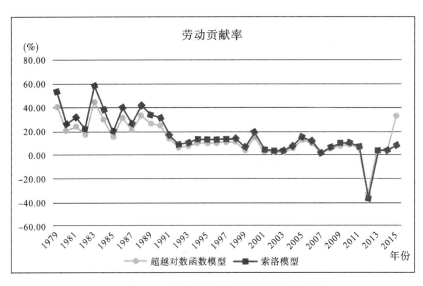

图 4-5　不同模型劳动贡献率估计结果比较

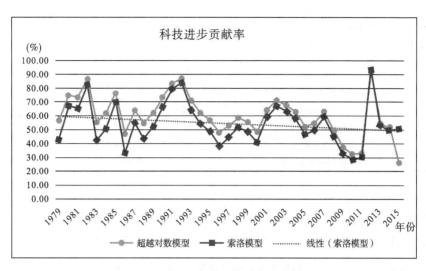

图4-6　不同模型科技进步贡献率估计结果比较

　　为了准确考察广西经济模型的增长模式变化，我们采用计量经济模型中的邹氏检验来识别模型的拐点。邹氏检验法是用于判断结构在预先给定的时点是否发生了变化的一种方法，它设定既定的时点，将时间序列数据分成时点前后两个部分，利用F统计量或极大似然率统计量等方法来检验前后两个部分估计的参数是否相等，进而判断模型在该时点是否发生了显著性的结构变化。

　　本书对广西经济增长模型的估计结果表明，在1993年前后可能发生结构性变化，但具体发生在哪一年需要进一步验证和确认。我们选择从1988年作为初始拐点逐年对索洛模型进行估计并做邹氏检验，其结果如表4-15所示。检验结果显示，在5%的显著性水平下，可以判断广西经济增长模型（索洛模型）的拐点发生在1990—1991年，而1988—1989年、1992—1993年都不是拐点。如果要将经济增长模型用于预测，可选择的样本期为1990—2015年。

表4-15　　　　　结构性变化拐点的邹氏检验：1988—1993年

检验年份	检验统计量	检验统计量的值	检验 p-值	结论（5%显著性水平）
1988	F-statistic	1. 761 252	0. 187 599	不是拐点
	Log likelihood ratio	3. 752 582	0. 153 157	
1989	F-statistic	2. 963 982	0. 065 488	不是拐点
	Log likelihood ratio	6. 112 599	0. 047 062	
1990	F-statistic	5. 159 285	0. 011 229	是拐点
	Log likelihood ratio	10. 066 74	0. 006 517	

表4-15（续）

检验年份	检验统计量	检验统计量的值	检验 p-值	结论（5%显著性水平）
1991	F-statistic Log likelihood ratio	6.152 311 11.725 36	0.005 360 0.002 844	是拐点
1992	F-statistic Log likelihood ratio	3.652 658 7.399 107	0.036 898 0.024 735	不是拐点
1993	F-statistic Log likelihood ratio	0.107 033 0.239 240	0.898 807 0.887 257	不是拐点

选择样本期 1990—2015 年重新估计索洛模型（见表4-16）。结果表明，拟合优度检验、t-检验和 F-检验都在 1% 的显著性水平下显著，但 D. W. 值太小（D. W. = 0.436 118），模型存在严重的自相关，需要进行修正。

表 4-16　　　　索洛模型重新估计结果：1990—2015 年

变量	系数	标准差	t-值	p-值
ln$k$	0.268 726	0.049 316	5.449 020	0.000 0
T	0.059 223	0.006 897	8.586 659	0.000 0
C	−1.921 658	0.122 154	−15.731 49	0.000 0
R-squared	0.996 896	Mean dependent var		−1.280 440
Adjusted R-squared	0.996 626	S. D. dependent var		0.739 212
S. E. of regression	0.042 941	Akaike info criterion		−3.349 829
Sum squared resid	0.042 410	Schwarz criterion		−3.204 664
Log likelihood	46.547 77	F-statistic		3 692.838
Durbin-Watson stat	0.436 118	Prob（F-statistic）		0.000 000

注：解释变量为 ln$y$；估计方法为最小二乘法；样本期为 1990—2015 年；样本量为 26；这里 $y = Y/L$，$k = K/L$，T 为时间趋势取值依次从 1 到 26。

将模型中加入 AR（1）项后进行估计，各项检验统计量都在 1% 显著性水平下显著，D. W. 值为 1.250 5，仍有较弱的自相关性，再加入 AR（2）后进行估计，得到最终的广西经济增长模型：

$$\ln Y/L = -1.581\ 35 + 0.386\ 244 \ln K/L + 0.946\ 686 \Delta\mu_{t-1} - 0.436\ 153 \Delta\mu_{t-2}$$

各项检验统计量通过 1% 的显著性水平的显著性检验，D. W. = 1.905 4，接近于 2，自相关性基本消除，模型 AIC 和 SC 检验结果显示更优，如表4-17 所示。

表 4-17　　　　　　索洛模型最终估计结果：1990—2015 年

变量	系数	标准差	t-值	p-值
$\ln k$	0.386 244	0.044 986	8.585 834	0.000 0
T	0.040 179	0.006 651	6.041 043	0.000 0
C	-1.585 135	0.118 300	-13.399 32	0.000 0
AR（1）	0.946 686	0.169 501	5.585 130	0.000 0
AR（2）	-0.436 153	0.128 276	-3.400 108	0.003 0
R-squared	0.999 579	Mean dependent var		-1.182 671
Adjusted R-squared	0.999 490	S. D. dependent var		0.681 253
S. E. of regression	0.015 379	Akaike info criterion		-5.328 601
Sum squared resid	0.004 494	Schwarz criterion		-5.083 173
Log likelihood	68.943 22	F-statistic		11 278.65
Durbin-Watson stat	1.905 437	Prob（F-statistic）		0.000 000
Inverted AR Roots	0.47-0.46i	0.47+0.46i		

注：解释量为 $\ln y$；估计方法为最小二乘法；调整后的样本期为 1992—2015 年；调整后的样本量为 24；模型 6 次迭代后收敛；$y=Y/L$，$k=K/L$，T 为时间趋势取值依次从 1 到 26。

本章附表

附表 4-1　　　　　　　　广西相关总量指标

年份	广西名义地区生产总值（当年价格，亿元）	广西实际地区生产总值（1978 年价格，亿元）	实际资本存量（折旧率=0.08）	从业人员数（万人）	实际教育经费支出（1978 年价格，亿元）
1978	75.85	75.85	227.55	1 456.00	3.287
1979	84.59	78.43	228.59	1 493.00	3.701
1980	97.33	86.39	233.63	1 550.00	3.718
1981	113.46	93.37	235.84	1 605.00	3.713
1982	129.15	104.98	231.08	1 668.00	3.617
1983	134.60	108.47	230.97	1 713.00	3.797
1984	150.27	115.97	237.32	1 776.00	4.493
1985	180.97	128.72	246.90	1 830.50	4.890
1986	205.46	136.99	262.10	1 895.80	5.701
1987	241.56	149.58	277.89	1 961.00	6.028
1988	313.28	156.25	284.40	2 012.00	6.735

年份	广西名义地区生产总值（当年价格，亿元）	广西实际地区生产总值（1978年价格，亿元）	实际资本存量（折旧率＝0.08）	从业人员数（万人）	实际教育经费支出（1978年价格，亿元）
1989	383.44	161.94	289.53	2 046.30	7.545
1990	449.06	173.24	291.21	2 108.50	8.013
1991	518.59	195.31	296.65	2 170.80	8.041
1992	646.60	231.11	311.94	2 217.10	8.745
1993	871.70	273.36	363.48	2 275.00	9.307
1994	1 198.29	314.93	428.12	2 336.00	7.990
1995	1 497.56	350.73	494.15	2 383.00	7.801
1996	1 697.90	379.93	565.22	2 417.00	7.343
1997	1 817.25	410.50	631.15	2 454.00	7.191
1998	1 911.30	451.61	709.69	2 499.00	7.535
1999	1 971.41	487.72	800.55	2 514.90	7.927
2000	2 080.04	526.25	891.67	2 566.00	8.877
2001	2 279.34	569.94	987.14	2 578.00	11.630
2002	2 523.73	630.31	1 098.65	2589.00	12.672
2003	2 821.11	694.63	1 230.75	2 601.00	12.939
2004	3 433.50	776.55	1 407.52	2 631.80	13.605
2005	3 984.10	879.48	1 661.24	2 703.00	13.649
2006	4 746.16	998.64	1 971.59	2 760.00	15.840
2007	5 823.41	1 149.13	2 378.99	2 769.00	18.168
2008	7 021.00	1 296.28	2 897.92	2 799.00	21.518
2009	7 759.16	1 476.95	3 724.28	2 848.00	21.751
2010	9 569.85	1 687.28	4 873.95	2 903.00	24.794
2011	11 720.87	1 894.81	6 196.56	2 936.00	29.105
2012	13 035.10	2 108.24	7 255.80	2 768.00	33.635
2013	14 378.00	2 322.46	8 370.26	2 782.26	31.651
2014	15 672.89	2 519.89	9 524.37	2 796.00	31.621
2015	16 803.12	2 724.00	10 658.68	2 820.00	32.397

资料来源：从业人员数据直接来自《广西统计年鉴2016》，其他指标根据历年《广西统计年鉴》的相关指标数据推算得到。

附表4-2 　资本、劳动力以及科技的贡献率，索洛模型估计结果 　单位:%

年份	经济增长率	资本贡献	劳动贡献	科技进步速度	资本贡献率	劳动贡献率	科技进步贡献率
1979	3.40	0.13	1.81	1.46	3.84	53.34	42.81
1980	10.15	0.63	2.73	6.79	6.21	26.86	66.93
1981	8.08	0.27	2.53	5.28	3.35	31.36	65.29
1982	12.43	−0.58	2.80	10.21	−4.64	22.54	82.10
1983	3.32	−0.01	1.93	1.41	−0.41	57.94	42.47
1984	6.91	0.79	2.63	3.50	11.37	37.98	50.65
1985	10.99	1.15	2.19	7.65	10.50	19.93	69.57
1986	6.42	1.76	2.55	2.12	27.40	39.64	32.95
1987	9.19	1.72	2.46	5.01	18.75	26.72	54.53
1988	4.46	0.67	1.86	1.93	15.03	41.64	43.33
1989	3.64	0.52	1.22	1.91	14.17	33.43	52.41
1990	6.98	0.17	2.17	4.64	2.38	31.10	66.52
1991	12.74	0.53	2.11	10.10	4.19	16.56	79.25
1992	18.33	1.47	1.52	15.33	8.04	8.31	83.65
1993	18.28	4.73	1.86	11.69	25.85	10.20	63.95
1994	15.21	5.09	1.91	8.21	33.45	12.59	53.96
1995	11.37	4.41	1.44	5.52	38.80	12.64	48.56
1996	8.33	4.11	1.02	3.19	49.41	12.24	38.36
1997	8.05	3.34	1.09	3.62	41.46	13.58	44.95
1998	10.01	3.56	1.31	5.15	35.54	13.07	51.39
1999	8.00	3.66	0.45	3.88	45.79	5.68	48.52
2000	7.90	3.26	1.45	3.19	41.21	18.36	40.43
2001	8.30	3.06	0.33	4.91	36.88	4.02	59.09
2002	10.59	3.23	0.30	7.06	30.50	2.88	66.62
2003	10.20	3.44	0.33	6.43	33.70	3.24	63.06
2004	11.79	4.11	0.85	6.84	34.83	7.17	58.00
2005	13.25	5.16	1.93	6.17	38.89	14.57	46.53
2006	13.55	5.34	1.51	6.70	39.43	11.11	49.45
2007	15.07	5.91	0.23	8.93	39.22	1.55	59.24
2008	12.81	6.24	0.77	5.79	48.72	6.04	45.24
2009	13.94	8.16	1.25	4.53	58.51	8.97	32.52

年份	经济增长率	资本贡献	劳动贡献	科技进步速度	资本贡献率	劳动贡献率	科技进步贡献率
2010	14.24	8.83	1.38	4.03	62.00	9.68	28.32
2011	12.30	7.76	0.81	3.73	63.10	6.60	30.30
2012	11.26	4.89	-4.09	10.46	43.40	-36.27	92.87
2013	10.16	4.39	0.37	5.40	43.23	3.62	53.15
2014	8.50	3.94	0.35	4.20	46.39	4.15	49.46
2015	8.10	3.41	0.61	4.08	42.05	7.57	50.38

参考文献

[1] 王德劲. 经济增长因素实证分析 [J]. 数理统计与管理, 2007 (1): 69-74.

[2] 郑照宁, 刘德顺. 考虑资本、能源、劳动投入的中国超越对数生产函数 [J]. 系统工程理论与实践, 2004 (5): 51-55.

[3] 李秋斌. 30年来福建科技进步贡献率的测定与分析 [J]. 闽江学院学报, 2009 (12): 12-17.

[4] 董敏杰, 梁泳梅. 1978—2010年的中国经济增长来源: 一个非参数分解框架 [J]. 经济研究, 2013 (5): 17-31.

[5] 江兵, 潘妍, 蔡艳. 基于非参数法的合肥市科技进步贡献率研究 [J]. 中国管理科学, 2014 (11): 108-113.

[6] 郭莉, 张金锁. 科技进步对陕西省经济发展贡献率研究 [J]. 中国软科学, 2010 (S2): 93-98.

[7] 杨少华, 郑伟. 科技进步贡献率测算方法的改进 [J]. 统计与决策, 2011 (8): 22-24.

[8] 潘云文, 李庆军, 于莉娟, 等. 山东省科技进步贡献率的测算及对策研究 [J]. 科学与管理, 2013 (6): 79-83.

[9] 黄桂英, 闫丽霞. 山西省科技进步贡献率研究及测算 [J]. 科技情报开发与经济, 2013 (24): 141-144.

[10] 罗美华, 杨振海, 周勇. 时变弹性系数生产函数的非参数估计 [J]. 系统工程理论与实践, 2009 (4): 144-148.

[11] 付婷婷, 杨斌. 西藏科技进步贡献率的测算与分析 [J]. 价格月刊, 2011 (1): 83-87.

[12] 曾光, 王玲玲, 王选华. 中国科技进步贡献率测度: 1953—2013 年 [J]. 中国科技论坛, 2015 (7): 22-27.

[13] 狄昂照. 科技进步贡献率的规范化 [J]. 中国科技论坛, 1997 (3): 37-41.

[14] 张军扩. "七五" 期间经济效益的综合分析: 各要素对经济增长贡献率测算 [J]. 经济研究, 1991 (4): 8-17.

[15] 周方. 广义技术进步与产出增长因素分解——对 "Solow 余值法" 的反思 [J]. 数量经济技术经济研究, 1994 (8): 34-43.

[16] 吴雷, 曾卫明. 基于索洛余值法的装备制造业原始创新能力对经济增长的贡献率测度 [J]. 科技进步与对策, 2012, 29 (30): 70-73.

[17] 万伟勋. 关于技术进步贡献率的另一种算法 [J]. 数量经济技术经济研究, 1986 (11): 23-26.

[18] 朱希刚. 农业技术进步及其 "七五" 期间内贡献份额的测算分析 [J]. 农业技术经济, 1994 (2): 2-10.

[19] 朱希刚, 刘延风. 我国农业科技进步贡献率测算方法的意见 [J]. 农业技术经济, 1997 (1): 17-23.

[20] 赵芝俊, 张社梅. 近 20 年中国农业技术进步贡献率的变动趋势 [J]. 中国农村经济, 2006 (3): 4-13.

[21] 徐会奇, 王克稳, 李辉. 基于省际面板数据的中国农业技术进步贡献率的测算分解 [J]. 经济科学, 2011 (1): 25-37.

[22] 王利政, 高昌林, 朱迎春, 等. 引入无形资本因素对科技进步贡献率测算的影响 [J]. 中国科技论坛, 2012 (12): 30-43.

[23] 朱帆, 余成群, 董冠鹏. 西藏自治区科技进步贡献率的测算与预测: 1990—2015 [J]. 中国科技论坛, 2011 (4): 91-96.

[24] 吴建宁, 王选华. 中国科技进步贡献率测度: 一种新的视角 [J]. 科学学与科学技术管理, 2013 (8): 10-17.

[25] 彭福扬, 何杨, 易显飞. 论技术领域的性别平等 [J]. 吉首大学学报: 社会科学版, 2015, 36 (1): 74-78.

[26] 曾尔曼. 技术进步 (贡献) 率的本质 [J]. 中国科技论坛, 2014 (8): 138-141.

[27] 冯晓青. 科技创新体制与我国知识产权公共政策的完善 [J]. 吉首

大学学报：社会科学版，2013，34（2）：53-57.

[28] 高伟. 总量生产函数、经济增长与增长核算方法——中国增长核算研究的一个综述 [J]. 经济理论与经济管理，2009（3）：37-40.

[29] C Giorgio, S Anna. On the Aggregate Production Function and Its Presence in Modern Macroeconomics [J]. Structural Change and Economic Dynamics, 2003, 14（1）: 75-107.

[30] D Perkins. Reforming China's Economic System [J]. Journal of Economic Literature, 1988, 26（2）: 601-645.

[31] R M Solow. Technical Change and the Aggregate Production Function [J]. Review of Economics and Statistics, 1957, 39（3）: 554-562.

[32] E F Denison. Why Growth Rates Differ [M]. Washington DC: Brooking, 1967.

[33] D W Jorgenson, Z Griliches. The Explanation of Productivity Change [J]. Review of Economic Studies, 1967, 34（3）: 249-283.

[34] D W Jorgenson, F M Gollop, B M Fraumeni. Productivity and US Economic Growth [M]. Cambridge, MA: Harvard University Press, 1987.

[35] OECD. Productivity Manual: A Guide to the Measurement of Industry-level and Aggregate Productivity Growth [M]. Paris, 2001.

[36] 马歇尔. 经济学原理 [M]. 北京：商务印书馆，1964.

[37] C W Cobb, P H Douglas. A Theory of Production [J]. The American Economic Review, 1928, 18（1）: 139-165.

[38] D J Aigner, S F Chu. On Estimating the Industry Production Function [J]. American Economic Review, 1968, 58（4）: 826-839.

[39] D J Aigner, C A K Lovell, P Schmidt. Formulation and Estimation of Stochastic Frontier Production Models [J]. Journal of Econometrics, 1977, 6（1）: 21-37.

[40] S C Kumbhakar, C A K Lovell. Stochastic Frontier Analysis [M]. Cambridge, Eng: Cambridge University Press, 2000.

[41] A Young. Gold into Base Metals: Productivity Growth in the People's Republic of China during the Reform Period [J]. Journal of Political Economy, 2003, 111（6）: 1220-1261.

[42] C C Gregory. Capital Formation and Economic Growth in China [J]. The Quarterly Journal of Economics, 1993, 108（3）: 193-222.

［43］ Paul Heytens, Harm Zebregs. How Fast Can China Grow？［C］// Wanda Tseng, Markus Rodlauer. China：Competing in the Global Economy. Washington, DC：International Monetary Fund, 2003：8-29.

［44］沈坤荣. 中国综合要素生产率的计量分析与评价［J］. 数量经济技术经济研究, 1997（11）：53-56.

［45］张军. 资本形成、工业化与经济增长：中国的转轨特征［J］. 经济研究, 2002（6）：3-13.

［46］张军. 资本形成、投资效率与中国的经济增长——实证研究［M］. 北京：清华大学出版社, 2005.

［47］徐瑛, 陈秀山, 刘凤良. 中国技术进步贡献率的度量与分解［J］. 经济研究, 2006（8）：93-103.

［48］郭玉清. 资本积累、技术进步与总量生产函数——基于中国 1980—2005 年经验数据的分析［J］. 南开经济研究, 2006（3）：79-89.

［49］刘文革, 高伟, 张苏. 制度变迁的度量与中国经济增长——基于中国 1952—2006 年数据的实证分析［J］. 经济学家, 2008（6）：48-55.

［50］涂正革, 肖耿. 中国的工业生产力革命［J］. 经济研究, 2005（3）：4-15.

［51］张亚平, 胡永健. 人力资本对京津冀地区经济增长差异的影响研究［J］中国劳动, 2016（1）：30-34.

［52］潘文卿, 中国区域经济差异与收敛［J］. 中国社会科学, 2010（1）：72-84.

［53］史修松、赵曙东, 中国经济增长的地区差异及其收敛机制：1978—2009 年［J］. 数量经济技术经济研究, 2011（1）：51-62.

［54］杨建芳, 龚六堂, 张庆华. 人力资本形成及其对经济增长的影响——一个包含教育和健康投入的内生增长模型及其检验［J］. 管理世界, 2006（5）：10-34.

［55］高素英, 赵曙明, 王雅洁. 人力资本与区域经济增长动态相关性研究［J］. 经济与管理研究, 2010（1）：84-90.

［56］高远东, 陈迅. 人力资本对经济增长作用的空间计量研究［J］. 经济研究, 2010（1）：42-51.

［57］吴群刚, 杨开忠. 关于京津冀区域一体化发展的思考［J］. 城市问题, 2010（1）：11-16.

［58］王永水, 朱平芳. 中国经济增长中的人力资本门槛效应研究［J］. 统计研究, 2016（1）：13-19.

§5 广西经济周期及其波动特征研究: 1978—2015 年

5.1 研究述评

经济周期是指经济运行中周期性出现的经济扩张与经济紧缩交替更迭、循环往复的一种现象（解三明，2000；刘树成，2004；李勇和王满仓，2010等）。通常，衡量一个国家宏观经济波动的指标有总产出、收入、就业、贸易等，可以用这些经济指标相对于它们长期趋势的偏离程度来测度经济波动周期（Taylor and Woodford，1999）。其中最基本的指标是国内生产总值（GDP），对于其他指标的研究一般需要建立在对 GDP 指标的研究分析基础之上。改革开放以来，我国经济在高速增长的同时也伴随着几次周期性的波动，如何防止和克服经济的剧烈波动、探索熨平经济周期的对策始终是学者及政策制定者关注和研究的重大问题，而对经济周期的测度是关键所在（卢二坡，2010）。

由于各个学者研究的时期不同，其对经济周期特征的描述也不尽相同。早期的研究主要集中在对经济周期阶段的划分及其特征的描述、主要宏观经济变量的相互关系等方面的分析（解三明，2000；陈磊，2001；刘金全和王大勇，2003；刘恒和陈述云，2003；杨文进，2004；邓春玲和曲朋波，2010；杨珂和李燕，2011），其使用的方法一般是经济增长率的波峰-波谷法、生产函数法等统计和计量经济方法。随着我国经济运行的体制基础、消费结构、市场供求关系和物价态势等方面的变化，经济周期特征呈现出新的显著变化（刘树成，2004）。刘恒和陈述云（2003）认为可以做出一个基本的判断：与前几轮周期相比，本轮（第 9 轮）周期的收缩期将大大延长，经济将在低谷持续运行一段时期，新一轮周期的扩张潜力较前几轮周期缓和，表现为经济周期的"宽带现象"。邓春玲和曲朋波（2010）应用经济增长率的峰位、谷位、平均位势、波动幅度、标准差、扩张或收缩时长等多个指标从不同方面分析了我国不同经济周期的波动特征。曾五一和张立（2010）应用 ARCH 模型动态地刻画了中国经济周期的条件波动性特征，分析了有关经济变量的波动机制、波动率对经济变量条件均值的影响程度与方向以及经济变量在扩张阶段和紧缩阶段的波动力度差异。他们认为我国经济周期波动具有条件异方差性、持续性和非对称性的特征。

部分学者采用多种测定方法研究了我国经济周期的测定与划分问题。如，刘金全和刘志刚（2004）使用 H-P 滤波、时间趋势剔除、ARMA 趋势剔除和状态空间分解等趋势分解方法，对我国 GDP 增长率序列进行了趋势分解，并对各种周期成分进行了对比检验，发现这些分解方法得到的周期成分具有类似的统计性质。董进（2006）比较了线形趋势法、H-P 滤波法、Band-Pass 滤波法和生产函数法，并分别估计出了改革开放以后出现过的经济波动周期的起止时间。刘树成、张晓晶和张平（2005）采用三种方法测定和分析我国经济周期：采用经济增长率（GDP 增长率）的波峰-波谷法将新中国成立以来的经济增长划分为 10 个周期；应用 H-P 滤波法得到我国 GDP 增长率的长期平滑曲线，这一曲线被视作适度的经济增长区间；采用菲利普斯曲线方程法，通过建立通货膨胀率与 GDP 增长率之间的关系模型，测度了我国经济波动周期。秦彦（2010）采用增长率法、HP 滤波法、ARCH 模型法（B-N 法）等三种单变量划分方法对我国的经济周期进行了划分。

部分研究关注经济周期的形成机制、影响及其与宏观经济政策的关联。简泽（2005）考虑技术冲击对我国经济主要总量变量的波动的作用。黄赜琳（2005）进一步引入政府支出作为外生随机冲击变量，构建中国三部门实际经济周期（RBC）模型，考察了我国宏观经济波动的周期特征及财政政策的效应问题，发现技术冲击和政府支出冲击可以解释 70% 以上的中国经济波动特征。卢万青和沈培喜（2002）认为我国经济周期性波动的产生不是由货币而是由投资因素引发，而张玉喜（2010）将货币变动视为经济周期性波动的结果，殷剑峰（2010）认为逆周期的信贷调控政策可能是稳定信贷市场乃至宏观经济的重要工具。杜婷和庞东（2006）通过市场化程度、非国有化水平和开放度三个制度冲击变量，检验了其与我国经济周期波动的相关性，认为经济制度变革成为中国宏观经济经历的影响最深远的整体性、持久性的外生冲击之一。殷剑峰（2006）将劳动力转移、投资增长和经济增长的相互作用作为推动我国经济周期性波动的基本经济机制，认为经济周期表现为高度同步的 GDP 周期、投资周期和劳动力转移周期。夏凯、郑明和连宏谋（2012）应用 H-P 滤波方法分析了产出、消费、投资、政府支出、实际工资、净出口等变量序列的周期性成分，发现政府支出和实际工资表现出了强的逆周期性，产出波动的标准差大于投资，而产出的剧烈波动的来源可能是净出口波动；他们认为反周期政策干预使得我国经济周期并不完全具备实际商业周期理论的特点。袁吉伟（2013）应用 SVAR 模型分析总供给和总需求因素对我国经济周期波动的动态冲击效应，发现总供给冲击对于产出具有正向长期影响，而总需求冲击对于产出具有正向短期影响；2011 年以来我国经济增速持续放缓的主要原因是供给的负冲击效应。周明生（2010）认为经济周期对产业结构调整具有外生的冲击效应，因而产业结构升级的政策选择应充分考虑经济周期的影响。苗文龙和陈卫东（2010）基于随机动态一般均衡方法，引入财政政策、货币政策作为外生随机冲击变量，构建中国多区域经济周期模型，发现技术冲击、财政政策、货币政策冲击可以解释 80% 以上的中国区域经济周期特征，并且货币政策冲击大于财政政策冲击。

经济周期的扩张阶段和收缩阶段的不对称性，是经济在繁荣与萧条之间的机制转换特点（Diebold and Rudebusch，1996），对经济周期拐点的准确判断必须刻画经济周期的这一特征（Kim and Nelson，1998）。我国部分学者关注经济周期的拐点和机制转换研究，唐晓彬（2010）采用 Markov 机制转换的状态空间模型分析研究了我国经济周期的非对称性特征，得出结论：政府的宏观调控政策会对我国经济产生正向的冲击、宏观调控是有效的。余宇新和谢鸿飞（2012）基于 STR 模型对我国宏观经济周期拐点进行识别和预测。郑挺国和王霞（2013）构建了混频数据区制转移动态因子模型，识别了我国 1992—2011 年的经济周期变化，计算了描述我国经济运行状况的一致指数，并且进一步从实时分析的角度考察了该模型在我国经济周期测度中（经济转折点识别和测定）的可靠性、时效性和适用性。

一些研究表明，近些年我国经济周期波动的波动水平有下降的趋势，变得相对比较平稳。如刘金全和刘志刚（2005）通过度量我国经济周期中的条件波动性，检验了导致实际产出波动性降低的主要原因，认为我国经济周期波动性随着增长水平的趋稳也体现出明显下降和稳定的趋势，经济增长的波动幅度在逐步减弱，经济的长波态势逐渐明显。有的学者通过计算我国 GDP 季度增长率的滚动标准差来度量实际产出的波动水平，发现 20 世纪 90 年代以来整个波动轨迹呈现出了波动程度降低的迹象（金成武，2006）。邹新和王小娥（2011）的研究也表明，近年来中国 GDP 的周期特征表现为周期长度变长、振幅减少等。张成思（2010）认为经济周期的平稳化发展是由货币政策传导机制所推动，而殷剑峰（2010）考虑产业结构和支出结构建立了联立结构宏观经济模型，发现国内需求冲击的稳定和信贷市场的自稳定机制是促使中国经济趋稳的原因。

更多的研究关注国家层面，也有少量研究针对地区层面进行分析。这些研究不仅关注地区自身的周期波动特征，还关注地区周期波动与全国经济周期的协调性和相互影响。郭庆旺和贾俊雪（2005）利用吉布斯抽样估算出我国省份经济周期多动态因素模型，考察全国不同地区、不同省份宏观经济波动的动态特征及全国、各地区和省份动态因素对我国省份经济动态的影响。陈维云等（2005）应用 ARCH 模型研究了重庆经济波动特征，并和全国经济波动特征进行了对比分析。刘兴远（2008）研究了江苏经济周期波动的新特征，并对江苏经济周期波动的形成机制做出定量测度。黄玖立、李坤望和黎德福（2011）考察了 1952—2009 年中国省区实际周期的协同变化及其决定因素，发现改革前后的周期协同性呈明显的"先下降、后上升"的 V 形特征。类似的研究还有陈乐一等（2009）对湖南经济周期波动阶段性和持续性的分析，卢二坡（2009）对安徽的经济周期分析，石林松、张晓芳和孙皓（2011）的区域周期长度测定研究等。跨地区方面，方建春和杜群阳（2010）应用相关系数、格兰杰因果关系检验和 CEM 模型检验了中国与东亚经济周期的协动性；张兵（2006）考察中美两国经济增长率之间的相关系数后提出，两国经济周期波动在某些历史时期具有较强的同步性。

本书采用多种模型对改革开放以来广西壮族自治区经济周期波动进行测度，并对广西与全国和部分地区的经济周期进行比较，以期获得对广西经济周期及其特征的全面认识。

5.2　广西经济增长周期分析Ⅰ：基于经济增长率的波峰-波谷法

经济增长率的波峰波谷法是指将经济增长率曲线从一个波峰（或波谷）到达另一个波峰（或波谷）的时间段作为一个经济周期来看待，本研究采用"波谷-波谷"法测度广西经济增长周期。经济增长率一般指实际地区生产总值的年度增长速度。

图 5-1 给出了广西经济增长率（实际地区生产总值）的时间序列曲线。根据"波谷-波谷"法，1978—2015 年，广西总共有 8 个波谷（分别是 1981

年、1983 年、1986 年、1989 年、1997 年、1999 年、2003 年和 2008 年），经历
了 9 轮经济周期（短周期）：1979—1981 年、1981—1983 年、1983—1986 年、
1986—1989 年、1989—1997 年、1997—1999 年、1999—2003 年、2003—2008
年、2008—2015 年。进一步计算各周期的波幅（也就是极差，或最大值减去
最小值）、最大值（波峰）、最小值（波谷）、平均值、标准差、变异系数（能
更好地反映波动程度）、周期长度（年数）、扩张年数和扩张收缩比等指标，
用以描述广西经济周期的特征（见表 5-1）。

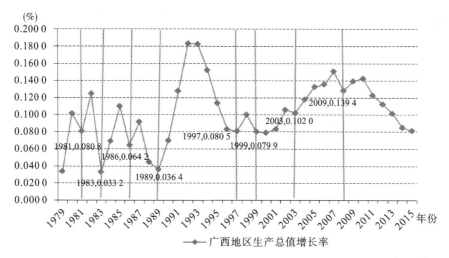

图 5-1　广西经济周期（短周期）

表 5-1　　　　　　　　　广西经济增长周期特征（短周期）

年份	波动幅度	最小值	最大值	均值	标准差	变异系数	周期长度(年)	扩张年数(年)	扩张收缩比
1979—1981	6.75	3.40	10.15	7.210	3.458	0.480	2	1	1
1981—1983	9.11	3.32	12.43	7.943	4.557	0.574	2	1	1
1983—1986	7.67	3.32	10.99	6.913	3.150	0.456	3	2	2
1986—1989	5.55	3.64	9.19	5.928	2.468	0.416	3	1	0.5
1989—1997	14.69	3.64	18.33	11.437	5.149	0.450	8	3	0.6
1997—1999	2.02	7.99	10.01	8.683	1.149	0.132	2	1	1
1999—2003	2.69	7.90	10.59	8.996	1.293	0.144	4	3	3
2003—2008	4.87	10.20	15.07	12.778	1.655	0.130	5	4	4
2008—2015	6.14	8.10	14.24	11.414	2.335	0.205	7	2	0.4
1979—2015	15.01	3.32	18.33	10.223	3.724	0.364	36	18	1

注：计算各指标值时，波谷年份重复计算。

总结起来，有如下特征：9 个经济周期中，有 6 个短周期（周期长度在 5 年以下），仅有 1989—1997 年、2008—2015 年两个周期的时间相对较长，分别为 8 年和 7 年；按照时间顺序，前几个周期的波动幅度明显大于后几个周期（前 5 个周期增长率的变异系数都在 0.4 以上，后几个周期增长率的变异系数都在 0.25 以下），但前几个周期的均值比后几个周期小，或者说广西经济周期近些年也具有区域高位增长的平稳化趋向，这与国内大多数对全国经济周期的研究结论相符；长周期的扩张收缩比明显小于短周期（两个最长周期的比值都在 0.5 左右），短周期可能存在短期的偶然因素的影响，剔除不规则变动可能会更好地描述经济周期状况。

如果剔除一年的偶然因素（去掉 3 年以下的超短周期），1978—2015 年广西经济波动可以大致划分 1978—1983 年、1983—1989 年、1989—1999 年和 1999—2015 年等 4 个较长的周期，周期长度分别为 4 年、6 年、10 年和 15 年，周期长度有明显的延长趋势（见图 5-2）。

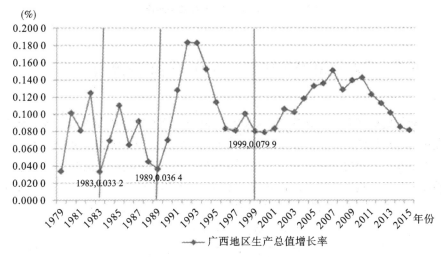

图 5-2　广西经济增长周期（较长周期或中周期）

图 5-3 给出了广西与全国（实际）经济增长率序列，比较可知：以 1989 年为节点，1989 年之前的大部分年份广西经济增长率低于全国（平均）水平（尤其是 1983 年广西经济增速下降，与全国的高速增长不同步，这是由广西特殊边境形势所导致的），也是导致广西经济底子薄弱、实力落后的主要原因之一；而 1990 年开始，广西开始奋起追赶，1990 年之后大部分年份的经济增长率都高于全国平均水平，但波动的幅度明显比全国大一些（稳定性稍差）；早期广西经济增长周期略微领先全国 1 年左右，从 1990 年开始，广西经济增长

周期与全国基本同步。

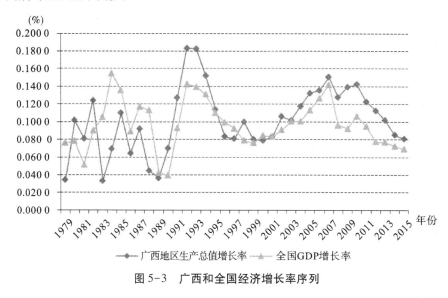

图 5-3　广西和全国经济增长率序列

5.3　广西经济增长周期分析 II：因素分离法

更多的研究采用因素分离法得到周期波动，该方法将经济增长序列视为长期趋势、周期波动、季节波动和不规则波动等因素共同影响的结果。时间序列分析的基本内容之一就是将上述几个因素分离出来，并将他们的关系用一定的数学模型予以表达，然后进行分析。按照这四种因素的不同影响方式，时间序列可以分解成多种组合模型，其中乘法模型和加法模型最为常见：

$$乘法模型：Y = T \times S \times C \times I \qquad (5-1)$$

$$加法模型：Y = T + S + C + I \qquad (5-2)$$

其中，Y 为经济增长序列，T 为该序列的长期趋势成分，S 为季节波动成分，C 为周期波动成分，I 为不规则波动成分。乘法模型假定各因素是相互影响的，加法模型假定各因素是相互独立的。如果将乘法模型两边取对数，得到：

$$\ln Y = \ln T + \ln S + \ln C + \ln I \qquad (5-3)$$

因此，乘法模型实际上是对原经济增长序列取对数后的加法模型。如果经济增长序列是年度数据，则季节波动不存在。再假设不规则波动服从白噪声序列，则模型中可仅考虑长期趋势和周期波动两种成分。

本研究采用时间趋势剔除法、H-P 滤波法和增长函数法将广西经济增长序列进行因素分解，得到广西经济增长趋势序列和经济周期波动序列，再进一步分析其周期波动特征。

5.3.1 时间趋势剔除法

假如将经济增长序列的对数视为时间 t 的函数，并分解为长期趋势成分和周期波动成分（采用乘法模型），即：

$$\ln Y_t = \ln Y_t^T + \ln Y_t^C = f(t) + \varepsilon_t \tag{5-4}$$

其中 $\ln Y_t^T \approx f(t)$ 为长期趋势成分的对数，$\varepsilon_t \approx \ln Y_t^C$ 为周期波动成分的对数。对式（5-4）做最小二乘估计得到 $\ln \hat{Y}_t$，即为长期趋势，残差序列 $\varepsilon \hat{\varepsilon}_t = \ln Y_t - \ln \hat{Y}_t$，即为周期波动。函数 $f(t)$ 一般取时间 t 的多项式函数（存在长期趋势的经济增长序列总可以用时间 t 的高次多项式函数来拟合，一般取二次或三次多项式即可）。对广西实际地区生产总值取对数后对时间 t 拟合得到如下回归方程：

$$\hat{Y}_t = 4.215\,67 + 0.073\,65t + 0.000\,68t^2$$

（标准差）　0.028　　　　0.003　　　　0.000

（t-值）　　150.216　　　22.193　　　8.199

（p-值）　　0.000　　　　0.000　　　　0.000

模型系数均在1%的显著性水平下显著，模型也通过显著性检验——拟合优度检验的调整后的 $R^2 = 0.998$，F 检验统计量的值 $F = 7\,686.7$（检验 p-值 = 0.000）。估计模型的同时得到残差序列的估计值 $\varepsilon \hat{\varepsilon}_t$，也就是经济周期序列 $\ln Y_t^C$ 的估计值，利用对数函数还原得到 Y_t^C（见图5-4）。

图5-4　广西经济增长周期序列：剔除时间趋势

图 5-4 显示，波谷分别在 1979 年、1984 年、1990 年、2003 年和 2015 年。1978—2015 年，广西大致经历了四个经济周期，分别为 1979—1984 年、1984—1990 年、1990—2003 年、2003—2015 年（最后一轮周期还没有结束）。前两个周期实际上可以合并为一个周期（因为第二个周期仅 1985 年略有上升），整合得到 3 个较长时期的经济周期，即 1979—1990 年、1990—2003 年、2003—2015 年。表 5-2 给出了各个周期的特征。三个经济周期的波动幅度相差不大（标准差和变异系数相差不大），周期长度分别为 11 年、13 年和 12 年，符合中周期的特点；其扩张年数分别为 4 年、5 年和 7 年，扩展收缩年数比分别为 0.57、0.63 和 1.40。由于目前所处经济周期尚未结束，下降的趋势仍然存在，根据周期长度、扩张收缩比值推测（预计周期长度延长，按扩张收缩比约为 0.66 计算），未来 5~6 年广西经济仍将处于下降或低迷时期，或者说，本轮经济周期有可能要持续到 2020 年左右。因此，广西在整个"十三五"可能都处于经济低迷状态，经济增长的 L 形增长路径特征将十分明显。

表 5-2　　　　　　　　时间趋势剔除后的经济周期特征

年份	波动幅度	最小值	最大值	均值	标准差	变异系数	周期长度(年)	扩张年数(年)	扩展收缩比
1979—1990	0.178 7	0.875 7	1.054 4	0.981 500	0.051 461 1	0.052	11	4	0.57
1990—2003	0.228 9	0.875 7	1.104 6	1.007 736	0.070 677 4	0.070	13	5	0.63
2003—2015	0.127 4	0.921 8	1.049 2	0.996 777	0.039 787 4	0.040	12	7	1.40
1979—2015	0.228 9	0.875 7	1.104 6	1.000 3	0.052 9	0.053	36	16	0.8

5.3.2　H-P 滤波法

Hodrick-Prescott 滤波（H-P 滤波）是经常使用的经济变量趋势分解方法，利用 H-P 滤波可以将经济增长变量序列中的长期趋势和周期波动成分分离出来，经过 H-P 滤波处理得到的周期波动数据为平稳序列。H-P 滤波法是由 Hodrick 和 Prescott 在战后美国经济周期中首次使用的[①]。设时间序列 Y_t 含有趋势成分 Y_t^T 和周期波动成分 Y_t^C，即：

$Y_t = Y_t^T + Y_t^C$，$t = 1, 2, \cdots, T$（加法模型）或者

$\ln Y_t = \ln Y_t^T + \ln Y_t^C$，$t = 1, 2, \cdots, T$（乘法模型）

该方法即从时间序列 Y_t（或 $\ln Y_t$）中分解出一个平滑的序列 Y_t^T，即趋势

① 张英俊，王明利，黄顶，等. 我国牧草产业发展趋势与技术需求 [J]. 现代畜牧兽医，2011（10）：8-11.

项，而长期趋势项 Y_t^T 是下列最优化问题的解：

$$\min\left\{\sum_{t=1}^{T}(Y_t - Y_t^T)^2 + \lambda \sum_{t=1}^{T}\left[(Y_{t+1}^T - Y_t^T) - (Y_t^T - Y_{t-1}^T)\right]^2\right\} \text{（加法模型）}$$

或

$$\min\left\{\sum_{t=1}^{T}(\ln Y_t - \ln Y_t^T)^2 + \lambda \sum_{t=1}^{T}\left[(\ln Y_{t+1}^T - \ln Y_t^T) - (\ln Y_t^T - \ln Y_{t-1}^T)\right]^2\right\}$$

（乘法模型）

其中 λ 为平滑参数，其取值一般可为 100（年度数据）、1 600（季度数据）和 14 400（月度数据）[①]。

我们尝试性对广西实际地区生产总值、广西实际地区生产总值的对数和广西实际地区生产总值增长率分别做 H-P 滤波，发现广西实际地区生产总值滤波后的周期波动与后两者有明显的差异（见图 5-5、图 5-6、图 5-7）。图 5-5 为广西实际地区生产总值的滤波。结果显示广西经济增长的周期波动自 2005 年以来处于持续的扩张时期（且扩张状态还没有结束），而广西实际地区生产总值的对数的滤波得到的经济周期波动曲线、广西实际地区生产总值增长率的滤波得到的周期波动都与广西实际地区生产总值增长率曲线走势几乎一致。因此，我们认为，由广西实际地区生产总值进行 H-P 滤波得到广西经济长期趋势和周期波动是不恰当的，也就是说广西实际地区生产总值增长率的因素分解应当采用乘法模型，而非加法模型。对中国实际 GDP 做 H-P 滤波，可以得到同样的结论（见图 5-8、图 5-9、图 5-10）。

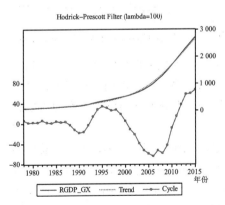

图 5-5 广西实际地区生产总值的 H-P 滤波

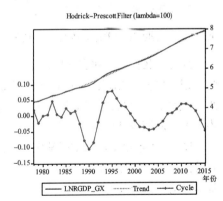

图 5-6 广西实际地区生产总值的对数的 H-P 滤波

---

① 高铁梅. 计量经济分析方法与建模［M］. 北京：清华大学出版社，2011.

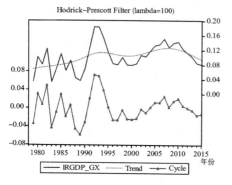

图 5-7　广西实际地区生产总值增长率的
H-P 滤波

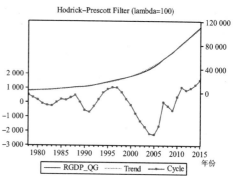

图 5-8　中国实际 GDP 的 H-P 滤波

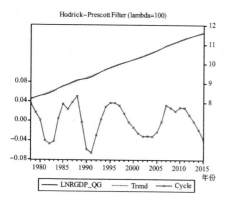

图 5-9　中国实际GDP的对数的 H-P 滤波

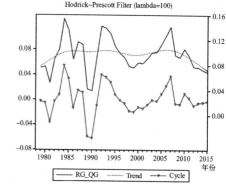

图 5-10　中国实际GDP增长率的 H-P 滤波

　　因此，我们对广西实际地区生产总值采用乘法模型做 H-P 滤波，得到广西（或全国）实际地区生产总值的对数长期趋势序列和周期波动序列；对广西（或全国）实际经济增长率采用加法模型，得到实际经济增长率的长期趋势序列和周期波动序列。

　　图 5-11 给出了广西实际地区生产总值增长率和广西实际地区生产总值的对数经过 H-P 滤波后的周期波动因素，从两种周期波动的曲线可以看出两者基本走势一致但又有所差异：广西实际地区生产总值增长率的滤波分解波动曲线的波动频率比广西实际地区生产总值对数的滤波分解波动的频率更高，而且后者稍微滞后且更能描述波长延长的趋势。如果采用"波谷-波谷"法判断，1979—2015 年广西实际地区生产总值增长率的 H-P 分解波动曲线经历了 9 个经济周期（这与用增长率本身来衡量的波动周期划分是一致的）。而广西实际地区生产总值的对数的 H-P 分解波动曲线表明，1979—2015 年广西仅经历了 4 个经济周期，分别对应着 1979—1984 年、1984—1990 年、1990—2003 年和

2003—2015 年，各周期的时长分别为 5 年、6 年、13 年和 12 年（最后一个周期还没有结束）。从这一点我们判断，由广西实际地区生产总值增长率滤波后的周期波动反映的是短周期波动，而由广西实际地区生产总值的对数滤波后的周期波动反映的时期更长（或许为中长期周期波动）。

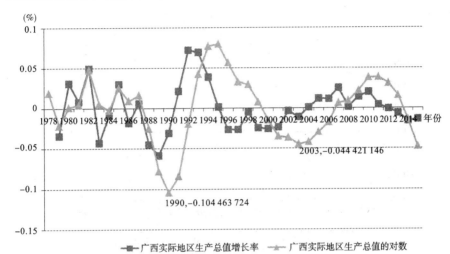

图 5-11　广西实际地区生产总值增长率和实际地区生产总值的对数的 H-P 滤波（周期因素）

5.3.3　生产函数法

采用生产函数法得到产出（实际 GDP）的估计值，该估计值被称为生产潜力，用实际值减去此估计值得到产出缺口（即残差值），可用产出缺口值来衡量周期波动成分。同样设时间序列 Y_t 含有趋势成分 Y_t^T 和周期波动成分 Y_t^C，可以做如下分解：

$Y_t = Y_t^T + Y_t^C$，$t = 1, 2, \cdots, T$（加法模型）或者

$\ln Y_t = \ln Y_t^T + \ln Y_t^C$，$t = 1, 2, \cdots, T$（乘法模型）

如果令 $Y_t^T = \hat{Y}_t$ 或者 $\ln Y_t^T = \ln \hat{Y}_t$（$\hat{Y}_t$、$\ln \hat{Y}_t$ 分别为由生产函数得到的经济增长序列 Y_t 或其对数 $\ln Y_t$ 的估计值），则可以得到周期成分：

$Y_t^C = Y_t - Y_t^T = Y_t - \hat{Y}_t$ 或 $\ln Y_t^C = \ln Y_t - \ln Y_t^T = \ln Y_t - \ln \hat{Y}_t$

这一周期成分就是经济增长模型的残差序列。本书选择索洛模型作为广西长期经济增长模型，并将该模型的残差序列作为经济周期成分。图 5-12 给出了劳均产出的对数序列及其估计值，以及模型残差序列。由于劳均产出的对数与产出的对数的残差序列相同（改写 $\ln y = \ln Y - \ln L$，再将 $\ln L$ 移到模型右边，

只是改变模型的长期增长趋势部分，残差不变），故得到产出对数的估计残差序列。图 5-12 同样给出了模型实际值、拟合值和残差序列。

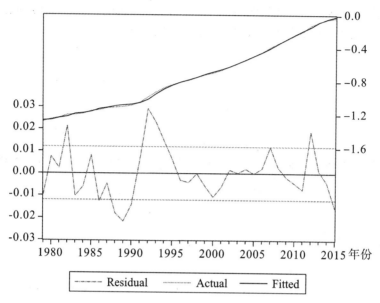

图 5-12　劳均产出的对数序列及其估计值，以及模型残差序列

将残差序列单独制图，以便分析其周期波动。如图 5-13 所示，广西自 1978 年以来，大致经历了 8 个短周期，或者可划分为 4 个中周期。与以上各种方法得到的周期曲线相比，波动规律大致相同但又有所不同，特别是经济增长

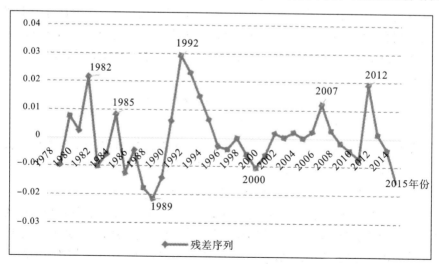

图 5-13　广西实际地区生产总值的对数的周期波动曲线：索洛模型残差序列

模型法得到的周期曲线受到其他投入要素影响，如 2012 年劳动力人数的下降使得 2012 年周期曲线出现异常。这一异常应该是经济增长预测误差的异常所致。

5.4 广西宏观经济变量与经济增长的同步性分析

宏观经济变量是否与经济增长具有相同的周期性波动？本书仅考察消费、投资、能源生产和能源消费、城镇职工平均工资等变量的周期波动与经济增长周期波动的关系。

乘法模型的 H-P 滤波法能很好地刻画经济周期波动态势，本书将其应用于各宏观经济变量，并将其与经济增长率的滤波结合在一起考察，分别见图 5-14 和图 5-15。

消费的波动周期与经济增长波动周期的形态几乎一致（见图 5-14），但消费波动略滞后于经济增长波动（大约滞后 1~2 年时间，反映了收入决定消费的基本规律，为了进一步确定滞后期，应用 Granger 因果关系检验法证实了这一结论）。投资的波动周期与经济增长波动周期也大致保持一致（见图 5-15），但波动幅度大得多，且其波动稍领先于经济增长波动（Granger 因果关系检验也证实了这一结论）。

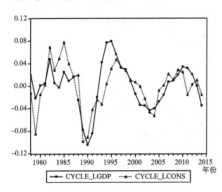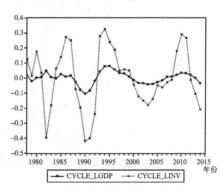

图 5-14 消费波动周期与经济波动周期比较　**图 5-15 投资波动周期与经济波动周期比较**

能源生产与消费的波动形态与经济增长周期大致一样，但两者的波动均比经济的波动幅度更大。能源生产的波动幅度巨大，最近几年能源生产与经济波动走出相反的走势（见图 5-16）。"十二五"以来，广西经济增长和能源消费都处于下行通道，但能源生产自 2012 年开始触底反弹，显示了其独特的波动规律，降产能的产业政策可能没有得到很好的贯彻执行。进一步的 Granger 因果关系检验也显示两者与经济增长双向均没有因果关系。工资的波动与经济周期波动相一致，但领先于经济波动（见图5-17）。

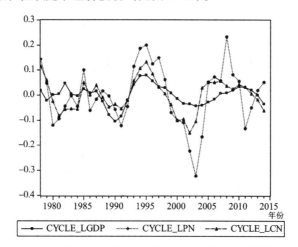

图 5-16 广西生产总值、能源生产与能源消费的周期波动

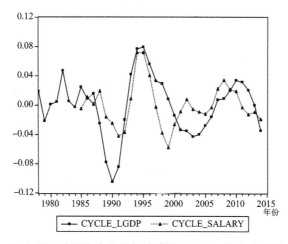

图 5-17 广西生产总值与城镇职工平均工资变动周期

5.5 对广西经济周期的基本判断

采用多种统计方法识别广西经济增长周期波动特征得到大致相近的结果，不同的方法又可以刻画波动特征的某种特定属性，总结起来，可以对广西经济周期波动态势做出如下的基本判断：

一是本研究对广西经济周期有了较为准确的划分，各种方法对广西经济周期的划分具有一致性的结果。1978—2015年广西大致经历了9个左右的短周期，每个周期大约经历2~3年（个别周期时间较长）；如果忽略短期波动，广西大致经历了4个中周期，每个周期平均经历约7年时间，而且每个中周期的经历时间有增长的趋势。

二是目前广西经济处于最近一个中周期（即大约为2002—2015年，直到目前该周期还未结束）的衰退阶段后期，有可能继续探底或在底部持续更长一段时期，有必要对这一过程进行持续的动态监测。

三是最近两个周期，或自1990年开始，广西经济增长周期与全国基本同步，广西经济增长态势与全国的经济发展形势更加密切，因此要准确把握广西经济发展状况，有必要从更高层次即国家层面进行分析。对国家层面的有关宏观经济政策进行深入的分析，为广西区域经济发展制定相应的应对策略，具有重要的经济意义。

四是广西经济增长与部分宏观经济变量的周期波动形态均大致相同，但最终消费支出的波动周期略有滞后，而投资和工资水平领先于经济增长周期的波动，能源生产与能源消费和经济增长波动最近出现背离的走势。通过对宏观经济变量与经济增长周期的考察，可以将有关宏观经济变量用于构建识别经济增长规律的宏观监测指标。

参考文献

[1] 邓春玲，曲朋波. 改革开放以来中国经济周期特征及原因的理论探索与实证分析 [J]. 当代经济管理，2010 (3)：5-9.

[2] 张玉喜. 货币与经济周期：理论发展及其评述 [J]. 当代经济研究，2010 (5)：52-56.

[3] 卢二坡. 改革以来安徽省经济周期特征及其同步性分析 [J]. 财贸研究，2010 (4)：23-27.

[4] 唐晓彬. Markov机制转换的状态空间模型及其在我国经济周期中的应用研究 [J]. 统计研究，2010 (2)：94-99.

[5] 苗文龙，陈卫东. 财政政策、货币政策与中国区域经济周期异步性 [J]. 中国经济问题，2010 (6)：11-24.

[6] 余宇新，谢鸿飞. 基于STR模型的中国宏观经济周期拐点的识别与预测 [J]. 经济理论与经济管理，2012 (6)：15-22.

[7] 邹新，王小娥. 基于经济周期视角判断2011年中国宏观经济走势

［J］．东北财经大学学报，2011（3）：17-21．

　　［8］周明生．经济周期与产业结构升级的政策选择［J］．贵州财经学院学报，2010（3）：21-25．

　　［9］张成思．随机波动与经济周期平稳化研究［J］．财贸经济，2010（1）：121-126．

　　［10］刘金全，刘志刚．我国 GDP 增长率序列中趋势成分和周期成分的分解［J］．数量经济技术经济研究，2004（5）：94-99．

　　［11］黄玖立，李坤望，黎德福．中国地区实际经济周期的协同性［J］．世界经济，2011（9）：19-41．

　　［12］逯建，蔡晓陈，洪加兴．我国区域产业波动的差异——基于理论模型与实证检验的研究［J］．投资研究，2011（12）：86-95．

　　［13］施发启．中国经济周期实证分析［J］．统计研究，2000（7）：59-62．

　　［14］陈乐一，李玉双，李星．我国经济增长与波动的实证研究［J］．经济纵横，2010（2）：29-33．

　　［15］刘树成，张平，张晓晶．中国的经济增长与周期波动［J］．宏观经济研究，2005（12）：15-20．

　　［16］夏凯，郑明，连宏谋．中国经济周期波动特征与基于 DSGE 模型的实证分析［J］．北方经济，2012（2）：34-35．

　　［17］杨珂，李燕．中国经济周期及其波动研究：1978—2010［J］．红河学院学报，2011（12）：39-43．

　　［18］曾五一，张立．中国经济周期条件波动性特征的统计分析［J］．统计与信息论坛，2010（3）：27-32．

　　［19］石林松，张晓芳，孙皓．中国区域经济周期长度的统计检验［J］．统计与决策，2011（18）：4-7．

　　［20］方建春，杜群阳．中国与东亚经济周期的协动性研究［J］．北方经济，2010（7）：8-10．

　　［21］李勇，王满仓．中西经济周期理论研究评价与思考［J］．西部论坛，2010（9）：87-93．

　　［22］袁吉伟．总供给、总需求冲击与我国经济波动的关系——基于 SVAR 模型的实证研究［J］．金融教学与研究，2013（1）：40-44．

　　［23］史晋川，黄良浩．总需求结构调整与经济发展方式转变［J］．经济理论与经济管理，2011（1）：33-49．

　　［24］C K Carter，P Kohn．On Gibbs Sampling for State Space Models［J］．

Biometrica，1994（81）：541-553.

［25］F X Diebold，G D Rudebusch. Measuring Business Cycles：A Modern Perspective［J］. Review of Economics and Statistics，1994，78：67-77.

［26］M Friedman. The "Plucking Model" of Business Fluctuations Revisited［J］. EconomicInquiry，1993，31（2）：171-177.

［27］C J Kim，C R Nelson. Business Cycle Turning Points，A New Coincident Index，and Tests of Duration Dependence Based on a Dynamic Factor Model with Regime Switching［J］. Review of Economics and Statistics，1998，80：188-201.

［28］陈维云，夏绍模. 重庆市中观经济波动特征分析［J］. 重庆大学学报：自然科学版，2005（4）：139-141.

［29］课题组. 湖南经济周期阶段及其持续性分析［J］. 财经理论与实践，2009（6）：110-113.

［30］陈佳贵，李扬. 2010年中国经济形势分析与预测［M］. 北京：社会科学文献出版社，2009.

［31］刘兴远. 江苏经济周期波动的新特征和定量测度［J］. 江苏经济探讨，2008（2）：38-43.

［32］孙天琦. 我国各省与全国经济景气同步性研究（1953—2003）［J］. 经济研究，2004（8）：27-37.

［33］徐勇，赵永亮. 商业周期与区际经济周期一体化［J］. 财经研究，2007（7）：70-81.

［34］许宪春. 当前我国的经济增长及其变化趋势［J］. 经济科学，2009（5）：5-18.

［35］A Molinaria. Regional business cycles and national economic borders：what are the effects of trade in developing countries［J］. Review of World Economics，2007，143（1）：140-178.

［36］Poncets. A fragmented China：measure and determinants of Chinese domestic market disintegration［J］. Review of International economics，2005，13（3）：409-430.

［37］杨文进. 从周期关系看当前的经济形势及其趋势［J］. 统计研究，2004（8）：20-24.

［38］殷剑峰. 二十一世纪中国经济周期平稳化现象研究［J］. 中国社会科学，2010（4）：56-74.

［39］董进. 宏观经济波动周期的测度［J］. 经济研究，2006（7）：41-48.

［40］简泽.技术冲击、资本积累与经济波动——对实际经济周期理论的一个检验［J］.统计研究，2005（11）：73-78.

［41］刘树成，张晓晶，张平.实现经济周期波动在适度高位的平滑化［J］.经济研究，2005（11）：10-24.

［42］陈磊.我国宏观经济指标周期波动相关性的互谱分析［J］.统计研究，2001（9）：38-43.

［43］解三明.我国经济中长期增长潜力和经济周期研究［J］.管理世界，2000（5）：13-24.

［44］刘金全，王大勇.我国经济周期波动态势与经济增长趋势分析［J］.数量经济技术经济研究，2003（6）：9-12.

［45］刘金全，刘志刚.我国经济周期波动中实际产出波动性的动态模式与成因分析［J］.经济研究，2005（3）：26-35.

［46］刘树成.新一轮经济周期的背景特点［J］.经济研究，2004（3）：4-10.

［47］杜婷，庞东.制度冲击与中国经济的周期波动［J］.数量经济技术经济研究，2006（6）：34-43.

［48］金成武.中国经济周期波动的前沿研究——全国"经济周期研讨会"综述［J］.经济研究，2006（1）：121-123.

［49］刘恒，陈述云.中国经济周期波动的新态势［J］.管理世界，2003（3）：5-17.

［50］郑挺国，王霞.中国经济周期的混频数据测度及实时分析［J］.经济研究，2013（6）：58-70.

［51］卢万青，沈培喜.格兰杰因果检验在我国经济周期研究中的应用［J］.统计研究，2002（2）：47-50.

［52］黄赜琳.中国经济周期特征与财政政策效应——一个基于三部门RBC模型的实证分析［J］.经济研究，2005（6）：27-39.

［53］殷剑峰.中国经济周期研究：1954—2004［J］.管理世界，2006（3）：5-15.

［54］郭庆旺，贾俊雪.中国省份经济周期的动态因素分析［J］.管理世界，2005（11）：50-58.

［55］陈磊.中国转轨时期经济增长周期的基本特征及其解释模型［J］.管理世界，2002（12）：6-15.

§6 广西经济增长预测：
2016—2020 年

6.1 引言

经济增长模型刻画了广西经济增长的长期增长趋势和增长潜力，为预测未来经济增长提供了充足的依据。但是经济增长模型涉及的变量较多，要预测未来产出的增长，需要事先预测投入要素的变动，因而会由于所预测变量的增多而使得误差增大，故本书将应用其他单变量预测方法来预测广西未来经济增长态势。单变量预测方法仅有一个输入变量，用以描述变量自身的变化规律，如自回归模型、自回归条件异方差模型和指数平滑模型等。本书采用指数平滑法（二次指数平滑模型）和自回归移动平均模型（ARMA 模型）预测 2016—2020 年的广西经济增长趋势。

6.2 预测方法

6.2.1 指数平滑法

二次指数平滑预测模型为：

$$\hat{y}_{t+\tau} = a_t + b_t\tau \tag{6-1}$$

式中，$\hat{y}_{t+\tau}$ 为广西地区生产总值序列的预测值，a_t、b_t 分别为截距和斜率（预测模型参数，取"十二五"期间的平均值），τ 为时间间隔（这里，$\tau=1$，2，$\cdots$，5，分别代表 2016—2020 年）。a_t、b_t 由下式计算：

$$a_t = 2E'_t - E''_t \tag{6-2}$$

$$b_t = \frac{a}{1-a}(E'_t - E''_t) \tag{6-3}$$

其中，E'_t、E''_t分别为广西地区生产总值序列第 t 期的一次和二次指数平滑值（取 $a=0.3$，$1-a=0.7$；初始年份的平滑值等于实际值），由下式计算：

$$E'_t = ay_t + (1-a)E'_{t-1} \tag{6-4}$$

$$E''_t = aE'_t + (1-a)E''_{t-1} \tag{6-5}$$

6.2.2 自回归移动平均模型（ARMA 模型）

自回归移动平均模型主要用于平稳时间序列的模拟和预测，本书将其应用于经济增长率和经济波动周期的预测。一般的自回归移动平均模型如下：

$$X_t - \varphi_1 X_{t-1} - \varphi_2 X_{t-2} - \cdots - \varphi_n X_{t-n} = \mu_t - \theta_1 \mu_{t-1} - \cdots - \theta_m \mu_{t-m} \tag{6-6}$$

其中，X_t 为待预测时间序列在时刻 t 的取值（估计之前可先进行 0 均值化），X_{t-n} 为前 n 时刻的取值，φ_i、θ_i 为待估计参数，μ_t 为一独立的移动平均过程。一般在估计模型的时候取 $m = n - 1$ [1]。

6.3 数据

指数平滑模型适用于具有一定时间趋势的序列预测，由于广西地区生产总值（名义和实际的）具有明显的长期增长趋势，而滤波的趋势成分也具有长期趋势，本书采用二次指数平滑法对广西名义地区生产总值、实际地区生产总值和实际地区生产总值对数滤波的长期趋势成分进行预测，由于模型在1990—1991 年出现结构性变化，训练样本期取为 1990—2015 年，预测期为2016—2020 年。

地区生产总值（名义或实际）为二阶差分平稳序列，不能直接用于自回归移动平均模型，本书采用经济增长率，即用地区生产总值滤波分解后的趋势成分或直接用名义或实际地区生产总值的增长率来模拟和预测，经济波动周期用滤波分解后的周期成分来预测，训练样本期为 1978—2015 年，预测期为2016—2020 年。该模型需要先检验变量的平稳性。用于预测的训练样本数据如表 6-1 所示。

---

[1] 王振龙，胡永宏. 应用时间序列分析 [M]. 北京：科学出版社，2007：39.

表 6-1　　　　　　　　　用于预测的训练样本数据

变量及代号	名义地区生产总值（亿元）	实际地区生产总值（亿元，1978年价格）	名义地区生产总值增长率（%）	实际地区生产总值增长率（%）	实际地区生产总值的对数HP滤波	
年份					趋势成分	周期成分
	GDP	RGDP	iGDP	iRGDP	TRGDP	CRGDP
1978	75.85	75.85	–	–	4.310 3	0.019 7
1979	84.59	78.43	11.52	3.40	4.384 1	−0.024 1
1980	97.33	86.39	15.06	10.15	4.458 1	0.001 9
1981	113.46	93.37	16.57	8.08	4.532 2	0.007 8
1982	129.15	104.98	13.83	12.43	4.606 5	0.043 5
1983	134.6	108.47	4.22	3.32	4.681 0	0.009 0
1984	150.27	115.97	11.64	6.92	4.756 1	−0.006 1
1985	180.97	128.72	20.43	10.99	4.832 5	0.027 5
1986	205.46	136.99	13.53	6.42	4.910 6	0.009 4
1987	241.56	149.58	17.57	9.19	4.991 3	0.018 7
1988	313.28	156.25	29.69	4.46	5.075 4	−0.025 4
1989	383.44	161.94	22.40	3.64	5.164 0	−0.074 0
1990	449.06	173.24	17.11	6.98	5.258 0	−0.108 0
1991	518.59	195.31	15.48	12.74	5.357 4	−0.087 4
1992	646.60	231.11	24.68	18.33	5.461 2	−0.021 2
1993	871.70	273.36	34.81	18.28	5.567 5	0.042 5
1994	1 198.29	314.93	37.47	15.21	5.674 3	0.075 7
1995	1 497.56	350.73	24.97	11.37	5.779 9	0.080 1
1996	1 697.90	379.93	13.38	8.33	5.883 3	0.056 7
1997	1 817.25	410.50	7.03	8.05	5.984 6	0.035 4
1998	1 911.30	451.61	5.18	10.01	6.084 0	0.026 0
1999	1 971.41	487.72	3.14	7.99	6.182 6	0.007 4
2000	2 080.04	526.25	5.51	7.90	6.281 3	−0.011 3
2001	2 279.34	569.94	9.58	8.30	6.381 2	−0.031 2
2002	2 523.73	630.31	10.72	10.59	6.483 5	−0.033 5
2003	2 821.11	694.63	11.78	10.20	6.588 9	−0.048 9
2004	3 433.50	776.55	21.71	11.79	6.697 7	−0.047 7
2005	3 984.10	879.48	16.04	13.25	6.809 8	−0.029 8
2006	4 746.16	998.64	19.13	13.55	6.924 7	−0.014 7
2007	5 823.41	1 149.13	22.70	15.07	7.041 5	0.008 5
2008	7 021.00	1 296.28	20.57	12.81	7.159 2	0.010 8

表6-1(续)

变量及代号 年份	名义地区生产总值（亿元） GDP	实际地区生产总值(亿元，1978年价格) RGDP	名义地区生产总值增长率(%) iGDP	实际地区生产总值增长率(%) iRGDP	实际地区生产总值的对数 HP 滤波	
					趋势成分 TRGDP	周期成分 CRGDP
2009	7 759.16	1 476.95	10.51	13.94	7.276 8	0.023 2
2010	9 569.85	1 687.28	23.34	14.24	7.393 6	0.036 4
2011	11 720.87	1 894.81	22.48	12.30	7.508 8	0.041 2
2012	13 035.10	2 108.24	11.21	11.26	7.622 4	0.027 6
2013	14 378.00	2 322.46	10.30	10.16	7.734 4	0.015 6
2014	15 672.89	2 519.89	9.01	8.50	7.845 4	−0.015 4
2015	16 803.12	2 724.00	7.21	8.10	7.955 9	−0.045 9

6.4　预测结果与分析

6.4.1　二次指数平滑预测结果

表6-2给出了广西名义地区生产总值、实际地区生产总值（RGDP）和滤波分解的趋势成分（TRGDP）等3个指标的二次指数平滑预测结果，得到的预测方程分别为：

$$GDP_t = 17\,020.95 + 966.2t, \quad t = 1, 2, \cdots, 5 \tag{6-7}$$

$$RGDP_t = 2\,740.44 + 153.75t, \quad t = 1, 2, \cdots, 5 \tag{6-8}$$

$$\ln TRGDP_t = 7.96 + 0.08t, \quad t = 1, 2, \cdots, 5 \tag{6-9}$$

式（6-9）为广西实际地区生产总值的滤波分解后的趋势项的对数预测模型，将该模型的预测值取 e 为底的指数，得到广西实际地区生产总值的趋势成分预测值。结果表明广西名义地区生产总值在 2015 年 16 803.16 亿元的基础上，2020 年将增长到 21 852 亿元，年均增长 5.4%；而实际地区生产总值将由 2015 年的 2 724 亿元增长到 3 509.19 亿元（1978 年价格），年均增长 5.2%。实际地区生产总值滤波分解的趋势成分预测值高于实际地区生产总值的预测值，将由 2015 年的 2 852.35 亿元增长到 2020 年的 4 305.38 亿元，年均增长 8.52%。

根据各预测方程得到的地区生产总值预测值计算相应的地区生产总值增长率，发现名义地区生产总值和实际地区生产总值的增长速度均呈递减趋势且非常接近，经济下行的特征非常明显，名义地区生产总值的增长速度略高，显示了价格微弱上涨的趋势。实际地区生产总值滤波分解的趋势成分增长率更高（为 8.52%），且保持不变。相对名义或实际地区生产总值而言，实际地区生产总值滤波分解的趋势成分可以看作是地区生产总值的一个长期趋势或潜在的可能。从理论上来说，现实的经济增长率将围绕这一潜在增长率上下波动。

表 6-2　　　　　　　　　　二次指数平滑预测结果

预测年份	广西名义地区生产总值(亿元)	广西实际地区生产总值(亿元)	广西实际地区生产总值对数滤波的趋势成分	名义地区生产总值增长速度(%)	实际地区生产总值增速(%)	趋势成分增长率(%)
2015	16 803.12	2 724.00	2 852.35	7.21	8.10	11.68
2016	17 987.16	2 894.19	3 103.83	7.05	6.25	8.82
2017	18 953.37	3 047.94	3 368.42	5.37	5.31	8.52
2018	19 919.58	3 201.69	3 655.57	5.10	5.04	8.52
2019	20 885.79	3 355.44	3 967.19	4.85	4.80	8.52
2020	21 852.00	3 509.19	4 305.38	4.63	4.58	8.52
a_t	17 020.95	2 740.44	7.96*	—	—	—
b_t	966.21	153.75	0.08*	—	—	—

注：2015 年广西名义地区生产总值和实际地区生产总值为前文估算值，其增长率为《广西统计年鉴》公布的数据；2016—2020 年数据为预测值；广西实际地区生产总值的对数滤波的趋势成分为广西实际地区生产总值预测值的对数，此处将地区生产总值的对数值转化为实际预测值，*处为对数趋势成分的模型系数估计值；后 3 列的数据根据前 3 列的估计值计算得到（第一行为已知数据除外）。

6.4.2　自回归移动平均模型预测结果

6.4.2.1　单位根检验

针对变量名义 GDP 增长率、实际 GDP 增长率和滤波分解的周期成分做单位根检验，得到表 6-3 的结果：广西名义地区生产总值的增长率（$iGDP$）为有趋势项的一阶差分平稳变量，广西实际地区生产总值的增长率（$iRGDP$）为无趋势项和截距项的一阶差分平稳变量，而广西实际地区生产总值的滤波分解周期成分为平稳时间序列。

表 6-3　　　　模型变量单位根检验（样本期 1978—2015 年）

变量代号	检验值（t 值）		5%临界值		检验方式	检验结果判断
	原始变量	一阶差分	原始变量	一阶差分		
iGDP	−2. 634	−5. 496	−3. 540	−3. 544	（c，t）	一阶差分平稳（有趋势项和截距项）
iRGDP	−0. 774	−3. 958	−1. 951	−1. 951	（none）	一阶差分平稳（无趋势项和截距项）
TRGDP	−5. 105		−3. 563		（c，t）	带截距项的趋势平稳
CRGDP	−4. 108		−1. 951		（none）	平稳

注：检验方式中（c，t）表示既有截距项也有趋势项，（none）表示既无趋势项也无截距项。

6.4.2.2　模型估计结果

本书采用 Pandit-Wu 建模方法，对 *iGDP* 和 *iRGDP* 采用一阶差分后建模，对 *TRGDP* 和 *CRGDP* 直接建模（但 *TRGDP* 估计模型有截距项和时间趋势项）。Pandit-Wu 建模方法是在 Box-Jenkins 建模方法的基础上发展而来，无需通过计算样板自相关函数或偏自相关函数来进行模型识别。它认为任一平稳时间序列总可以用 ARMA（n，$n-1$）来表示，因此，可以从 $n=1$ 开始估计模型，并逐步增加模型的滞后阶数，拟合较高阶的模型，直到再增加模型的阶数而剩余平方和不再显著减少为止。确定模型阶数后再剔除不显著的变量（一般为其估计系数的绝对值接近于 0 的变量），或使用确定滞后期的 AIC 或 BIC 准则确定模型形式。

经拟合，广西名义地区生产总值增长率（*iGDP*）的一阶差分为 ARMA（1，1）模型，实际地区生产总值增长率的一阶差分为带截距项的 AR（1）模型，广西实际地区生产总值的滤波分解的长期趋势为带时间趋势和截距项的 ARMA（1，1）模型，周期成分为 ARMA（2，2）模型。模型参数估计结果分别见表 6-4、表 6-5、表 6-6 和表 6-7，各变量预测结果如图 6-1、图 6-2、图 6-3 和图 6-4 所示。

表 6-4　广西名义地区生产总值增长率预测模型：ARMA（1，1）模型

变量	c	AR（1）	MA（1）
系数值	15. 607	0. 387 5	0. 506 7
系数标准差	2. 271 7	0. 187 7	0. 160 1
T-value	6. 870 ***	2. 064 *	3. 165 **

注：*** 、** 和 * 分别表示显著性水平为 0. 001、0. 01 和 0. 05；sigma^2 estimated as 34. 93：log likelihood = −117. 62；AIC = 243. 23，BIC = 249. 78。

表6-4 给出了根据模型定阶准则确定的广西名义地区生产总值增长率的预测模型，ARMA（1，1）模型，即：$iGDP_t - 0.387\ 5iGDP_{t-1} = 15.607 + \mu_t - 0.506\ 7\mu_{t-1}$，且模型的各参数均在5%显著水平下显著。图6-1给出了据此模型得到的预测结果，2016—2020年的预测结果显示，广西名义地区生产总值增速在"十三五"期间为10%~15%，且将扭转原有的下降趋势，呈现出增长趋势，但增速下降（虚线部分）。

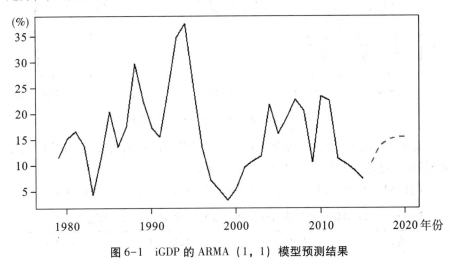

图6-1 iGDP 的 ARMA（1，1）模型预测结果

表6-5 广西实际地区生产总值增长率预测模型：带截距项的 AR（1）模型

变量	c	AR（1）
系数值	9.863	0.618 5
系数标准差	1.225	0.133 9
T-value	8.051***	4.619***

注：*** 表示显著性水平为 0.001；sigma^2 estimated as 8.825；log likelihood = -92.52；AIC = 191.04，BIC = 195.95。

表6-5 给出了根据模型定阶准则确定的广西实际地区生产总值增长率的预测模型，AR（1）模型，即：$iRGDP_t - 0.618\ 5iRGDP_{t-1} = 9.863 + \mu_t$，模型参数均在1%显著性水平下显著。图6-2为据此模型给出的预测结果。2016—2020年的预测结果显示，"十三五"期间广西实际地区生产总值增速在10%以内，且呈持续增长趋势，但增幅较为平缓（虚线部分）。比较广西名义地区生产总值和实际地区生产总值的增长率预测结果，预计"十三五"期间，广西名义增长率将远高于实际增长率，而体现为物价的大幅上涨趋势。

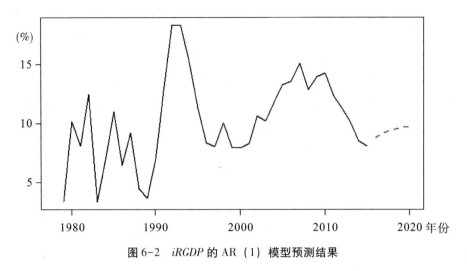

图6-2 *iRGDP* 的 AR（1）模型预测结果

表6-6给出了广西实际地区生产总值滤波分解的长期增长趋势预测模型：带时间趋势和截距项的 ARMA（1，1）模型，即：

$$TRGDP_t - 0.877\,2TRGDP_{t-1} = 0.093\,38 + 0.002\,155t + \mu_t + 0.020\,44\mu_{t-1}$$

表6-6 滤波分解的趋势成分模型估计结果：ARMA（1，1）模型

变量	估计的系数值	系数标准差	T-value
c	0.093 38	0.023 38	3.993***
t	0.002 155	0.000 566 4	3.804***
AR（1）	0.877 2	0.059 13	14.836***
MA（1）	−0.020 44	0.005 203	−3.929***

注：*** 表示显著性水平为 0.001；Residual standard error：0.001 79 on 32 degrees of frccdom；Multiple R-squared：0.986 7，Adjusted R-squared：0.985 4；F-statistic：789.2 on 3 and 32 DF，p-value：< 2.2e−16。

模型参数均至少在1%显著性水平下显著。图6-3为据此模型得到各年地区生产总值长期趋势成分的预测结果。结果显示"十三五"期间广西实际地区生产总值的对数值在8左右，且维持原有的增长趋势（虚线部分）。可以将滤波分解后的实际地区生产总值（图中为取对数后的值，即为 ln*RGDP*）视为广西的潜在地区生产总值。

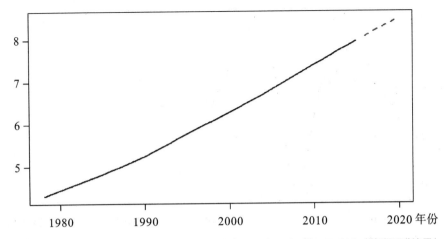

图 6-3 　广西实际地区生产总值的趋势成分（*TRGDP*）的 AR（1）模型预测结果

表 6-7 给出了广西实际地区生产总值滤波分解的周期成分预测模型，即 ARMA（2，2）模型，前三列为完整模型，后三列为剔除 MA（1）项后的修正模型（完整模型中该项不显著）。修正后的模型 MA（2）项的系数有所提高，其他系数变化不大。完整模型和修正模型分别为：

$$CRGDP_t - 1.105CRGDP_{t-1} + 0.578\ 7CRGDP = \mu_t - 0.082\ 9\mu_{t-1} - 0.495\ 9\mu_{t-2}$$

和

$$CRGDP_t - 1.051\ 2CRGDP_{t-1} + 0.551\ 8CRGDP = \mu_t - 0.920\ 6\mu_{t-2}$$

表 6-7 　　　　滤波分解的周期成分预测模型：ARMA（2，2）

变量	AR（1）	AR（2）	MA（1）	MA（2）	AR（1）	AR（2）	MA（2）
系数值	1.105 0	-0.578 7	0.082 9	0.495 9	1.051 2	-0.551 8	0.920 6
系数标准差	0.215 3	0.193 6	0.238 7	0.192 1	0.138 9	0.136 5	0.029 3
T-value	5.132***	-2.989*	0.347	2.581*	7.566***	-4.047***	31.45***

注：***和*分别表示显著性水平为 0.001 和 0.05；sigma^2 estimated as 0.000 431 2；log like-lihood = 94.18；AIC = -178.37，BIC = -170.18。后三列为剔除 MA（1）后的模型结果，修正后模型参数估计值的显著性得以提高。

修正模型的所有参数估计值都在 1% 显著性水平下显著。图 6-4 给出了根据完整模型得到的预测结果（两模型的预测结果接近），广西"十三五"期间周期成分持续上升，在 2018 年由负转正。结合滤波分解的增长趋势成分和周期成分预测结果，广西"十三五"期间地区生产总值增速的下降势头将逐步缓解，2017—2018 年为增长周期的低谷，之后将逐步回升。

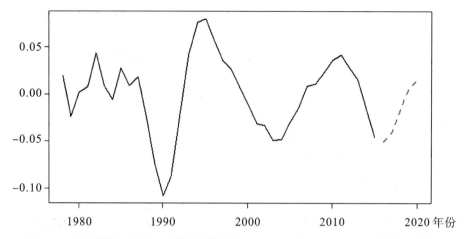

图 6-4　广西实际地区生产总值的周期成分（CRGDP）的 ARMA（2，2）模型预测结果

6.4.3　对"十三五"期间广西经济增长和经济周期的基本判断

表 6-8 给出了各指标 2016—2020 年的预测值，后两列为根据滤波分解成分预测结果进行合成后得到的广西实际地区生产总值的预测值及其增长率。不同预测结果比较，地区生产总值增长率序列模型得到的地区生产总值增长率预测值都有持续增长趋势，而经过滤波成分预测值合成的地区生产总值增长率在2018 年达到顶峰值后回落（呈倒 U 形），不同模型得到的地区生产总值增长率的值均较高（均超过 9% 以上）。这一结果与二次移动平均法预测结果大相径庭，后者预测"十三五"广西经济增长率持续下滑，且均不超过当前的增长水平。

表 6-8　　　　　广西经济增长指标的预测值：2016—2020 年

年份	名义地区生产总值增长率(%)	实际地区生产总值增长率(%)	实际地区生产总值的对数 HP 滤波		据滤波成分预测结果合成的实际地区生产总值及其增长率	
			趋势成分	周期成分		
	iGDP	iRGDP	TRGDP	CRGDP	实际 GDP	增长率
2015	7.21	8.10	7.96	-0.045 9	2 736	－
2016	10.46	8.77	8.07	-0.050 6	3 039	11.1
2017	13.61	9.19	8.17	-0.040 3	3 394	11.7
2018	14.83	9.45	8.28	-0.015 2	3 885	14.5
2019	15.31	9.60	8.39	0.006 5	4 432	14.1
2020	15.49	9.70	8.49	0.016 0	4 944	11.6

注：将滤波成分预测结果相加再用其计算以 e 为底的指数，得到广西实际地区生产总值的合成预测值。

二次移动平均模型更关注当前水平及其趋势，与目前经济增速下滑的趋势相符，但可能没有考虑未来各种经济条件改善的可能，而导致低估经济增长水平。相反，自回归移动平均模型更多地考察历史经济增长率的变化规律，特别是周期性的变化规律，而对目前的经济复杂形势没有更好地考虑而导致高估其增长水平。综合考虑，"十三五"期间广西经济增速区间估计在5%~8%的可能性比较大，预计广西经济增长率将低位盘整至2018年左右的底部低谷，之后可能逐步走出经济增长的底部低谷，进入缓慢复苏的阶段。

参考文献

[1] 王振龙，胡永宏. 应用时间序列分析 [M]. 北京：科学出版社，2007.

[2] 肖红叶，周国富. 国民经济核算概论 [M]. 北京：中国财政经济出版社，2004.

[3] 杨灿. 国民核算与分析通论 [M]. 北京：中国统计出版社，2005.

[4] 马薇. 协整理论与应用 [M]. 天津：南开大学出版社，2004.

[5] 张晓峒. 计量经济分析 [M]. 北京：经济科学出版社，2000.

[6] 陆懋祖. 高等时间序列经济计量学 [M]. 上海：上海人民出版社，1999.

[7] 田维明. 计量经济学 [M]. 北京：中国农业出版社，2005.

[8] 古扎拉蒂. 计量经济学基础 [M]. 4版. 北京：中国人民大学出版社，2005.

§7 广西工业化进程评价与分析

7.1 研究述评

广西作为我国西南地区重要战略发展省份之一，在东盟自贸区、北部湾经济区、西江珠江工业带、"一带一路"建设等国家重大战略政策的推动下，广西工业化建设取得了巨大的进步。然而跟东部发达省份相比，广西工业基础设施薄弱、产业结构不是很合理，特别是新兴战略产业发展比较落后，各地市工业发展水平差异较大。工业化程度更是处于较低水平，总体上仍处在工业化中期阶段（陈佳贵，2010），当前的工业增加值占生产总值比重、工业化率、工业从业人员比重分别为31%、1.39%和6.5%，远低于全国的41.8%、3.35%和14%的平均水平（2011年数据），总体经济发展水平较低。广西经济落后，主要是工业的落后，因此，广西只有通过走新型工业化道路才能迅速提高自身的工业化水平并促进地区经济的腾飞。同时，广西拥有西部大开发、中国-东盟自由贸易区的建立和发展、北部湾及西江珠江工业带双核驱动、"一带一路"建设等政策带来的重大发展机遇，并有着较为丰富的工业化资源和自然环境优势，因此，本研究对全国及广西周边东中西部相邻省份的工业化进程进行统计监测及比较，及时把脉广西工业化进程的具体情况，准确找出广西工业化进程中存在的问题，加快实现广西新型工业化发展。为尽快实现工业化发展转型升级提供决策参考依据，这也是本研究的目的和意义所在。

国外对于工业化理论的研究始于20世纪20年代，研究成果较为丰富，主要有以下几个方面：①工业化进程阶段划分研究。主要代表理论有钱纳里的人均收入七阶段理论、库兹涅茨（1958）按产值结构和就业结构划分的五阶段理论；霍夫曼工业结构四阶段理论——通过计算消费品工业净产值与资本品工业净产值（霍夫曼比例）提出的（1931）。②工业化与经济增长的关系研究。

英国的克拉克认为，伴随着经济的发展和人均收入水平的提高，劳动力将由第一产业向第二、三产业转移。美国库兹涅茨延续了克拉克的理论，并收集和归纳了20多个国家的数据，从国民收入和劳动力在三次产业间的分布两个方面考察了产业结构的变化与经济增长的关系。在所有发展经济学家中，刘易斯是最早研究经济发展的经济学家，他认为工业化进程的推进将传统单一的农业经济发展到双元经济发展结构，并伴随着工业部门的壮大，双元结构经济逐渐过渡到稳定增长的工业发达经济。③工业化发展战略研究。对于工业化战略发展研究做出较大贡献的是经济学家霍利斯·钱纳里。他认为不同国家由于国情、资源、环境等因素的不同，工业化对该国的经济贡献程度是不同的，因此工业化发展战略应该因国而异。他提出了三种比较有代表性的发展战略：进口替代战略、出口扩张战略、出口扩张与进口替代平衡发展战略。

近年来，对我国工业化进程的评价研究呈现出大量研究成果，主要集中在以下几个方面：第一，我国工业化进程阶段划分。国家统计局（1999）采用工业化程度=增加值贡献率+劳动力贡献率的公式对我国工业化进程进行判定，该判定方法注重第一产业对工业化进程的影响，弱化了第二产业对工业化进程的影响，从而影响了测度的精确性。郭克莎（2002）研究发现，按照工业化三阶段划分，我国目前处于工业化中期阶段的上半期；按照四阶段划分，我国目前处于工业化第二阶段。胡长顺（2002）分别从钱纳里的多国模型、国际贸易中的进出口商品构成、产业部门的进口依赖度等方面进行研究，认为我国经济处于工业化发展中期。第二，工业化进程评价指标体系研究。任才方、王晓辉（2003）从工业化进程和增长质量出发，建立了包括反映工业化进程、反映工业增长质量两方面共14个指标的新型工业化进程评价指标体系，并提出了用综合指数检测新型工业化进程的方法。谢德禄等（2004）提出区域新型工业化进程，从工业化发展水平、结构、科技含量、经济效益、资源与环境、人力资源利用以及信息化等七个方面，探讨了全国以及地区新型工业化进程的指标体系和评价标准，并以重庆市为例对三大经济区域所处的工业化阶段进行了初步判断。在对各个指标赋权时采用的是专家调查分析法，一定程度降低了该指标体系的客观性。李同宁（2005）提出以转变增长方式为核心的新型工业化指标体系逻辑框架，建立了由工业化水平、集约化水平、信息化水平、全球化水平、科技教育水平五个方面共三十项指标构成的评价指标体系。该指标体系不仅充分考虑新型工业化内涵的各个方面，还力图通过指标的整合，从工业化、信息化、全球化等更深入的角度来评判新型工业化进程，为评价指标体系的构建提供了新的思路。余华银、毛瑞丰（2006）建立了一套新型工业化进程评价指标体系，具体从工业化发展阶段、结构变动、科技含量、资源与环境状况、人力资源利用与劳动生产率、信息化水平六个方面入手，选取了 22 个指标，并采用综合赋权法和灰色关联综合评价法，计算出 1985—2003 年安徽省的新型工业化综合指数。该研究为新型工业化指标体系权重的确定提供了新的思路，但是在确定指标主、客观权重时，方法的选取过于繁杂，不利于计算和使用。吴晓庆、陈德敏（2007）从工业化发展水平、科技含量、经济效益、资源与环境状况、人力资源开发与利用以及信息化水平等六个方面选取 24 个指标反映了新型工业化的进程发展状况，采用层次分析法与主成分分析法相结合的综合赋权法得到各指标综合权重，进而构建我国新型工业化进程评价模型。

综合上述有关国内外对工业化进程评价理论和方法的探索，我们发现，从不同的视角研究工业化进程得到的结论差别较大，选择不同测算方法、指标赋权方法得到的结论也不尽相同。这主要由于工业化进程本身就是一个动态变化过程，每个阶段都有其特殊性，其研究成果也就带有阶段性的特征。结合当下国内外经济发展出现的新形势和新问题，本研究对于研究广西工业化进程具体情况，及时把脉广西工业化发展规律，探寻新形势下广西工业化发展的新出路，也就变得非常必要。

7.2　相关理论基础

7.2.1　工业化内涵

当代所有发达国家都是高度工业化的国家，而不发达国家几乎都是工业落后的国家。这一事实自然使人们把经济发展与工业化联系起来。无论是发达国家还是发展中国家，其经济增长和发展过程都意味着工业化进程，这一点毋庸置疑。已有的经济学文献对工业化有着不同的解释，具有代表性的定义有如下三种：①生产工具升级论。生产工具升级理论认为工业化就是以机器生产取代手工操作为起源的现代工业的发展过程。②生产方式变革论。认为工业化是一国经济中生产方式的变革过程。如我国的发展经济学先驱张培刚教授，早在 20 世纪 40 年代就将工业化定义为"一系列基要生产函数连续发生变化的过程"。③资源配置结构转换论。资源配置结构转换理论认为工业化就是资源配置的主要领域由农业转向工业的过程。如西蒙·库兹涅茨所言，工业化过程即"产品的来源和资源的去处从农业活动转向非农业生产活动"。

综上所述，上述三种定义对工业化所持的观点是基本一致的，即工业化是一个长期的、经济结构变迁的过程。既然工业化是一个过程，那么如何采取一系列措施推动其进步则是工业化道路的选择问题。

7.2.2 新型工业化内涵

党的十六大报告指出，要"坚持以信息化带动工业化，以工业化促进信息化，走出一条科技含量高，经济效益好，资源消耗低，环境污染少，人力资源优势得到充分发挥的新型工业化路子"。党中央提出的这一新型工业化道路内涵极为丰富，现就新型工业化的具体内涵做出以下解读。

7.2.2.1 以信息化带动的工业化

所谓信息化，就是在工业化过程中，加快信息高科技的发展及其产业化，以此推动经济和社会发展前进。我国走新型工业化道路，必须学习先进工业化国家以最先进的科学技术为动力的成功经验，大力发展信息产业和先进技术。信息技术的飞速发展，给我国的工业化提供了机遇，使我国在技术上发挥后发优势、实现跨越式发展成为可能。工业化是信息化的物质载体，信息化是推动工业化发展的动力，两者相互促进共同发展，信息化带动工业化将在加快我国经济结构调整和产业结构升级、促进经济增长方式转变、提高劳动生产率和生产要素效益最大化等方面发挥巨大作用。

7.2.2.2 新型工业化是科技含量高的工业化

科技含量高，就是要加快科技进步以及先进科技成果的推广应用，把经济发展建立在科技进步的基础上，提高科学技术的转化率以及对经济增长的贡献率。

7.2.2.3 新型工业化是经济效益高的工业化

经济效益好，就是要生产出高质量的适应市场变化的产品，以提高资金的投入产出率和周转速度，降低生产成本。走新型工业化道路必须以提高经济效益为中心，转变经济增长方式，即由粗放型向集约型转变，由量的扩张转变为质的提高，提高全要素生产率，提高国民经济的整体素质和效益。这也是我国目前推动供给侧改革的主要任务和目标。

7.2.2.4 新型工业化是实施可持续发展战略的工业化

传统工业化道路是以大量消耗资源和牺牲生态环境为代价的。虽然发达国家走的是"先污染，后治理"的路子，在其有限范围内也取得了一定的成效，但从全球的角度来看，发达国家自工业化以来对资源的大量消耗和生态环境的严重破坏，已经无法恢复和修补。我国是世界上人口最多的发展中国家，随着人口规模和经济规模越来越大，如果不改变主要依靠增加资源投入和放任环境污染的粗放型经济增长方式，有限的资源和环境都将难以承受，不仅实现经济持续快速增长会遇到前所未有的困难，而且全面建设小康社会的目标也难以实现。因此，必须把资源消耗低和环境污染少、实现可持续发展，作为走新型工业化道路的基本要求。

7.2.2.5　新型工业化是充分发挥人力资源优势的工业化

工业化的过程，就是发展工业并用先进的工业生产技术改造农业等传统产业的过程。因此，工业化必然伴随着大批农民转移到非农产业和城镇。同时随着工业和国民经济各部门资本有机构成及劳动生产率的不断提高，同量资本将同更少的劳动力相结合。因此，工业化与扩大就业在客观上存在一定的矛盾。妥善处理工业化过程与扩大就业的矛盾，不仅是扩大内需、保持社会稳定的必要条件，也是发挥我国独特优势，保持和提高竞争力的重要方面。

7.2.3　传统工业化与新型工业化的区别与联系

7.2.3.1　传统工业化与新型工业化的主要区别

传统工业化与新型工业化的主要区别在于：

（1）时代背景不同。西方发达国家的传统工业化是农业社会经过社会变革，通过第一次工业革命过渡到工业社会（工业化），进而步入信息社会（信息化）。新型工业化则是在风起云涌的全球信息化浪潮中将信息化和工业化的进程重合起来，以信息化带动工业化，以工业化促进信息化，实现生产力的跨越式发展。

（2）推动的主导技术不一样。传统工业化以蒸汽与电气技术为主导技术，而新型工业化则以信息技术等高新技术为主导并将其与部分传统技术相结合。

（3）发展道路不同。传统工业化以自然资源的巨大消耗及生态环境的极大破坏为代价，又或将这一消耗和破坏转嫁到别国头上（殖民地），走的是一条先污染、后治理的工业化道路。而新型工业化则以人与自然的协调发展和生态环境的保护为追求，走力争将污染降低到最小的新型发展道路，在完成新型工业化的过程中要注意生态建设和环境保护，处理好经济发展与资源、环境之间的关系。

（4）发展前景不同。传统工业化道路一般是重工业先行；而新型工业化则会培育出高新科技产业优先发展、其他传统产业协调跟进的新型经济。传统工业化道路的发展促成了传统工业社会的形成；而新型工业化道路则会推进社会、经济与环境等协调发展的和谐社会的建立。

（5）发展轨迹不同。传统工业化道路是单一与线性的，新型工业化道路是跨越式的。

新型工业化与中国前期工业化的区别在于：中国前期工业化，我们又可以称之为中国传统工业化，基本仿效西方发达国家主要依靠物质、资金与人力资源的高投入以及传统科技的引领来推动工业与经济的增长，而且出现了经济增长质量不高与生态环境恶化的严重弊端。而新型工业化以信息科技推动为主导，更加注重生产要素的合理分配和调节，注重与资源和环境协调、经济效益高的发展思路。

7.2.3.2 传统工业化与新型工业化的内在联系

新型工业化与传统工业化也有着内在的必然联系。这种联系主要表现在：

（1）传统工业化推动并催生新型工业化的产生。

（2）新型工业化是传统工业化发展的继续与深化。新型工业化尽管不同于西方传统工业化和中国前期工业化，但它是中国整个工业化进程中的一个必经与高级阶段，是中国传统工业化的继续与深化。

（3）新型工业化必须借鉴传统工业化的经验和教训。

7.3 广西工业化发展现状分析

广西壮族自治区位于西南经济圈、华南经济圈、泛北部湾经济区、泛珠三角经济区、大湄公河区域和中国-东盟等多个国际、国内区域合作的交叉位置，具有不可替代的区位优势。独特的区位优势，为广西经济发展带来很大的发展机遇。截至 2015 年，广西全年地区生产总值为 16 803.12 亿元，比上年增长 8.1%。其中，第一产业增加值 2 565.97 亿元，增长 4.0%；第二产业增加值为 7 694.74 亿元，增长 8.1%；第三产业增加值为 6 542.41 亿元，增长 9.7%。第一、二、三产业增加值占地区生产总值的比重分别为 15.3%、45.8% 和 38.9%，对经济增长的贡献率分别为 6.7%、51.4% 和 41.9%。按常住人口计算，人均地区生产总值为 35 190 元。从产业结构来看，工业是广西产业结构中占比最大的产业，同时也是广西发展速度最快的产业，广西工业对地区生产总值的贡献率从 2013 年的 48% 增长到 2014 年的 52%。这说明在广西国民经济运行的各部门中，工业对广西经济增长的贡献率最高。

为了便于对广西各地区工业经济发展状况进行全面的了解，本书从工业发展总量、规模、结构、速度等方面的指标数据对广西工业化发展现状进行比较分析。

7.3.1 广西工业发展水平分析

反映广西工业发展水平的指标拟采用工业发展总量和规模指标及以下相关指标：工业总产值（单位：亿元）、地区生产总值（亿元）、城市化率、工业企业资产（亿元）、第一产业增加值占地区生产总值的比重、第一产业从业人员占全社会就业人员的比重、工业增加值占地区生产总值的比重。

表 7-1　　　　　　2010—2015 年广西主要工业指标发展情况

指标	2010 年	2011 年	2012 年	2013 年	2014 年	2015 年
地区生产总值（亿元）	9 502.39	11 714.4	13 031	14 378	15 673	16 803.2
地区生产总值同比增长速度（%）	14.20	12.30	11.30	10.20	8.50	8.10
工业生产总值（亿元）	11 671.8	15 091.9	17 204.6	19 434.6	21 730.3	–
工业生产总值同比增长速度（%）	34.16	29.30	14.00	12.96	11.81	–
城市化率（%）	40.11	41.8	43.53	44.81	46.01	47.06
工业企业资产（亿元）	—	10 185.5	11 759.6	13 349.6	14 225.9	–
第一产业增加值占地区生产总值的比重（%）	17.5	17.5	16.7	15.9	15.4	15.3
第一产业从业人员占全社会就业人员的比重（%）	54.1	53.3	53.5	53.1	51.9	50.6
工业增加值占地区生产总值的比重(%)	40.3	41.4	40.5	38.8	38.8	37.7

由表 7-1 可以看出，广西地区生产总值逐年增加，由 2010 年的 9 502.39 亿元增加到 2015 年的 16 803.12 亿元，并且 2011 年广西地区生产总值总量首次突破万亿元大关。从全国层面上来看，2010—2014 年广西地区生产总值总量在全国各省份地区生产总值总量中的排名一直稳定在 18 名左右，排名处于全国中间水平。高于云南，低于广东、湖南。另据广西统计信息网所发布的消息显示，2014 年广西工业总产值突破 21 600 亿元大关，达 21 730.31 亿元。从表 7-1 中还可以发现，工业增加值占地区生产总值的比重自 2011 年起逐年下降。这受制于当前国际经济大环境不景气，以及我国经济体制转型。此外城市化率、工业企业资产等指标数值有所提高，同时第一产业增加值占地区生产总值的比重、第一产业从业人员占全社会就业人员的比重有所降低。工业化进程

使得广西产业结构重心从第一产业逐步向二、三产业转移，说明广西工业化进程改革效果显著。

7.3.2 广西工业增长速度分析

工业发展速度拟采用地区生产总值增长率和工业增加值增长速度来考量，广西、云南、湖南、广东各地区及全国2010—2014年工业化方面的发展速度如图7-1和图7-2所示。

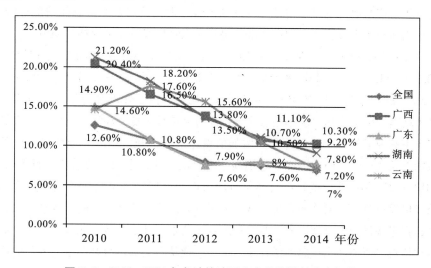

图 7-1 2010—2014 年各地的地区生产总值增长速度折线图

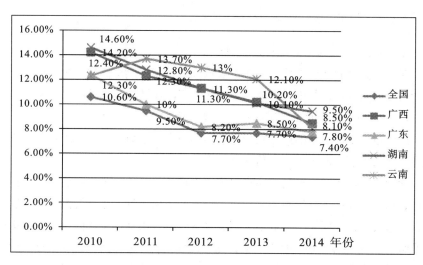

图 7-2 各地各年工业增加值增长速度折线图

如图 7-1 所示，广西 2010—2014 年的地区生产总值的增长速度分别为 20.4%、16.5%、13.8%、10.7%、10.3%，全国 GDP 增长速度分别为 12.6%、10.8%、7.9%、7.6%、7%。明显可以看出，虽然广西地区生产总值处于中等水平，但是地区生产总值增速一直高于全国增速，在一些年份低于湖南、云南。2010 年以来，我国经济进入新常态，全国各省市的地区生产总值增长速度都开始下降，但是广西还是保持两位数的速度增长；2014 年面对全球经济下滑的形势，广西经济增长放缓，但是增长速度仍然高于全国平均水平。尽管这五年来广西地区总产值增长速度逐渐下降，但是就广西经济总体情况分析，广西当前经济增长速度合理，经济形势总体态势良好，经济保持平稳增长。

如图 7-2 所示，广西 2010—2014 年工业增加值增长速度分别为 14.2%、12.3%、11.3%、10.2%、8.5%，全国工业增加值增长速度分别为 10.6%、9.5%、7.7%、7.7%、7.4%。明显可以看出，广西工业增加值增速一直高于全国增速。由于市场需求不足、主要产品价格持续走低、经济下行压力加大等多重不利因素的影响，广西工业增加值增速逐渐下降，2014 年起跌破了两位数的增长速度，广西工业经济告别高速增长的时代，进入平缓增长的新常态。2010—2014 年广西工业经济总体保持增长趋势，但经济下行压力逐渐加大的情况仍没有改变。增速回落是经济进入新常态的重要特征，当前广西平缓增长的运行态势仍处于合理区间，与全国工业运行走势基本一致。此外，第一产业增加值占广西地区生产总值的比重、第一产业从业人员占全社会就业人员的比重、工业增加值占广西地区生产总值的比重逐年下降，产业结构逐渐升级。

7.3.3 广西工业产业结构分析

7.3.3.1 广西工业产业结构宏观分析

对于广西工业产业结构的分析主要从广西地区生产总值的产业结构和就业结构两方面来分析；其中，产业结构变化采用产业结构熵来描述。

1. 广西地区生产总值的三次产业结构分析

广西地区生产总值的产业结构可以用第一产业增加值、第二产业增加值和第三产业增加值占地区生产总值的比重来表示。

如图 7-3 所示，广西地区生产总值三次产业结构中，第二产业增加值比重最高；第三产业增加值比重次之；第一产业的增加值所占比重最低，而且逐年降低。这表明，广西第一产业增加值总量少，所占比重逐年降低，产业结构逐步升级；广西第二产业在近几年发展迅速，增加值比重趋近于 50%，这与近几年广西基础设施投资——高铁、地铁、房地产等相关行业投资规模不断加大有关；第三产业增加值比重有所上升，表明广西近年来服务业及相关产业发展态势良好。

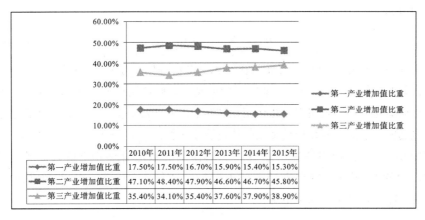

图7-3　广西地区生产总值三次产业结构

2. 就业结构分析

地区生产总值的产业结构和从业结构分别用第一产业、第二产业和第三产业从业人员人数占广西从业人员总人数之比来表示。

如图7-4所示，第一产业的从业人员比重逐年下降，但下降的幅度不大，第一产业的从业人员比重仍然是三次产业从业人员比重中最高的；第二产业从业人员比重从2010年的18.7%上升至2014年的19.3%，上升趋势缓慢，但仍然比第一和第三产业从业人员比重低，至2015年下降至18.2%；第二产业的从业人员比重从2010年的27.1%上升至31.2%，波动幅度不大，呈平缓上升趋势。

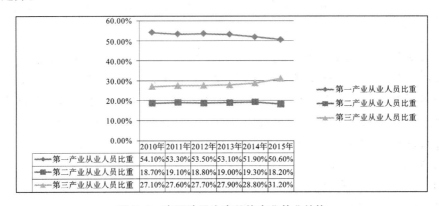

图7-4　广西地区生产总值产业从业结构

3. 产业结构变化分析

在研究产业结构变化时，拟采用产业结构熵来描述结构严谨的状态。产业熵用 H 表示，则有：

$$H = - \sum_{i=1}^{n} \left(p_i \times \ln p_i \right) \qquad (7\text{-}1)$$

其中，p_i 表示各产业增加值比重，n 表示分别表示第一、第二、第三产业，即取 n 等于 1、2、3。产业结构熵值越小，则说明产业结构越稳定；产业结构熵值越大，则表明产业结构变化越明显。对于经济欠发达的地区而言，该熵值越大，经济产业结构高度化的演进速度越快。如表 7-2 和表 7-3 所示，从 2010 年开始，广西地区生产总值产业结构熵的数值有逐年下降的趋势，从 2010 年的 1.027 1 下降至 2015 年的 1.011 6，表明广西经济三次产业结构协调性越来越强，结构越来越稳定。

表 7-2　　广西地区生产总值三次产业增加值比重和从业人数比重

	2010 年		2011 年		2012 年		2013 年		2014 年		2015 年	
	增加值（亿元）	比重（%）	增加值（亿元）	比重（%）	增加值（亿元）	比重（%）	增加值（亿元）	比重（%）	增加值（亿元）	比重（%）	增加值（亿元）	比重（%）
一产	1 675.1	17.1	2 047.2	17.4	2 172.4	16.7	2 290.6	15.9	2 413.4	15.4	2 565.5	15.3
二产	4 511.7	47.1	5 675.3	48.4	6 247.4	47.9	6 731.3	46.6	7 324.9	46.8	7 717.5	45.8
三产	3 383.1	35.4	3 998.3	34.1	4 615.3	35.4	5 427.9	37.6	5 934.5	37.9	6 520.2	38.9
	从业人数（万人）	比重（%）	从业人数（万人）	比重（%）	从业人数（万人）	比重（%）	从业人数（万人）	比重（%）	从业人数（万人）	比重（%）	从业人数（万人）	比重（%）
一产	1 571	54.1	1 565	53.3	1 481	53.5	1 478	53.1	1 450	51.9	1 427	50.6
二产	544	18.7	562	19.1	520	18.8	529	19.0	540	19.3	513	18.2
三产	788	27.1	809	27.6	767	27.7	775	27.9	805	28.8	880	31.2

数据来源：《中国统计年鉴 2016》《广西统计年鉴 2016》。

从表 7-2 中可以看出，第一，从 2010—2015 年广西三次产业增加值比例结构来看，第二产业增加值占比最大，第三产业次之，第一产业最低。分年度来看，从 2011 年开始，第一、二产业增加值占比几乎逐年降低，第三产业增加值占比逐年升高。第二，从三次产业从业人员数量和比例构成来看，第一产业从业人员数量和占比最高，至 2015 年，广西第一产业从业人员占比仍然达到 50.6%；第三产业从业人员占比次之，第二产业从业人员占比最小。分年度看，第一产业从业人员的比重有逐年减少的趋势，第二产业从业人员的比重在波动中呈下降趋势，第三产业从业人员比重逐步增大。

综上可以得到，2010—2015 年，广西虽然第二产业从业人员的比重在三次产业从业人员的比例构成中最低，但是第二产业增加值占比最大，充分说明广西近几年工业化进程效率较高。

表7-3 广西地区生产总值产业结构熵

年份	2010	2011	2012	2013	2014	2015
产业结构熵值	1.027 1	1.022 8	1.018 7	1.015 6	1.011 3	1.011 6

如表7-3所示，2010—2015年广西地区生产总值产业结构熵的数值有逐年下降的趋势，从2010年的1.027 1下降至2015年的1.011 6，表明广西经济三次产业结构的协调性越来越强，产业结构越来越稳定。

7.3.3.2 广西工业产业结构微观分析

产业结构是一个实体系统，同时又反映着产业间的各种联系和比例关系，它包含产值结构、产品结构、产量结构、利润结构等，本书主要从工业产值和工业产量两方面来对广西工业产业结构进行微观分析。

从2014年的《中国统计年鉴》数据来看，广西全年工业增加值为6 065.34亿元，按可比价格计算，比上年增长10.1%，其中规模以上工业增加值增长10.7%。在规模以上工业中，分轻重工业看，轻工业增加值同比增长8.6%，重工业增加值同比增长11.6%。在规模以上工业中，全国工业企业单位数有377 888个，其中广西有5 447个，占全国的1.44%；在资产总计方面，全国的规模以上工业企业的总资产为956 777.2亿元，广西有14 225.92亿元，占全国的1.49%；在利润总额方面，全国规模以上工业企业的利润总额有68 154.89亿元，其中广西有1 085.71亿元，占1.59%；主营业务收入利润率为4.6%，同比提高0.2个百分点；规模以上工业企业实现出口交货值751.50亿元，比上年增长7.2%。此外，至2014年，广西共有国家级工业园区12个，自治区级工业园区21个，其中高新技术产业园区只有4个，分别是南宁、柳州、桂林、北海。全区研究与试验发展（R&D）经费支出1 118 685.4万元，占全区地区生产总值的0.71%，科技活动人员有107 225人，专利申请量为32 293件，其中获授权9 664件。广西及全国主要工业产品内部构成的各指标数据见表7-4所示。

表 7-4　　　　　　　　　　2014 年广西及全国主要工业产品内部构成

产品	全国	广西	占比（%）	产品	全国	广西	占比（%）
原煤（亿吨）	38.74	0.06	0.155	水泥（万吨）	249 207.08	10 752.28	4.315
原油（万吨）	21 142.92	58.65	0.277	平板玻璃（万重量箱）	83 128.16	623.00	0.749
天然气（亿立方米）	1 301.57	0.16	0.012	生铁（万吨）	71 374.78	1 235.21	1.731
原盐（万吨）	7 049.71	8.92	0.127	粗钢（万吨）	82 230.63	2 084.30	2.535
成品糖（万吨）	1 642.67	1 077.11	65.571	钢材（万吨）	112 513.12	3 262.60	2.900
啤酒（万千升）	4 936.29	190.23	3.854	金属切削机床（万吨）	85.80	0.20	0.233
卷烟（亿支）	26 098.49	784.00	3.004	大中型拖拉机（万台）	64.37	—	0.000
布（亿米）	893.68	0.49	0.055	汽车（万辆）	2 372.52	209.20	8.818
机制纸及纸板（万吨）	11 785.80	319.60	2.712	轿车（万辆）	1 248.31	6.20	0.497
焦炭（万吨）	47 980.86	606.37	1.264	发电机组（万千瓦）	15 053.02	41.30	0.274
硫酸（万吨）	8 901.55	330.61	3.714	家用冰箱（万台）	8 796.09	—	0.000
烧碱（万吨）	3 063.51	41.70	1.361	房间空气调节器（万台）	14 463.27	—	0.000
纯碱（万吨）	2 525.84	6.00	0.238	家用洗衣机（万台）	7 114.40	—	0.000
乙烯（万吨）	1 696.69	—	0.000	移动通信手持机（万台）	162 719.82	—	0.000
农用氮磷钾化肥（万吨）	6 876.85	111.48	1.621	微型计算机设备（万台）	35 079.63	0.60	0.002
化学农药原药（万吨）	374.40	—	0.000	集成电路（亿块）	1 015.53	—	0.000
初级形态塑料（万吨）	7 088.84	21.32	0.301	彩色电视机（万台）	14 128.90	92.60	0.655
化学纤维（万吨）	4 389.75	0.20	0.005	发电机（亿千瓦小时）	56 495.83	1 310.03	2.319
水电（亿千瓦小时）	10 643.37	629.36	5.913				

　　由表 7-4 可看出，通过广西的工业产品产量与全国工业产品产量相比，广西的工业产品基本属于一般性消费品；其中最具优势的工业是糖业，2014 年广西的成品糖占全国的 65.57%；其次优势产业是汽车制造业，占全国汽车生产的 8.82%；在家用冰箱、空调、洗衣机等高档消费品的产品产出方面，广西的产出量基本为零。

7.3.4 广西工业优势产业现状分析

7.3.4.1 广西糖业发展现状分析

广西作为全国最大的糖料蔗和食糖生产基地，蔗糖产量近 20 年来稳居全国第一，广西产糖总量已连续 8 个榨季占全国的 60%以上，为国家食糖安全做出了较为突出的贡献。2014 年，广西共有制糖企业 96 家，制糖工业完成工业总产值 660.7 亿元，占全区食品行业工业总产值的 29.6%；广西规模以上工业制糖业实现增加值 204.34 亿元，比上年增长 8.8%，对全区规模以上工业增长的贡献率为 3.3%。2013—2014 年广西全区甘蔗种植面积约为 111.52 万公顷，总产值达 7 896.93 万吨。广西蔗糖业从业人数占全区人口的近 40%，约 2 000万人。

广西食糖近几年产量如表 7-5 所示，从 2008/2009 榨季以来，广西蔗糖产量均占全国总产量的 60%以上，占据了全国食糖总产的半壁江山。2008/2009榨季，广西产糖 763 万吨，占全国食糖总产的 61.38%，2009/2010 至 2010/2012 榨季，广西甘蔗总产量进厂入榨量及产糖量连续两年缩减，部分原因是连年遭遇不同形式的自然灾害。2011/2012、2012/2013、2013/2014 榨季，广西产糖量较上个榨季均有增长，但种植面积减少。产糖率从 2009/2010 至2012/2013 榨季逐年下降，2013/2014 榨季有所上升。

表 7-5　　　　2008/2009—2013/2014 榨季广西甘蔗生产情况

年度	种植面积（千公顷）	总产（万吨）	入榨量（万吨）	产糖（万吨）	产糖率（%）	占全国食糖总产（%）
2008/2009 榨季	1 090.1	8 215.58	6 198	763.0	12.31	61.38
2009/2010 榨季	1 060.1	7 509.44	5 545	711.48	12.81	66.55
2010/2011 榨季	1 069.3	7 119.62	5 539	672.8	12.15	64.36
2011/2012 榨季	1 091.6	7 269.96	5 764	694.2	12.04	60.27
2012/2013 榨季	1 080.0	7 500.00	6 710	791.5	11.80	60.57
2013/2014 榨季	1 066.7	7 095.00	7 095	857.56	12.09	64.39

目前，广西制糖业发展态势总体良好，但也面临与确保粮食安全、发展其他经济作物的"争地"矛盾；面临因农资价格、劳动力价格大幅度上升，农民种蔗比较效益和积极性下降的压力；面临糖价大幅波动、制糖企业综合利用水平低，必须加快产业升级的挑战。

7.3.4.2 广西汽车制造业发展现状分析

汽车工业是广西具优势和发展潜力的支柱产业，也是广西重点发展的千亿元产业之一，具有产业链长、关联度高、就业面广、消费拉动大的特点，在广西经济社会发展中发挥着重要作用。2014年，广西汽车整车产量为209.23万辆，比上年增长11.9%。尤其是上汽通用五菱汽车股份有限公司近两年开发投产的多功能乘用车（MPV）五菱宏光、宝骏730等的市场竞争力强，因此多功能乘用车产量达115.01万辆，增长61.1%。上汽通用五菱连续10年稳居国内微车行业"老大"位置。在整车高速发展的带动下，广西汽车产业形成较为完整的产业格局。2014年，广西整车产量仅次于重庆、上海和广东，跃居全国第4位。

广西汽车工业处于全国中等偏上水平，是广西最具优势和发展潜力的支柱产业之一。目前，以柳州为中心，玉林、桂林为基地，并辐射南宁的汽车工业集群基本建成。柳州市汽车工业经济总量占广西汽车工业经济总量的比重达75%以上，拥有上汽、一汽、东风、重汽四大汽车集团整车及专用车生产基地。广西汽车产业战略规划和发展能力、科技创新能力、经营管理能力、产业技工队伍都上了一个新台阶，自主品牌占主导地位。柳州汽车产业在广西经济发展中扮演越来越重要的角色，产值对广西地区生产总值的贡献越来越大。广西将汽车产业列为自治区优先重点发展的千亿元产业之一，以中型轿车为重点，优化整车产品结构，壮大整车生产规模，加快汽车零部件发展。至2015年，汽车工业销售收入突破2 500亿元，完成工业增加值700亿元，汽车整车产量突破220万辆；预计到2020年，汽车工业销售收入突破5 000亿元，完成工业增加值1 400亿元，汽车整车产量突破300万辆并建成辐射东盟、出口优势明显的全国重要的汽车制造基地。

7.4　广西工业化进程综合评价指标体系的构建

7.4.1　指标体系的构建原则

1. 科学性原则

工业化的基本内涵和特征是建立广西工业化指标体系的根本依据，也是反映工业化指标体系设计是否科学、合理的基本尺度。因此，工业化指标体系要能充分、准确地反映新型工业化的内涵，还要兼顾指标体系自身的层次性和结构性特征。

2. 简约性原则

所入选的指标要具有一定的综合性，指标之间的逻辑关系要强、覆盖面要广，有代表性的指标既方便测算，又可以避免意义上的重复，既有学术价值，又简单易懂。

3. 可操作性

工业化评价指标体系的选择要遵循数据来源可寻性，主要采用以统计部门调查资料为基础的数据。

4. 定量与定性相结合的原则

由于衡量工业化的指标很多，且涉及多个方面，为了指标体系的全面性，指标体系需包含定量和定性两方面的内容。

5. 可比性

在工业化评价指标设计中，采用的指标应是相对指标和平均指标，具有较强的可比性。

7.4.2 广西新型工业化进程评价指标体系

根据第 7.2 节对工业化内涵的解读，结合广西的实际状况，与全国、广东、云南、湖南作对比，依据指标的选取原则，分别从工业化水平、工业化发展速度、工业化质量、工业协调性和可持续性四个方面（准则层）选取各自有代表性的指标，对广西新型工业化进程进行全面、详细的检测。

7.4.2.1 工业化水平指标群

对于工业化水平的衡量，我们选取：人均地区生产总值、城市化率、第三产业占地区生产总值的比重、第一产业从业人员占全社会就业人员的比重、工业增加值占地区生产总值的比重。

7.4.2.2 工业化发展速度指标群

对于工业化发展速度的衡量，我们选取：地区生产总值增长速度、工业增加值增长速度。

7.4.2.3 工业化质量指标群

对于工业化质量的测量，我们选取：总资产贡献率、工业成本费用利润率、新产品开发经费支出占 R&D 经费支出的比重、R&D 人员占从业人员的比重、R&D 投入强度。

7.4.2.4 工业协调性和可持续性指标群

对于工业协调性和可持续性的衡量，我们选取：万元地区生产总值综合能耗、二氧化硫排放强度、城镇登记失业率、城乡居民人均收入之比。

根据本书确立的广西工业进程评价指标体系的内容，结合具体指标的阐述，确立如下广西新型工业化进程评价体系。该体系共分为三个层面。其中，目标层为广西工业化进程评价研究；准则层包括工业化水平、工业化发展速度、工业化质量、工业协调性和可持续性等 4 个方面；指标层共包含 16 个具体指标（见图 7-5）。

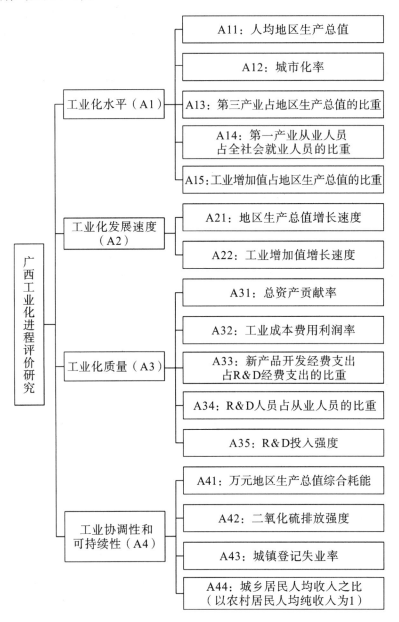

图 7-5　广西工业化进程评价指标体系

7.5 广西工业化进程实证评价

7.5.1 样本选取及指标数据收集

本书样本分别选取自东、中、西部省份。基于区域相邻因素的考虑,本书选取的区域样本为:东部省份选择广东省,中部省份选择湖南省,西部省份为广西和云南,数据的时间样本为2011—2015年。

指标数据主要来源于"广西壮族自治区统计年鉴2012—2016""广东省统计年鉴2012—2016""湖南统计年鉴2012—2016""云南统计年鉴2012—2016""中国统计年鉴2012—2016""广西信息工业年鉴2012—2016"、国民经济和社会统计公报、国家统计局广西调查总队、广西科技厅等。

7.5.2 指标权重的确定

对于指标的赋权目前比较通用的方法主要分为两大类:一类为主观赋权法,包括调查法、专家打分法、层次分析法(AHP)等;另一类为客观赋权法,包括变异系数法、熵值法、功效系数法、离差最大化法等。其中主观赋权法理论研究比较成熟,操作起来比较方便,容易达到研究目的,应用比较广泛,但是主观性太强;客观赋权法主要是根据指标实际值,通过一些数量方法处理后得到权重,但是对于指标的经济意义解释力度不够,并且存在一定的误差。

综合赋权法通过主客观权重的有机集成,使之既能客观地反映各指标的重要性差异,又反映决策者的主观愿望,在一定程度上克服了主客观两种赋权法的不足。因此本书采用综合赋权法(层次分析法和熵值法)对各级指标进行赋权。

7.5.3 层次分析法

7.5.3.1 层次分析法的步骤

层次分析法是在20世纪70年代由T. L. Saaty等人充分将定性分析和定量分析相结合而提出的一种系统化、层次化的分析方法。层次分析法的基本原理是充分利用人的经验和判断,对定量和非定量因素进行统一测度。其具体步骤为:首先,把 m 个评价因素排成 $m \times m$ 阶的判断矩阵,通过对各个因素的两两比较,根据各因素的重要程度来确定判断矩阵中元素的值;然后,计算判断矩阵的最大特征根及其对应的最大特征向量；最后进行一致性检验，如果通过检验，则认为所得到的最大特征向量即为权重向量。该方法的具体步骤如下：

1. 建立层次结构模型

层次结构一般分为三层，最上面为目标层，最下面为方案层，中间是准则层或指标层（见图7-6）。

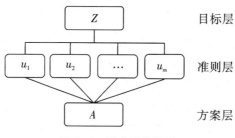

图7-6　层次结构模型

2. 建立判断矩阵

设某一层有 m 个评价因素 $\{u_1,\ u_2,\ \cdots,\ u_m\}$，即从上述 m 个评价因素当中任意取两个因素 u_i，u_j，对选取的 u_i 和 u_j 的重要程度进行比较，u_{ij} 表示因素 u_i 相对于 u_j 而言的"重要程度"的判断值（即 u_i 比 u_j 如何）。重要程度与实际数值之间的对应关系如表7-6所示。

表7-6　　　　　　　　　　**相对重要性等级赋值表**

判断矩阵的标度 u_{ij}	相对重要程度
1	表示两个因素 u_i、u_j 相等，具有同样的重要性。即 $u_i = u_j$；
3	表示两个因素 u_i、u_j 相比，u_i 比 u_j 的影响稍强；
5	表示两个因素 u_i、u_j 相比，u_i 比 u_j 的影响强；
7	表示两个因素 u_i、u_j 相比，u_i 比 u_j 的影响明显地强；
9	表示两个因素 u_i、u_j 相比，u_i 比 u_j 的影响绝对地强；
2，4，6，8	表示两个因素 u_i、u_j 相比，在上述两相邻等级之间；
1,1/2,1/3,$\cdots$,1/9	u_i、u_j 影响之比与上面的结果相反；（"强"改为"弱"）

则构造的判断矩阵为：

$$P = \begin{bmatrix} u_{11} & u_{12} & \cdots & u_{1m} \\ u_{21} & u_{22} & \cdots & u_{2m} \\ \cdots & \cdots & \cdots & \cdots \\ u_{m1} & u_{m2} & \cdots & u_{mm} \end{bmatrix} \qquad (7\text{-}2)$$

其中，$u_{ii} = 1$，$u_{ji} = 1/u_{ij}$。

3. 确定权重

根据判断矩阵，计算判断矩阵的最大特征根所对应的特征向量，特征向量归一化处理后形成本层次各指标的权重。

将判断矩阵的元素按列归一化处理，计算 $U_{ij} = u_{ij} / \sum_{i=1}^{n} u_{ij}$

将按列归一化后的元素按行相加，计算 $U_i = \sum_{j=1}^{n} u_{ij}$

最后，将所得到的行和向量归一化，即得到权重 W_i。

$$W_i = U_i / \sum_{i=1}^{n} U_i \qquad (7-3)$$

4. 一致性检验

一致性检验公式为：

$$CR = \frac{CI}{RI} \qquad (7-4)$$

其中，CR 表示比较矩阵的随机一致性比率，CI 是比较矩阵的一般一致性指标，且：

$$CI = \frac{1}{m-1}(\lambda_{max} - m) \qquad (7-5)$$

而 RI 是比较矩阵的平均随机一致性指标。对于 1—10 阶比较矩阵，RI 值如表 7-7 所示。

表 7-7 RI 值

m	1	2	3	4	5	6	7	8	9	10
RI	0	0	0.58	0.90	1.12	1.24	1.32	1.41	1.45	1.49

当 $CR < 0.10$ 时，即认为判断矩阵的一致性程度在容许范围之内，说明权重分配是合理的；否则，就需要调整判断矩阵，直到取得具有满意的一致性为止。由于 $m = 1$ 或 2 时，RI 为 0，因此不需要做一致性检验。

7.5.3.2 层次分析法权重的求解

结合第 7.4 节所构建的新型工业化评价指标体系，从 4 个维度构建新型工业化指标体系层次结构图，采用专家咨询法来确定准则的判断矩阵，从而得到各指标的主观权重。记为：$\alpha = (\alpha_1, \alpha_2 \cdots \alpha_{16})$。

1. 准则层权重求解（见表 7-8）

表 7-8　　　　　　　　　　C-A 比较判断矩阵

C	A1	A2	A3	A4	W_i	λ_{max}	C.I	C.R
A1	1	5/4	5/3	5/3	0.333 3			
A2	4/5	1	4/3	4/3	0.266 7			
A3	3/5	3/4	1	1	0.2	4	0	0<0.1
A4	3/5	3/4	1	1	0.2			

通过对准则层层次赋权，得到 $C.R = 0 < 0.1$，说明判断矩阵设置合理，即得到准则层四个维度：工业化水平（A1）、工业化发展速度（A2）、工业化质量（A3）、工业协调性和可持续性（A4）的权重分别为：

$w = (0.333\ 3,\quad 0.266\ 7,\quad 0.2,\quad 0.2)$

2. 各准则层下的各指标权重的测算

（1）工业化水平准则层下的各指标权重计算。

符号代表：人均地区生产总值（A11）、城市化率（A12）、第三产业占地区生产总值的比重（A13）、第一产业从业人员占全社会就业人员的比重（A14）、工业增加值占地区生产总值的比重（A15）。

同理按照准则层指标权重求解，得到工业化水平准则层下的各指标的比较判断矩阵及权重计算表，如表 7-9 所示。

表 7-9　　　　　　　　C-A1 比较判断矩阵及权重计算表

C	A11	A12	A13	A14	A15	W_i	λ_{max}	C.I	C.R
A11	1	3	5	5	2	0.430 3			
A12	1/3	1/3	3/5	3/5	1/3	0.087 9			
A13	1/5	5/3	1	1	1/3	0.103 3	5.157	0.039 2	0.035<0.1
A14	1/5	5/3	1	1	1/4	0.099 0			
A15	1/2	3	3	4	1	0.279 5			

通过对工业化水平准则层下权重的计算，得到 $C.R = -0.035 < 0.1$，说明判断矩阵设置合理，即得到该准则层下五个指标 A11~A15 权重分别为：

$w = (0.430\ 3, 0.087\ 9, 0.103\ 3, 0.099, 0.279\ 5)$

（2）工业化发展速度准则层下的各指标权重的计算。

符号代表：地区生产总值增长速度（A21）、工业增加值增长速度（A22）。

同理按照准则层指标权重求解，得到工业化发展速度准则层下的各指标的比较判断矩阵及权重计算表，如表 7-10 所示。

表 7-10　　　　　　C-A2 比较判断矩阵及权重计算表

C	A21	A22	W_i	
A21	1	2/3	0.4	无需进行一致性检验
A22	3/2	1	0.6	

得到 A21 与 A22 的权重分别为：

$w = (0.4, 0.6)$

（3）工业化质量准则层下的各指标权重的计算。

符号代表：总资产贡献率（A31）、工业成本费用利润率（A32）、新产品开发经费支出占 R&D 经费支出的比重（A33）、R&D 投入强度（A34）、R&D 人员占从业人员的比重（A35）。

同理按照准则层指标权重求解，得到工业化质量准则层下的各指标的比较判断矩阵及权重计算表，如表 7-11 所示。

表 7-11　　　　　　　C-A3 比较判断矩阵及权重计算表

C	A31	A32	A33	A34	A35	W_i	λ_{max}	C.I	C.R
A31	1	4/3	2	2	4/5	0.253 6			
A32	3/4	1	3/2	3/2	3/5	0.190 2			
A33	1/2	2/3	1	1	2/5	0.126 8	5.048	0.012 0	0.010 7<0.1
A34	1/2	2/3	1	1	3/4	0.146 5			
A35	5/4	5/3	5/3	4/3	1	0.282 9			

通过对工业化质量准则层下权重计算，得到 $C.R = 0.010\ 7 < 0.1$，说明判断矩阵设置合理，即得到该准则层下五个指标 A31～A35 权重分别为：

$w = (0.253\ 6, 0.190\ 2, 0.126\ 8, 0.146\ 5, 0.282\ 9)$

（4）工业协调性和可持续性准则层下的各指标权重的计算。

符号代表：万元地区生产总值综合能耗（A41）、二氧化硫排放强度（A42）、城镇登记失业率（A43）、城乡居民人均收入之比（A44）。同理按照准则层指标权重求解，得到工业协调性和可持续性准则层下的各指标的比较判断矩阵及权重计算表，如表 7-12 所示。

表 7-12   C-A4 比较判断矩阵

C	A41	A42	A43	A44	W_i	λ_{max}	$C.I$	$C.R$
A41	1	9/5	9/8	9/8	0.300 842			
A42	5/9	1	5/8	5/7	0.172 948	4.002 23	0.000 743 29	0.000 8<0.1
A43	8/9	8/5	1	1	0.267 415			
A44	8/9	7/5	1	1	0.258 794			

通过对工业协调性和可持续性准则层下权重的计算，得到 $C.R = 0.000\ 8 <$ 0.1，说明判断矩阵设置合理，即得到该准则层下五个指标 A41～A44 权重分别为：

$w = (0.300\ 842,\ 0.172\ 948,\ 0.267\ 415,\ 0.258\ 794)$

由表 7-8 至表 7-12 可以看出，所有的判断矩阵的一致检验值均小于 0.1，均能通过层次分析法的检验要求，说明各级指标权重设置合理，可以进行实证测算。因此得到广西工业化进程评价指标体系的各级权重，如表 7-13 所示。

表 7-13   各级指标的权重

目标层	准则层	指标层	权重
广西工业化进程评价	工业化水平(A1) ($W_1 = 0.333\ 3$)	人均地区生产总值（A11）	0.143 4
		城市化率（A12）	0.029 3
		第三产业占地区生产总值的比重（A13）	0.034 4
		第一产业从业人员占全社会就业人员的比重（A14）	0.033 0
		工业增加值占地区生产总值的比重（A15）	0.093 2
	工业化发展速度(A2) ($W_2 = 0.266\ 7$)	地区生产总值增长速度（A21）	0.106 7
		工业增加值增长速度（A22）	0.160 0
	工业化质量(A3) ($W_3 = 0.2$)	总资产贡献率（A31）	0.050 7
		工业成本费用利润率（A32）	0.038 0
		新产品开发经费支出占 R&D 经费支出的比重（A33）	0.025 4
		R&D 投入强度（A34）	0.029 3
		R&D 人员占从业人员的比重（A35）	0.056 6
	工业协调性和可持续性(A4) ($W_4 = 0.2$)	万元地区生产总值综合能耗（A41）	0.060 2
		二氧化硫排放强度（A42）	0.034 6
		城镇登记失业率（A43）	0.053 5
		城乡居民人均收入之比（A44）	0.051 8

7.5.4 熵值法

在信息论中，熵是系统无序程度的度量，可以度量数据所提供的有效信息。信息量越大，系统无序程度和不确定性就越小，熵也越小；反之，信息量越小，不确定性就越大，熵也越大。用熵值法计算评价工业化 16 个指标所得的权重如表 7-14 所示。

表 7-14 　　　　熵值法计算评价工业化 16 个指标的权重

目标层	准则层	指标层	权重
广西工业化进程评价	工业化水平（A1） （W1＝0.143 251）	人均地区生产总值（A11）	0.060 7
		城市化率（A12）	0.044 7
		第三产业占地区生产总值的比重（A13）	0.006 1
		第一产业从业人员占全社会就业人员的比重（A14）	0.070 9
		工业增加值占地区生产总值的比重（A15）	0.012 6
	工业化发展速度（A2） （W2＝0.025 221）	地区生产总值增长速度（A21）	0.016 1
		工业增加值增长速度（A22）	0.005 3
	工业化质量（A3） （W3＝0.781 451）	总资产贡献率（A31）	0.016 3
		工业成本费用利润率（A32）	0.021 7
		新产品开发经费支出占 R&D 经费支出的比重（A33）	0.011 5
		R&D 投入强度（A34）	0.169 4
		R&D 人员占从业人员的比重（A35）	0.289 3
	工业协调性和可持续性（A4） （W4＝0.050 076）	万元地区生产总值综合能耗（A41）	0.022 4
		二氧化硫排放强度（A42）	0.219 1
		城镇登记失业率（A43）	0.027 4
		城乡居民人均收入之比（A44）	0.006 4

注：权重以 2015 年各指标数据为例计算得到。

一般地，将评价对象集记为 $\{X_i\}$，$i＝(1, 2, \cdots, m)$，将用于评价的指标集记为 $\{X_j\}$（$j＝1, 2, \cdots, n$），用以表示第 i 个方案中第 j 个指标的原始值。熵值法的计算步骤如下：

（1）将做正向化处理，并计算第 j 个指标，第 i 个方案所占的比重：

$$P_{ij} = \frac{x_{ij}}{\sum_{i=1}^{m} x_{ij}} \quad (i＝1, 2, \cdots, m; j＝1, 2, \cdots, n) \qquad (7-6)$$

（2）根据熵的定义，计算第 i 个指标的信息熵值：

$$e_i = -k \sum_{j=1}^{n} P_{ij} ln P_{ij} \qquad (7-7)$$

（3）计算第 j 个指标的差异系数：

$$g_i = 1 - e_j \quad (j = 1, 2, \cdots, n) \qquad (7-8)$$

（4）计算第 j 个指标的权重：

$$w_j = \frac{g_i}{\sum_{j=1}^{n} g_i} \quad (j = 1, 2, \cdots, n) \qquad (7-9)$$

式中，g_i 越大则该指标对评价的重要性越大，权重系数 w_j 也就越大。

7.5.5　组合赋权

组合赋权法通过主客观权重的有机集成，使之既能客观地反映各指标的重要性，又反映决策者的主观愿望，在一定程度上克服了主客观赋权法的不足。根据权重组合方法的不同，组合赋权法通常分为以下两类：乘法合成归一化法与线性加权组合法。

乘法合成归一化法是将主客观权数相乘，然后进行归一化处理得到组合权数。计算公式为：

$$W_j = \alpha_j \beta_j / \sum_{j=1}^{n} \alpha_j \beta_j \qquad (7-10)$$

其中，n 表示指标个数，α_j 为主观权重，β_j 为客观权重，W_j 为综合权重。乘法合成其实质是将得出的各种权重折中，它与简单算术平均的效果比较接近。

线性加权组合法的计算公式为：

$$W_j = \sum_{j=1}^{n} \alpha_i \beta_{ij} \quad (j = 1, 2, \cdots, m) \qquad (7-11)$$

其中，α_i 为第 i 种方法的权系数，β_i 为第 i 种方法确定第 j 个指标权重，m 表示指标个数，n 表示共采用 n 种确定权重的方法。

对于线性加权组合法而言，在计算组合权重时，各方法权重的大小也直接影响着组合权重的确定，因此又面临一个权重分配的问题，从而使得综合权重的精确度难以客观把握。鉴于以上原因，本书选用乘法合成归一化法将主客观权重加以综合，以实现对各个评价指标的组合赋权，结果如表 7-15 所示。

值得注意的是，指标的权重也并非一成不变，随着我国新型工业化进程的不断推进，各评价指标实际值及影响力也会随之变化，权重也应相应改变，以适应时代发展要求。

表 7-15　　　　　　　　我国新型工业化进程评价指标体系

准则层	指标层	标准值	层次分析法	熵值法	组合权重
工业化水平（A1）	A11:人均地区生产总值(元)	60 000	0.143 4	0.060 7	0.173 1
	A12:城市化率(%)	60	0.029 3	0.044 7	0.026 0
	A13:第三产业占地区生产总值的比重(%)	50	0.034 4	0.006 1	0.004 2
	A14:第一产业从业人员占全社会就业人员的比重(%)	30	0.033 0	0.070 9	0.046 5
	A15:工业增加值占地区生产总值的比重(%)	50	0.093 2	0.012 6	0.023 4
工业化发展速度（A2）	A21:地区生产总值增长速度(%)	7.2	0.106 7	0.016 1	0.034 2
	A22:工业增加值增长速度(%)	6.8	0.160 0	0.005 3	0.016 8
工业化质量（A3）	A31:总资产贡献率(%)	16	0.050 7	0.016 3	0.016 5
	A32:工业成本费用利润率(%)	12	0.038 0	0.021 7	0.016 4
	A33:新产品开发经费支出占R&D经费支出的比重(%)	100	0.025 4	0.011 5	0.005 8
	A34:R&D 投入强度(%)	2.8	0.029 3	0.169 4	0.098 7
	A35:R&D 人员占从业人员的比重(%)	1.2	0.056 6	0.289 3	0.325 3
工业协调性和可持续性(A4)	A41:万元地区生产总值综合能耗	0.45	0.060 2	0.022 4	0.026 7
	A42:二氧化硫排放强度(%)	0.23	0.034 6	0.219 1	0.150 7
	A43:城镇登记失业率(%)	4.1	0.053 5	0.027 4	0.029 1
	A44:城乡居民人均收入之比	2.8	0.051 8	0.006 4	0.006 6

注：熵值法以 2014 年数据为例计算得到。

7.5.6　指标目标值的确定

中国的工业化进程与和谐社会进程、全面小康建设进程、社会主义新农村建设进程应该是一致的，根本目的都是使中国经济、社会结构更加合理，最终达到国泰民安、和谐稳定的美好局面。它们都是一个相对的、动态的过程，都是一个阶段性的过程，因此可将设定的新型工业化指标的目标值称之为"有限目标值"，也就是在特定的历史阶段所要达到的目标。因此，本书就以 2020 年全面实现小康社会的目标及结合国际新型工业化的评判标准为评价工业化进程的有限目标值，与中央的整体规划一致。

基于以上观点，得到工业化进程评价指标体系中各个具体指标的目标值，如表 7-16 所示。

表 7-16 具体指标的目标值

指标	标准值	指标性质
人均地区生产总值（A11）	60 000 元/人	正
城市化率（A12）	60%	正
第三产业占地区生产总值的比重（A13）	50%	正
第一产业从业人员占全社会就业人员的比重（A14）	30%	逆
工业增加值占地区生产总值的比重（A15）	50%	正
地区生产总值增长速度（A21）	7.20%	正
工业增加值增长速度（A22）	6.8%	正
总资产贡献率（A31）	16%	正
工业成本费用利润率（A32）	12%	正
新产品开发经费支出占 R&D 经费支出的比重（A33）	100%	正
R&D 投入强度（A34）	2.8%	正
R&D 人员占从业人员的比重（A35）	1.2%	正
万元地区生产总值综合能耗（A41）	0.45 吨标准煤/万元	逆
二氧化硫排放强度（A42）	0.23%	逆
城镇登记失业率（A43）	4%	逆
城乡居民人均收入之比（A44）	2.50	逆

7.5.7 工业化进程综合指数的构建

本书拟采用多指标的综合评价方法，对广西工业化进程进行相关评价，主要方法是分别确定各指标的标准值和实际值，计算出个体指标数，赋予权数，再综合计算总指数。其计算公式为：

$$K(\text{工业化进程综合评价指数}) = \frac{\sum \text{各指标实现程度} \times f(\text{权重})}{\sum f(\text{权重})}$$

(7-12)

（1）当该指标为正指标时，工业化实现程度＝实际值/目标值，正指标的合理解释为指标值越大越好。例如本书所选用的指标中，人均地区生产总值、城市化率、工业成本费用利润率、总资产贡献率等均属于正指标，它们的值越大，说明该指标所代表的工业进程实现程度越高。

（2）当指标为逆指标时，工业化实现程度＝目标值/实际值，逆指标的合理解释为该指标值越小越好。例如城镇登记失业率、万元地区生产总值能耗、第一产业从业人员占全社会就业人员的比重等均属于逆指标，该指标值越大，说明该指标所代表的工业化实现程度越低，有待进一步改善。

为了研究的需要，应特别说明的是，当算出的个别指标的实现程度大于1时，表明该指标已经实现了既定的目标；但是为了防止个别指标值过大而引起拉大总体评价值的情况出现，其实现程度一律为1。

7.6 广西工业化进程评价结果与分析

7.6.1 分析思路

广西工业化进程评价的思路如下：首先，基于整体层面测算广西、广东、湖南、云南及全国工业化进程指数，分析广西工业化进程指数与东、中、西部及全国的差异以及历年的趋势变化情况；其次，基于一级指标层面，即从工业化水平、工业化发展速度、工业化质量以及工业协调性和可持续性四个维度，分析广西工业化进程在全国及东中西部代表省份中所处的水平及找出广西工业化进程中的优势和劣势一级指标；最后，基于广西优势和劣势的一级指标框架，再具体分析找出影响一级指标优劣的各二级指标，进而分析广西在工业化进程中的亮点和存在的问题。

7.6.2 基于整体层面的广西工业化进程评价结果分析

根据工业化进程指数的计算公式，计算得出 2011—2015 年全国、广西、广东、湖南及云南的工业化进程综合指数结果，如表 7-17 和图 7-7 所示。

表 7-17 各地区工业化指数综合得分

地区	2011 年	2012 年	2013 年	2014 年	2015 年
全国	0.641 8	0.659 8	0.673 1	0.657 0	0.647 1
广西	0.552 7	0.586 0	0.648 1	0.494 9	0.455 1
广东	0.864 6	0.904 9	0.946 3	0.973 4	0.991 9
湖南	0.621 8	0.676 3	0.719 9	0.589 4	0.562 1
云南	0.421 6	0.523 9	0.623 9	0.434 7	0.373 3

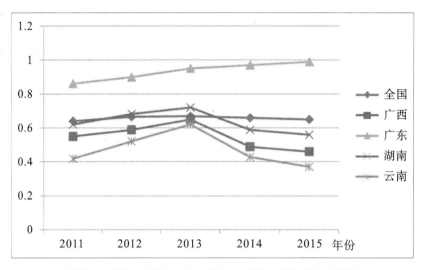

图 7-7 2011—2015 年各地区工业化综合指数得分折线图

从表 7-17 和图 7-7 可以看出：（1）从时间维度来看：2011—2015 年，除了广东工业化进程指数的各年的数值不断上升，从 2011 年的 0.864 6 升至 2015 年的 0.991 9，全国、广西、湖南、云南综合得分均呈先上升后下降趋势，拐点出现在 2013 年。2015 年，按照本书的评价体系标准，广东的综合得分最高接近于 1，基本实现新型工业化；云南综合得分最低，为 0.373 3；湖南的综合得分接近 0.6；广西的为 0.455 1，高于云南，低于湖南。（2）从所处的水平来看，广东最高、云南最低、湖南和全国水平呈现交替变动，广西工业化进程水平处于较低水平，仅高于云南。

7.6.3 基于一级指标层面的广西工业化进程评价结果分析

根据工业化进程指数的计算公式，计算得出 2011—2015 年全国、广西、广东、湖南及云南的一级指标的工业化进程综合指数结果，如图 7-8 至图 7-11 所示。

从图 7-8 至图 7-11 的历年各地区一级指标工业化指数得分可以看出：（1）从工业化水平综合得分分析，各地区总体变动趋势均为 U 形分布，并在 2013 年出现拐点。工业化水平最高的是广东，其次是全国，广西排名倒数第二，仅高于云南。（2）从工业化发展速度得分来看，各地区总体变动趋势呈现倒 U 形分布，也是在 2013 年出现拐点。2011—2012 年工业化发展速度最快的是湖南，广西次之；2013—2014 年工业化发展速度最快的是云南，广西次之；2015 年广西工业化发展速度最快，对比全国和其他三个省份有优势。这

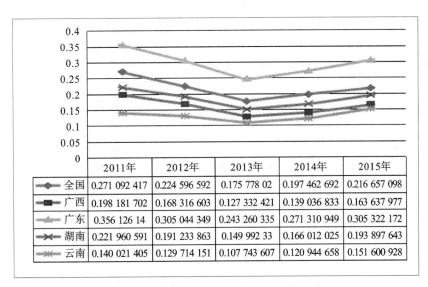

	2011年	2012年	2013年	2014年	2015年
全国	0.271 092 417	0.224 596 592	0.175 778 02	0.197 462 692	0.216 657 098
广西	0.198 181 702	0.168 316 603	0.127 332 421	0.139 036 833	0.163 637 977
广东	0.356 126 14	0.305 044 349	0.243 260 335	0.271 310 949	0.305 322 172
湖南	0.221 960 591	0.191 233 863	0.149 992 33	0.166 012 025	0.193 897 643
云南	0.140 021 405	0.129 714 151	0.107 743 607	0.120 944 658	0.151 600 928

图 7-8　历年各地区工业化水平综合得分

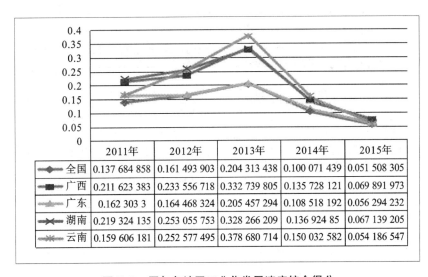

	2011年	2012年	2013年	2014年	2015年
全国	0.137 684 858	0.161 493 903	0.204 313 438	0.100 071 439	0.051 508 305
广西	0.211 623 383	0.233 556 718	0.332 739 805	0.135 728 121	0.069 891 973
广东	0.162 303 3	0.164 468 324	0.205 457 294	0.108 518 192	0.056 294 232
湖南	0.219 324 135	0.253 055 753	0.328 266 209	0.136 924 85	0.067 139 205
云南	0.159 606 181	0.252 577 495	0.378 680 714	0.150 032 582	0.054 186 547

图 7-9　历年各地区工业化发展速度综合得分

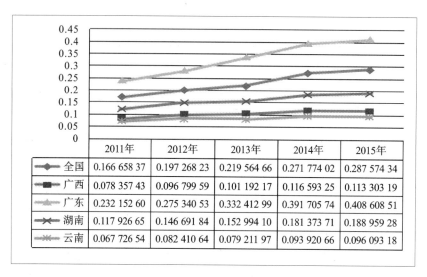

图 7-10　历年各地区工业化质量综合得分

	2011年	2012年	2013年	2014年	2015年
全国	0.166 658 37	0.197 268 23	0.219 564 66	0.271 774 02	0.287 574 34
广西	0.078 357 43	0.096 799 59	0.101 192 17	0.116 593 25	0.113 303 19
广东	0.232 152 60	0.275 340 53	0.332 412 99	0.391 705 74	0.408 608 51
湖南	0.117 926 65	0.146 691 84	0.152 994 10	0.181 373 71	0.188 959 28
云南	0.067 726 54	0.082 410 64	0.079 211 97	0.093 920 66	0.096 093 18

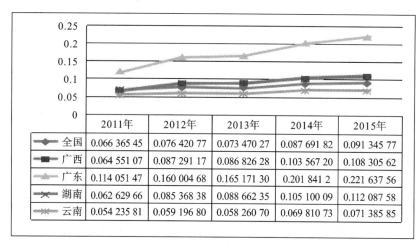

图 7-11　历年各地区工业协调性和可持续性综合得分

	2011年	2012年	2013年	2014年	2015年
全国	0.066 365 45	0.076 420 77	0.073 470 27	0.087 691 82	0.091 345 77
广西	0.064 551 07	0.087 291 17	0.086 826 28	0.103 567 20	0.108 305 62
广东	0.114 051 47	0.160 004 68	0.165 171 30	0.201 841 2	0.221 637 56
湖南	0.062 629 66	0.085 368 38	0.088 662 35	0.105 100 09	0.112 087 58
云南	0.054 235 81	0.059 196 80	0.058 260 70	0.069 810 73	0.071 385 85

说明广西工业结构调整战略奏效，工业增速明显加快。（3）从工业化质量综合得分来看，各地区工业化质量总体呈现不断上升的趋势，广东这五年的工业化发展质量一直领先于其他省市区，工业化质量得分最高；其次是全国；广西高于云南，低于湖南。（4）从工业协调性和可持续性综合得分来看，各地区工业协调性和可持续性得分也呈现不断上升的趋势。其中，协调性和可持续性最好的是广东，其次是广西，全国及其他三个省份之间相差不大。

综上所述，2011—2015 年各地区工业化水平得分呈先下降后上升的 U 形分布趋势,波动幅度略大;工业化发展速度呈先上升后下降的倒 U 形趋势,2013 年起骤然下降,降幅大;工业化质量、工业协调性和可持续性大致呈上升趋势。综合比较四个一级指标的各地区变动趋势,可以得出,广西在工业化发展速度以及工业协调性和可持续性上较有优势,而在工业化水平和工业化质量对比中处于劣势。

7.6.4 广西工业化进程优劣势分析

7.6.4.1 基于整体层面的广西工业化进程优劣势分析

根据工业化进程指数的计算公式,计算得出 2011—2015 年广西各一级指标的工业化进程综合指数结果,如图 7-12 所示。其中 A1—A4 分别代表:工业化水平、工业化发展速度、工业化质量以及工业协调性和可持续性。

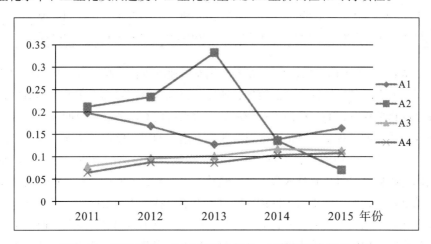

图 7-12 广西 2011—2015 年工业化各一级指标综合得分对比

从图 7-12 来看,广西的工业化质量、工业协调性和可持续性大致呈上升趋势,工业化水平呈先下降后上升趋势,而工业化发展速度呈先上升后下降趋势。

7.6.4.2 广西工业化进程优势指标分析

通过前面各地区工业化进程评价的各一级指标的对比分析可以看出,广西工业化进程评价得分体系中,比较占优势的一级指标分别为工业化发展速度、工业协调性和可持续性两个方面。其中,广西近几年工业化速度综合指数得分在本研究涉及的全国及各省市比较中,得分处于第二位,仅低于湖南;在工业协调性和可持续性综合得分方面仅低于广东,排名第二。因此,我们将这两个一级指标作为广西工业化进程优势指标。

本研究力求借助这两个一级指标下的二级指标进行广西工业化进程优势分析，进而找出广西工业化进程中的亮点所在，为进一步加快和提高广西工业化发展的质量和速度提供有效的发展方向。具体分析结果如表7-18所示。

表7-18　　　　　广西工业化进程优势指标评价得分

指标\年份	A2：工业化发展速度		A4：工业协调性和可持续性			
	A21：地区生产总值增长速度	A22：工业增加值增长速度	A41：万元地区生产总值综合耗能	A42：二氧化硫排放强度	A43：城镇登记失业率	A44：城乡居民人均收入比(以农村居民为1)
2011	0.157 5	0.054 2	0.023 5	0.008 6	0.024 7	0.007 8
2012	0.160 4	0.073 2	0.025 7	0.026 7	0.026 5	0.008 3
2013	0.205 8	0.127 0	0.023 8	0.030 3	0.025 3	0.007 4
2014	0.053 6	0.082 2	0.020 4	0.040 2	0.034 7	0.008 2
2015	0.048 9	0.021 0	0.019 7	0.045 0	0.037 8	0.005 7

从表7-18可以看出：（1）在工业化发展速度方面，单从各具体指标的指数得分来看，各年地区生产总值增长速度的指数得分明显高于工业增加值增长速度的指数得分；而且广西工业增加值的增长速度有所放缓，说明在广西近五年经济发展的过程中，其他产业对广西经济增长的贡献略高于工业化的贡献程度。（2）在工业协调性和可持续性方面，指数得分较高的有万元地区生产总值综合能耗、二氧化硫排放强度、城镇登记失业率，说明广西在工业化进程发展的过程中，比较注重生态保护，同时大力解决就业压力的问题。但是城乡居民人均收入之比的指数得分较低，并且有进一步减小的趋势，说明广西在工业化进程中，如何有效缩小城乡居民的收入差距是当前或者未来相当长的一段时期内需要侧重关注的问题。

7.6.4.3　广西工业化进程劣势指标分析

通过前面各地区工业化进程评价的各一级指标的对比分析可以看出，广西工业化进程评价得分体系中，处于劣势的一级指标分别为工业化水平和工业化质量。其中广西工业化水平、工业化质量在本研究涉及的全国及各省市比较中，指数得分均处于倒数第二，仅高于云南。因此本研究将这两个指标作为劣势指标。

本研究力求借助这两个一级指标下的二级指标进行广西工业化进程劣势分析，进而找出广西工业化进程中的薄弱环节，为进一步加快和提高广西工业化发展的质量和速度提供有效的发展方向。具体分析结果如表7-19和表7-20所示。

表 7-19 广西工业化水平劣势指标评价得分

年份	A1：工业化水平				
	A11：人均地区生产总值	A12：城市化率	A13：第三产业占地区生产总值比重	A14：第一产业从业人员占全社会就业人员比重	A15：工业增加值占地区生产总值比重
2011	0.079 5	0.024 3	0.002 4	0.020 4	0.071 6
2012	0.083 2	0.022 1	0.003 3	0.021 8	0.037 9
2013	0.075 3	0.020 2	0.003 2	0.020 2	0.008 4
2014	0.087 6	0.021 4	0.003 3	0.025 2	0.001 5
2015	0.095 5	0.020 0	0.003 2	0.026 9	0.018 1

从表 7-19 可以看出，广西工业化水平较全国及其他三个省份而言，指数得分较低，在广西工业进程评价得分中处于劣势指标，其主要难点在于第三产业占广西地区生产总值的比重的指数得分太低。因此，应加快产业结构调整，加强工业化对第三产业的推动作用。

表 7-20 广西工业化质量劣势指标评价得分

年份	A3：工业化质量				
	A31：总资产贡献率	A32：工业成本费用利润率	A33：新产品开发经费支出占 R&D 经费支出比重	A33：R&D 投入强度（R&D/GDP）	A34：R&D 人员占从业人员比重
2011	0.016 8	0.004 0	0.001 4	0.016 1	0.040 0
2012	0.023 6	0.003 3	0.005 0	0.018 5	0.046 5
2013	0.019 8	0.000 9	0.004 7	0.019 7	0.056 2
2014	0.020 0	0.001 8	0.006 2	0.024 7	0.063 9
2015	0.015 1	0.005 4	0.004 4	0.025 0	0.063 4

从表 7-20 可以看出，广西工业化质量较全国及其他三个省份而言，指数得分也比较低，在广西工业进程评价得分中处于劣势指标。从工业化质量各具体指标的指数得分来看，R&D 人员占从业人员比重、R&D 投入强度和总资产贡献率三个具体指标的指数得分较高，而且有上升的趋势，说明近年来在广西工业化进程中科技投入的力度不断加大。但是工业成本费用利润率、新产品开发经费支出占 R&D 经费支出比重两个具体指标的指数得分较低。因此广西在大力推进工业化进程、加大科技投入力度的同时，应该注重科技投入结构改革和科技投入效益，更加有效地推动科技创新。

7.7 研究结论及建议

7.7.1 研究结论

通过对广西工业化发展现状及广西工业化进程评价指数的分析，可以得到以下结论：

第一，与东、中、西部及全国平均水平相比，广西工业基础较为薄弱，广西工业化整体发展水平较为低下。

依托本研究的工业化指数评价体系可知，广西工业化整体发展水平较为低下，与东部、中部代表省份——广东和湖南相比，差距较为明显，同时略低于全国平均水平。但是跟西部临近省份云南相比，广西工业化发展水平高于云南。这种现象的主要原因在于各省份的产业结构不一致。广西三次产业占地区生产总值的比重，第一产业占比最大，第三产业次之，第二产业占比最小，但是随着"一带一路"、东盟自贸区建设及广西"十三五"规划政策的大力推动，广西工业化发展质量和速度有所提升，第二、三产业增加值占地区生产总值的比重不断增加，第一产业增加值占比有所下降。广西工业化进程效果显著。

第二，广西工业化进程评价指数呈现倒 U 形分布，后工业化迹象初显，产业结构进一步优化，第三产业持续发力，呈现稳步上升的趋势。

通过对广西工业化进程指数的测算可知，广西工业化进程评价指数呈现倒 U 形分布，并且在 2013 年出现拐点。2011—2013 年广西工业化指数不断上升，在 2013 年达到近五年最高值（0.648）；2013 年之后，工业化指数逐步下降，至 2015 年跌至 0.455。结合广西工业化现状的分析结果，可以看出，导致广西工业化指数出现这种分布结果的主要原因：（1）2008 年金融危机所致的全球经济下行压力；（2）目前处于经济体制转型的阵痛期，增速回落和产业结构升级是经济新常态的主要表现特征；（3）后工业化迹象明显，更加注重工业化发展质量和可持续性。

第三，广西工业化发展速度和可持续性优势较为明显。通过对广西工业化进程评价优势指标的分析可知，广西在工业化发展速度和可持续方面与其他省份比较，优势较为明显，主要体现在以下方面：（1）在工业化发展速度方面，广西经济增长速度和工业增加值增长速度处于较高水平；（2）在工业协调性和可持续性方面，实现程度较高的有万元地区生产总值综合能耗、二氧化硫排放强度、城镇登记失业率，说明广西在工业化进程发展的过程中比较注重生态保护，同时大力解决就业压力的问题。但是城乡居民人均收入之比指标的实现程度较低，并且有进一步减小的趋势，说明在广西工业化进程中，如何有效缩小城乡居民的收入差距是当前或者未来相当长的一段时期内需要侧重关注的问题。

7.7.2 对策建议

第一，加快完善基础设施建设，尤其要提升交通基础设施服务能力，不断增进与周边省份的区域合作。广西作为一带一路窗口城市、东盟自贸区核心省份，具有身处沿边、沿江、沿海的区域优势，要加快完善基础设施的建设，不断提升基础设施服务能力特别是交通基础设施的服务能力，才能不断增进与湖南、广东、云南周边省份的区域合作，进而提升自身的工业化发展水平与辐射能力。

第二，不断推进供给侧改革，进一步优化广西产业结构，努力提高广西工业化质量。加快推进广西产业结构转型，进一步优化广西产业结构，大力发展新兴产业和高新技术产业，提高新兴产业产值增长速度和占经济总量的比重。同时要加快推进供给侧改革，更加注重生产要素分配均衡和结构效益。在加大科技投入力度的同时，应该注重科技投入结构改革，更加有效地推动科技创新，进而提高广西工业化质量。

第三，狠抓落实精准扶贫政策，努力缩小城乡居民的收入差距，不断优化广西工业化发展的可持续性。通过前文对广西工业化劣势指标的分析，我们可以发现城乡居民收入比指标的实现程度比较低，并且实现程度有下降的趋势，说明广西在工业化推进的过程中，城乡居民收入差距有所扩大。因此，结合广西"十三五"脱贫目标，要狠抓落实精准扶贫政策，努力缩小城乡居民收入差距，特别是要大力提高农村居民收入水平。同时要加快创新，积极推进就业，不断优化广西工业化发展的可持续性。

第四，广西科技投入力度需进一步加大，科技投入结构需进一步调整。分析发现，广西工业化质量实现程度较低，在广西工业进程评价得分中处于劣势。从工业化质量各具体指标的实现程度来看，R&D 人员占从业人员的比重、R&D 投入强度和总资产贡献率三个具体指标的实现程度较高，而且有上升的趋势，说明广西近年来，科技投入在广西工业化进程中的力度不断加大。但是工业成本费用利润率、新产品开发经费支出占 R&D 经费支出的比重两个具体指标的实现程度较低。因此，广西在加大科技投入力度的同时，应该注重科技投入结构改革，更加有效地推动科技创新。

参考文献

[1] 陈佳贵，黄群慧. 工业发展、国情变化与经济现代化战略：中国成为工业大国的国情分析 [J]. 中国社会科学，2005（4）：4-16.

[2] 张福元，陈庆华. 基于主客观赋权的综合集成方法及其应用 [J]. 装备指挥技术学院学报，2003，14（6）：106-110.

[3] 郭克莎. 中国工业化的进程、问题与出路 [J]. 中国社会科学，2000（3）：60-71.

[4] 马崇明. 中国工业化进程统计测度与实证 [J]. 江西财经大学学报，2002（4）：30-34.

[5] 胡长顺. 中国新型工业化战略与西部大开发 [M]. 北京：中国计划出版社，2002.

[6] 池尔敏. 重庆市工业化进程与新型工业化道路探析 [J]. 长江流域资源与环境，2006（3）：35-39.

[7] 任才方，王晓辉. 新型工业化指标体系探索 [J]. 中国统计，2000（2）：23-26.

[8] 陈元江. 工业化进程统计测度与质量分析指标体系研究 [J]. 武汉大学学报（哲学社会科学版），2005（11）：12-17.

[9] 史清琪，赵经彻. 中国产业发展报告（2000）[M]. 北京：中国轻工业出版社，2001.

[10] 陈森良，汤健，吴琛琛. 新型工业化统计指标体系设计 [J]. 贵州财经学院学报，2004（3）：25-30.

[11] 谢德禄，李琼，王小明. 试析新型工业化的指标体系与评价标准 [J]. 改革，2004（4）：30-38.

[12] 陈国宏. 福建省新型工业化基础评价与比较分析 [J]. 福州大学学报（哲学社会科学版），2005（2）：24-29.

[13] 汪晓昀，吴纪宁. 新型工业化综合评价指标体系设计研究 [J]. 财经理论与实践，2006（11）：15-19.

[14] 苑琳，郑芹，雷怀英. 山西新型工业化阶段的评价与对策研究 [J]. 技术经济，2006（10）：17-21.

[15] 李建. 试论我国新型工业化测度与评价指标体系的建立 [J]. 兰州学

刊，2003（4）：17-21.

[16] 渠爱雪.江苏省新型工业化水平综合测度研究 [J].经济地理，2006（1）：25-29.

[17] 余华银，毛瑞丰.安徽新型工业化进程评价 [J].经济纵横，2006（5）：17-21.

[18] 苏为华.多指标综合评价理论与方法问题研究 [D].厦门：厦门大学，2000.

[19] 韩兆洲.区域经济协调发展统计测度研究 [D].厦门：厦门大学，2000：87.

[20] 赵峰.国有煤矿创新指标体系的建立及其应用研究 [D].太原：太原理工大学，2004.

[21] S Gastaldo. Models of sustainable development [J]. Public Economy, 1996 (10)：369-391.

[22] 苏为华.论统计指标的构造过程 [J].统计研究，1996（5）：16-20.

[23] T Onishi. A capacity approach for sustainable urban development [J]. Regional studies, 1994 (1)：39-51.

[24] 张于心，智明光.综合评价指标体系和评价方法 [J].北方交通大学学报，1995（3）：393-400.

[25] 邱东.多指标综合评价方法的系统分析 [M].北京：中国统计出版社，1991.

[26] 中华人民共和国国家经济贸易委员会综合司.走新型工业化道路 [M].北京：经济科学出版社，2003.

[27] World Economic Forum. The Global Competitiveness Report 2000 [M]. Oxford：Oxford University Press, 2001.

[28] J F Coates. A 21st Century Agenda for Technology Assessment [J]. Technology Forecast Soc Change, 2001 (15)：303-308.

[29] M A Jian, Z P Fan, L H Huang. A subjective and objective integrated approach to determineattribute weighs [J]. European Journal of Operational Research, 1999 (2)：397-404. 17-20.

[30] 杨宇.多指标综合评价中赋权方法评析 [J].统计与决策，2006 (7)：21-25.

§8 广西战略性新兴产业发展评价与分析

8.1 研究背景

自金融危机爆发以来，世界经济陷入低谷。为尽快走出金融危机带来的阴影，世界各发达国家和部分发展中国家，都通过大力培育、发展战略性新兴产业来促进实体经济的发展，提高经济增长动力。在这种背景下，战略性新兴产业成为应对金融危机、促进经济复苏的有效手段，也是抢占未来科技制高点、提升国家综合实力、提高要素生产效率、改善人民生活水平、实现经济持续较快发展的重要战略举措。

我国经济发展也面临诸多严峻挑战。改革开放以来，我国经济已经保持了三十多年的快速增长。"十一五"期间，我国 GDP 平均增长速度达 11.3%。2007 年，增长速度更是高达 14.2%。经济总量也于 2010 年超过日本，我国成为世界第二大经济体。但是，长期以来我国经济增长方式过于粗放，经济的增长过多地依赖于资本、能源、原材料以及劳动力的大量投入，而技术进步对经济增长的贡献比较低。进入"十二五"以来，由于金融危机的持续影响，资源、能源、环境的约束不断强化，人口红利减少，外需的持续萎缩，这种具有高投资、高消耗、环境代价高、劳动密集等特点的经济发展方式弊端逐步显现，经济发展动力逐渐减弱，我国经济增速由过去的高速发展转向中高速发展。"十二五"我国 GDP 年均增长速度为 7.9%，比"十一五"时期回落 3.4 个百分点。为此，如何在后危机时代，通过发展战略性新兴产业提高经济发展动力，实现产业发展转型，提高经济增长的质量、效益和可持续性，成为大家关注的焦点。2010 年，《国务院关于加快培育和发展战略性新兴产业的决定》

正式出台。该决定明确提出：现阶段我国要根据战略性新兴产业的特征，立足我国国情和科技、产业基础，将重点培育和发展节能环保、新一代信息技术、生物、高端装备制造、新能源、新材料、新能源汽车等七大战略性新兴产业。国务院还编制了《"十二五"国家战略性新兴产业发展规划》和《"十三五"国家战略性新兴产业发展规划》，提出：到 2020 年，战略性新兴产业增加值占国内生产总值比重应达到 15%，形成 5 个产值规模达 10 万亿元级的新支柱，平均每年带动新增就业 100 万人以上。

进入"十二五"以来，广西经济下行压力持续加大。2011—2013 年，广西地区生产总值增速逐年下跌 1 个百分点，2014 年下降到 8.5%，结束了连续 12 年两位数增长的态势。2016 年，地区生产总值增速跌破 8%，为 7.3%。当前，广西经济虽然进入工业化中期向后期过渡的阶段，但是经济总量不大，经济结构不优，加快培育战略性新兴产业，同样是广西转变经济发展方式、调整产业结构的必由之路。为此，广西壮族自治区人民政府先后出台了《广西壮族自治区人民政府关于加快培育发展战略性新兴产业的意见》《广西战略性新兴产业创新发展实施方案》，按照分类指导、重点突破的要求，以资源禀赋、产业基础、市场需求、技术创新为导向，重点选择新一代信息技术、智能装备制造、节能环保、新材料、新能源汽车、大健康等六大产业作为广西"十三五"战略性新兴产业重点培育发展方向。同时也提出总体发展目标："十三五时期，广西具有特色优势的新兴产业体系基本形成，在国民经济和社会发展中的地位和作用显著增强。新兴产业规模显著扩大，产业增加值达 3 600 亿元，占地区生产总值的比重达到 15%；自主创新能力显著提高，建成 5~10 家产业技术研究院和国家级创新平台，突破一批产业关键技术和形成系列优势产品；产业集聚度明显提升，建成新兴产业园区 20 个、百亿元新兴产业园区 10 个、特色新兴产业集聚区 5 个。到 2025 年，新兴产业成为广西主导产业，新兴产业的整体创新能力和发展水平达到国内中上水平，部分领域处于国内国际领先地位。"

8.2　研究述评

近年来，国内外部分学者对战略性新兴产业做了深入而广泛的研究和探讨，取得了大量的研究成果。下面从战略性新兴产业的内涵特征界定、发展评价、发展政策等方面，对近年来战略性新兴产业的相关研究成果进行梳理。

8.2.1 战略性新兴产业的内涵特征界定

研究者对战略性新兴产业概念的界定基本上是围绕产业的"战略性"和"新兴性"两个方面。《国务院关于加快培育和发展战略性新兴产业的决定》指出战略性新兴产业是新兴科技和新兴产业的深度融合，是指掌握关键核心技术，具有市场需求前景，具备资源能耗低、带动系数大、就业机会多、综合效益好的新兴产业。Claude（2003）认为新兴产业对应于产业生命周期的前期，具有突破性创新发展的核心能力和高不确定性的特征。Blank（2008）强调了战略性新兴产业具有不确定性。万钢（2010）和肖兴志（2010）侧重于战略性新兴产业的战略性，认为战略新兴产业应该具有成为一个国家经济发展支柱产业的可能性，引导整个产业技术的更新，带动产业结构调整升级。施平、郑江淮（2010）从战略性新兴产业成长的角度，认为战略性新兴产业是面向未来的，并且具有高增长率的产业。王新新（2012）和剧锦文（2012）强调战略性新兴产业的科技性，认为战略性新兴产业是科技与产业的深度融合的产物，随着新一轮技术革命和产业革命而产生。

8.2.2 战略性新兴产业发展评价分析

当前，诸多专家学者利用不同的理论和方法，从不同的角度对战略性新兴产业发展进行评价与分析：

一是利用构建指标体系对战略性新兴产业进行评价分析。东北财经大学产业组织与企业组织研究中心课题组（2010）从产业发展力、产业主导力和产业竞争力三个角度构建了中国战略性新兴产业选择评价指标体系，包括资源消耗率、专利密集度、收入弹性基准、就业人员素质、市场占用率等18个指标。武樊、茗玥（2011）利用钻石理论，建立了产业资源潜力、产业联动效应、产业需求能力和产业竞争能力为一级指标的战略性新兴产业发展评价指标体系。霍影（2012）以战略性新兴产业发展潜力为评价目标，建立以科技实力、金融环境及政策环境为一级指标，包括"政府采购金额总额"等20个具体指标的评价指标体系，对我国东北三省的战略性新兴产业发展潜力做出评价。白冰洁（2013）从产业的发展潜力、比较优势、技术创新能力、产业关联能力四个方面来构建指标体系对河北省战略性新兴产业进行评价。

二是从战略性新兴产业发展的协调性进行评价，基本上使用的都是耦合理论。卢文光、关晓琳、黄鲁成（2013）运用耦合理论，分析了技术创新与战略性新兴产业的关系，并构建了两者耦合协调度模型。利用我国高技术产业的统计数据，计算技术创新与五大战略性新兴产业的耦合协调度。霍影（2012）测度我国战略性新兴产业、传统产业与各地区经济协调发展效率，构建由战略性新兴产业、传统产业与区域经济空间三个子系统耦合系统的协调发展函数，对各地区战略性新兴产业、传统产业与区域经济协调发展度进行实证评价。结果显示：东部地区的协调发展度最高，中部次之，最低的是西部。黄思源（2014）对战略性新兴产业与传统优势产业的协同发展机理进行了研究，构建了广西战略性新兴产业与传统优势产业协同发展的测度计算模型，分别对战略性新兴产业与传统优势产业两个子系统内部，以及战略性新兴产业和传统优势产业之间的有序水平进行了测算。

三是利用生命周期理论对战略性新兴产业发展阶段进行评价分析。吕明元（2009）结合经济转型的特殊时期我国产业发展的特点，探讨我国战略性新兴产业的成长规律。王益民、宋琰纹（2010）通过台商笔记本电脑产业的发展过程，实证了战略新兴产业发展的兴衰与科技革命有着比较密切的联系。康媛媛、沈蕾（2014）以北京市为例，通过构建北京市战略性新兴产业成长能力指数，利用 Logisitic 模型对北京市战略性新兴产业生命周期进行研究，确定北京市战略性新兴产业所处的产业生命阶段。在此基础上，该研究针对各产业所处的生命阶段提出不同的发展模式选择，为促进区域战略性新兴产业更快更好地发展提供借鉴和参考。王佳兴（2014）依据产业生命周期理论，运用曲线拟合法对我国节能环保、新一代信息技术、生物产业、新材料、新能源汽车产业、新能源产业和高端装备制造产业七大战略性新兴产业目前所处的发展阶段进行分析，并再次运用皮尔曲线拟合法对分析结果进行验证，并对处于不同发展阶段的战略性新兴产业提出针对性的发展建议。

8.2.3　战略性新兴产业发展政策

一是有关政府和市场作用关系方面的研究。陈刚（2004）系统地梳理新兴产业的形成机理，得出新兴产业的发展需要市场和政府两个方面共同推动的结论。钟清流（2010）认为战略性新兴产业要发挥市场的主导作用，政府制定政策的重点是激发战略新兴产业发展的内生动力，并为战略性新兴产业的发展营造良好的政策环境。万军（2011）借鉴日本新兴产业发展的经验教训，提出政府无法替代市场的作用，政府的定位应当是提供鼓励创新的制度，而探索的主力军只能是企业。

二是有关产业政策方面的研究。万钢（2009）通过研究美国等发达国家制定的产业扶持政策，提出政府要加大制定相关政策，促进和激励企业自主创新，提升自主创新能力，并推进战略新兴产业新产品的示范和推广。蔡冬青、朱玮玮（2009）通过对日本新兴产业扶持政策的研究，认为促进战略性新兴企业联合创新、规模化大生产等扶持政策的效果良好。兰建平（2010）指出：培育和发展战略性新兴产业需要制定相应的发展规划，健全相关的财税政策并加大人才培养。孟祺（2011）提出制定贸易研发补贴、关税和进口保护等优惠政策促进战略性新兴产业的发展。徐晓兰（2010）建议设立战略性新兴产业投资基金。朱瑞博、刘芸（2011）认为，战略性新兴产业的培育和发展，需要政府在科技、融资、管理等方面的政策上进行创新。

三是有关金融政策方面的研究。袁天昂（2010）认为：现阶段我国应大力促进资本市场的发展，使资本市场与战略性新兴产业的发展相适应。顾海峰（2011）设计了支持战略性新兴产业发展的金融支持体系，认为战略性新兴产业的发展需要金融性和政策性两方面的金融机制的支持，需要以市场为主体的直接融资体系和以信贷为主导的间接融资体系共同发挥作用，进行资金的支持。张训、贺正楚（2012）对直接融资市场和间接融资市场对战略性新兴产业的作用进行了分析比较，得出以资本市场为主的直接融资对战略性新兴产业的发展有较为显著的正向促进作用，而以银行借贷为主的间接融资促进作用较小。刘洪昌、闫帅（2013）分析了处于不同生命周期阶段的战略性新兴产业对金融的需求，并在此基础上构建了支持战略性新兴产业发展的金融体系，提出了处于不同生命周期阶段的支持战略性新兴产业发展的具体金融政策。

8.3 战略性新兴产业基本内涵及特征

8.3.1 战略性新兴产业的基本内涵

战略性新兴产业是生产力发展到一定阶段，出于转变经济发展方式，探寻经济新增长动力、增长点，缓解资源环境压力等需要而以核心科技突破为前提，培育和发展能够引领未来产业和技术发展方向，并对经济社会发展具有战略性作用的新兴产业部门。其中，"战略性"是针对产业结构调整而言，指其影响力大，能够改变一个国家或地区的总体产业格局；"新兴"则是针对技术的创新性和市场的发展潜力而言，主要体现在技术和商业模式创新方面。

2016年国务院正式下发的《"十三五"战略性新兴产业发展规划》明确提出：现阶段我国重点推动信息技术产业跨越发展，拓展网络经济新空间；促进高端装备与材料突破发展，引领中国制造新跨越；加快生物产业创新发展步伐，培育生物经济新动力；推动新能源汽车、新能源和节能环保产业快速壮大，构建可持续发展新模式；促进数字创意产业蓬勃发展，创造引领新消费；超前布局天空海洋、信息网络、核技术产业，培育未来发展新优势。根据广西战略性新兴产业的特征，立足广西区情和科技、产业基础，广西将新一代信息技术、智能装备制造、节能环保、新材料、新能源汽车、大健康六大产业作为"十三五"战略性新兴产业重点培育发展方向。

8.3.2 战略性新兴产业的基本特征

战略性新兴产业具备了新兴科技和新兴产业的特点，最终将发展成为战略性支柱产业。根据战略性新兴产业的定义，它涉及战略性、新兴科技和新兴产业三个方面，具有战略性、创新性、导向性、关联性、风险性和动态性等特征：

（1）战略性。战略性是指战略性新兴产业发展潜力大，对经济社会的发展有较大的直接影响，能有效突破当前经济发展面临的突出问题，如资源环境的约束、人口红利的减少等，有利于产业结构的优化，有利于经济发展方式的转变，提升国家综合实力与竞争力，实现经济的可持续发展。

（2）创新性。创新性是指战略性新兴产业发展是通过创新平台与创新机制实现科学技术的突破及应用，有效引导产品、工艺与市场创新，满足市场的新需求。

（3）导向性。导向性是指战略性新兴产业的发展具有引领的作用，引导资金、要素、技术、人才和政策等方面的导向。

（4）关联性。战略性新兴产业关联度高、产业链条长，可以带动相关和配套产业的发展，实现产业间的技术互动以及价值链接，在国民经济发展中具有重要地位。

（5）风险性。战略性新兴产业的发展过程在技术和战略中存在极大的不确定性。由于发展新兴产业时伴随着新兴技术的发明、应用，其生产技术往往并不成熟。技术的不确定性在一定程度上影响到战略的不确定性，使得行业发展具有一定的技术和市场风险。

（6）动态性。战略性新兴产业应能够根据产品市场环境、产业结构、产业政策的变化而做出动态调整，根据不同发展时段的现实情况，选择合理的产业类型，这样才能对整个国家经济社会发展起到支撑和导向作用。

8.4 广西战略性新兴产业发展现状及优劣势分析

8.4.1 我国战略性新兴产业发展现状

当前，我国围绕信息、生物、智能、能源、低碳等五个方向，大力实施"中国制造2025"，把加快培育和发展战略性新兴产业放在推进产业结构升级和经济发展方式转变工作中的突出位置，要把节能环保、新一代信息技术、生物、高端装备制造打造成为国民经济的支柱产业，把新能源、新材料、新能源汽车打造成为国民经济的先导产业。我国战略性新兴产业保持高速增长，支撑作用逐步凸现。

一是产业规模显著扩大，战略性新兴产业成为支撑我国经济增长的主要力量。2014年，我国战略性新兴产业领域27个重点行业企业主营业务收入达17万亿元，实现利润近1.3万亿元，同比分别增长13.7%和16.6%，比同期工业对应指标增速高6.7和13.3个百分点。2015年上半年，在全国全部工业利润负增长0.7%的形势下，战略性新兴产业在一定程度上消解了传统产业下滑带来的影响，成为经济增长的中流砥柱。其重点行业收入和利润增速均超过10%，其工业部分的利润同比增长15%，工业部分收入增长速度是同期全部工业的5倍以上。

二是投资和消费热点孕育壮大。战略性新兴产业凭借优异的表现成为当前我国投资和消费的热点。2015年上半年，战略性新兴产业投资增速是城镇固定资产投资的1.5倍。其中，环境保护、循环利用等方面的投资增速超过20%，互联网与相关产业投资增速超过50%。在消费方面，健康养老、信息消费、绿色消费成为拉动消费的主要力量。医药产品零售额增长14.5%，比同期社会消费品零售总额增速高4.1个百分点。4G手机销售量为上年同期的3.8倍；新能源汽车销售量同比增长2.4倍。

三是新兴业态大量涌现，关键技术领域实现突破。手机支付、网上叫车等生活服务蓬勃发展，研发外包和工业设计等生产性服务增长迅速，定制化、智能化生产模式正在兴起，可穿戴电子设备、互联网金融等融合创新领域新产品、新业态和新商业模式层出不穷。IT领域，华为公司已成为全球收入第一的通信设备企业，四家互联网企业、五家国内品牌智能手机厂家均进入全球前十。京东方液晶显示屏产量全球排名第五，2017年底有望进入前三。医疗卫生领域，华大基因研究院、北京基因研究所的基因测序能力已达世界前列水平。高端装备领域，高速铁路和特高压技术已达世界领先水平。新能源领域，六家光伏生产企业进入世界前十。各主要产业发展现状如下：

（1）节能环保产业。得益于我国大力推进的节能减排政策，节能环保产业快速发展，产业规模持续扩大。到2010年，我国节能环保产业总产值超过20 000亿元，从业人数超过2 800万人。节能环保产业初步形成了较为齐全的产业体系，技术也在不断提高，掌握了等离子点火、变频调速、高炉煤气发电、废水处理、除尘脱硫、噪声与振动控制等一批具有自主知识产权的关键技术，形成了环渤海区域、长三角区域、珠三角区域、中部发展轴等重点发展区域。

（2）新一代信息技术产业。移动互联网是发展最为迅猛的新一代信息技术产业。2014年，中国移动互联网市场规模为2 134.8亿元，同比翻了1倍多。《第36次中国互联网络发展状况统计报告》显示，截至2014年底，我国的移动互联网用户规模达到5.57亿人。随着手机网民的快速增长，移动商务类应用成为拉动网络经济的新引擎。2015年上半年，移动支付、网购的用户规模分别达到2.76亿人和2.7亿人，同比增长26.9%和14.5%。在网络建设方面，中国自主研发的TD-LET4G成为第四代移动通信国际技术标准之一。随着中国TD-LTE4G网络产业的快速发展，2015年6月，中国4G用户超过2.25亿人。此外，国家关键基础设施信息系统、企业信息系统、个人隐私网络安全需求大增，促进网络空间安全产业迅猛发展，2014年该产业规模达到321.28亿元，同比增长21%。

（3）生物产业。生物产业是以生命科学和生物技术为基础的知识密集型产业，是正蓬勃兴起和迅猛发展的一个战略性新兴产业。2013年，我国生物医药制造业实现产值2.1万亿，同比增长17.9%。医疗器械实现产值1 900余万亿。在健康服务方面，华大基因研究所、北京基因研究所、上海生物芯片中心等的基因测序能力已达到世界领先水平。生物农业产业培育规模不断扩大，农作物种植业市场产值达到650多亿元，农业品种500个。生物发酵工业产品产量达2 429万吨，居世界第一。

（4）高端设备制造业。2015年，我国高端装备制造业整体趋势较好，智能制造装备、先进轨道交通装备成为新的增长点。2015年，智能装备制造业销售收入达到1万亿。截至2014年，全国高速铁路运营里程达到1.6万千米，居世界第一位。城市轨道交通中磁悬浮线路长度为30千米，APM为4千米。全国轨道交通装备产业规模超过4 000亿元，居世界首位。已经建成一批具有国际先进水平的轨道交通装备制造基地，核心技术产品的研发取得进展，特别是在"高速""高载""便捷""环保"的技术路线下，掌握了大功率机车和高速动车组的关键技术。我国成为国际上少数几个能够独立研制大容量通信卫星的国家，"北斗"导航卫星已完成导航区域系统的建设。目前，中国有极轨卫星132颗，数量位居世界第二。2013年，卫星通信产业规模超过200亿元，卫星导航服务业务规模超过1000亿元，融合导航和遥感的地理信息产业年产值近2600亿元。

（5）新能源产业。我国核电技术逐步成熟，核电产业已经初具规模。在运核电机组26台，总装机容量2442万千瓦，世界排名第五。在建机组24台，总装机容量2625万千瓦，占世界在建总装机容量的36%，居世界第一。拥有技术知识产权的"华龙一号"三代核电技术示范工程于2015年开工。一批生物质能源技术进入商业化阶段，产业规模逐年扩大。2014年底，我国生物质成型燃料产量接近700万吨，生物柴油产能达到每年300万吨。已有28个省开发了生物质能发电项目，累计核准容量达到12226兆瓦。2015年，累计探明页岩气地质储量为5441亿立方米，2014年页岩气产量达到13亿立方米。在海相页岩气方面的勘探也取得重大突破，涪陵页岩气作为首个页岩气田实现商业开发，累计探明天然气储量为3806亿立方米。在风电方面，截至2014年底，有4家中国企业进入世界前十，发电并网容量达到9581万千瓦，同比增长25%，占全国发电装机容量的7%；其中"三北"地区占全国并网总量的83%，12个省级电网风电成为第二大电源。

（6）新能源汽车产业。我国先后出台了《电动汽车科技发展"十二五"规划》《新能源汽车产业发展规划》等多项规划，营造了良好的政策环境，促进了产业的培育与市场的推广。2015年上半年，中国生产新能源汽车76223辆，销售72711辆，同比分别增长2.5倍和2.4倍，成为新能源汽车的第一大市场。39个推广应用城市累计推广新能源汽车133245辆，其中私人领域推广数量占比上升到41.6%。中国新能源汽车自主化技术水平不断提升，产品性能接近国际标准，已有近190家企业的2174款产品进入《工信部新能源汽车示范和推广应用工程推荐车目录》。在基础设施方面，截至2014年，全国共建成交换电站723座，交直流充电桩2.8万个，桩车比达到0.33，充电环境得到明显改善。

（7）新材料产业。当前我国新材料产业发展正处于由大向强转变的关键时期，2014年我国新材料产业规模约达到1.5亿元。其中烧结Nd-Fe-B毛坯产量为13.5万吨，同比增长19%，2004—2014年均增长14%，高于全球增速1.7个百分点。高性能有机纤维产业初步形成了从实验室研制到产业化的生产平台，形成了每年约19000吨的产能。百吨级T800级碳纤维工程化技术取得突破性进展。在高铁、城市轨道交通等领域高速发展的带动下，形成年产超过

1 000 万吨工业型材的产业规模。航空航天用先进铝材产业方面，新型高强高韧铝合金超大规格预拉伸厚板，锻件关键制造技术取得重要突破。太阳能产业经营状况逐步趋好。2015 年上半年，光伏行业增长 30% 左右，累计光伏发电 190 亿千瓦时。行业能耗及制造成本下降，多硅晶产量为 7.4 万吨，同比增长 15.6%，生产平均综合能耗下降至 110 千瓦/克。硅片和电池产量约为 19.6 吉瓦，同比增长 26.4%。

8.4.2 广西战略性新兴产业发展现状

8.4.2.1 广西战略性新兴产业发展战略重点

根据广西壮族自治区人民政府《广西战略性新兴产业创新发展实施方案》（以下简称《方案》），广西现阶段重点培育发展的战略性新兴产业主要包括：新一代信息技术、智能装备制造、节能环保、新材料、新能源汽车、大健康六大产业。《方案》同时还规划了六大战略性新兴产业各自发展的重点，以此作为"十三五"期间乃至相当长的一段时期内，促进广西产业结构转型升级的战略发展重点（见表 8-1）。

表 8-1　　广西十大战略性新兴产业及各自发展的重点

产业领域	产业发展重点
新一代信息技术	跨境电子商务、区域性国际金融信息中心、"互联网+"、云计算及大数据、物联网、北斗导航、智慧城市（园区及特色小镇）、智能电网、信息惠民
智能装备制造	智能工程机械、机器人、轨道交通、数控机床、电力电气设备、航空航天装备、特种船舶制造、海工装备制造、城市轨道交通装备制造
节能环保	工业及生活废弃物无害化处理、环卫机械、节能环保锅炉、余热余压利用、土壤污染治理、大气污染监控等设备制造、节能环保工程咨询设计、产品研发认证、清洁生产审核、节能评估、污染处理、环境修复
新材料	展铝基、锡基、锑基、锌基合金材料以及高性能铟锡氧化物（ITO）靶材、铟基材料系列产品、稀土高铁铝合金、超高性能稀土永磁、稀土发光和储氢（催化）等稀土功能材料、石墨烯新材料
新能源汽车	纯电动汽车、插电式混合动力汽车、新能源汽车配套电池、新能源汽车充电设施
大健康	现代中药及民族药、养生保健食品、天然优质饮用水等资源优势保健产品，打造养老产业示范区

注：根据《广西战略性新兴产业创新发展实施方案》整理。

8.4.2.2 广西战略性新兴产业发展现状

进入"十二五"以来，广西高技术产业连续保持快速增长的发展势头，2015年，广西规模以上高技术产业增加值同比增长16.9%，高于规模以上工业9.0个百分点，占规模以上工业增加值的8.6%，比上年提高1.2个百分点，对优化全区产业结构和促进转型升级的作用明显。其中，医药制造业增长9.2%，航空航天器及设备制造业增长10.6%，电子及通信设备制造业增长21.3%，计算机及办公设备制造业增长24.4%，医疗仪器设备及仪器仪表制造业增长11.1%。

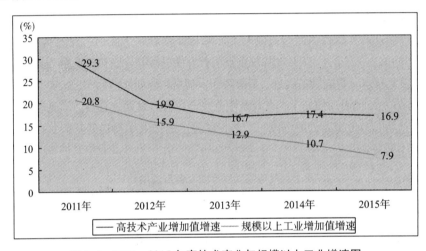

图8-1 2011—2015年高技术产业与规模以上工业增速图

1. 新一代信息技术产业

新一代信息技术涵盖技术多、应用范围广，具有较大的带动性和影响其他产业发展的能力，发展新一代信息技术对社会经济发展有着巨大的推动作用。近年来，广西新一代信息技术取得了较大进展。2014年，全区电子信息制造业完成工业总产值1 527.51亿元，同比增长30.4%。全区连锁经营、物流配送与电子商务融合发展的新业态正在逐步形成。南宁市跨境贸易综合服务平台实现向西班牙、俄罗斯、美国、加拿大等34个国家出口业务。2014年电子商务交易额达2 100亿元，同比增长65.9%。通信设备及汽车、电子产业发展迅猛，斐讯通信南宁产业基地等一批重大项目加快推进，桂林成为国家级新型工业化电子信息产业示范基地，柳州市汽车产业示范基地成为国家汽车零部件生产和出口基地。广西还全力打造面向东盟的总部经济和"区域性信息交流中心"，自治区人民政府与阿里巴巴签订战略合作协议，在云计算和大数据等领域广泛开展合作，共同打造"数字互联网广西"。在南宁、柳州、桂林、北海等城市拥有一批有一定技术开发和市场开拓能力的卫星导航企业，具备较好的产品制造基础和应用基础。

2. 智能装备制造业

制造业是经济社会发展的物质基础，在国民经济建设中处于支柱和主导地位。智能装备制造产业是带动整个装备制造产业升级的重要引擎，是战略性新兴产业发展的重要支撑。

目前广西拥有 4 家机器人生产企业，分别是广西力宝源、柳州振业、柳州高华、玉林方正器械有限公司。工业机器人在广西汽车、机械、有色金属加工等领域的龙头企业和骨干配件生产企业中得到广泛推广应用。在内燃机和工程机械产业方面，玉柴股份有限公司拥有领先于国内同行业的机械设计与 CAE 技术，柳工机械股份有限公司相继研发推出 CLG915D、CLG936D 液压挖掘机和 CLG818C/820C 小型装载机、CLG375A 滑移隧道装载机等新产品，柳工机械股份有限公司建成国内首家液压缸可靠性试验台，有效提升了研发试验能力和产品的竞争力。

2014 年，广西船舶工业完成工业总产值 120 亿元。目前主要有广西北部湾海洋重工股份有限公司"万吨级修造船厂"项目、防城港企沙大型修造船项目、中船钦州大型海洋工程修造及保障基地项目等 3 个重大项目在建。内河船舶企业也在不断发展中，中船桂江造船推出国内首艘三体船，高档船舶产品研发生产能力进一步提升；中船华南船舶完成了 YQ 系列油缸变幅式船用起重机、YQHG 系列海洋平台起重机、600 吨重型海洋起重机、80 吨钻井船用海洋起重机、65 吨挖泥船用龙门行走起重机、800KN 电动变频移船绞车等多项新产品的研发及设计工作。

3. 节能环保产业

节能环保产业是指为节约能源资源、发展循环经济、保护环境提供技术基础和装备保障的产业，主要包括节能产业、资源循环利用产业和环境治理产业，涉及节能环保技术与装备、产品和服务等。其产业链长，关联度高，市场需求大，发展前景广阔。广西节能环保产业在制糖、电力、石化、稀土、再生资源利用等工业领域，初步实现了有色金属冶炼、建材、电力、制糖、化工等主要产业废弃物的资源化利用，形成了各类循环型产业链、循环型产业园和循环型示范基地。实施与推广锌冶炼渣综合回收技术、木薯深加工综合废水治理及沼气回收发电技术、垃圾环保再生煤技术等一批国内领先技术和重大项目。初步培育了广西有色再生金属有限公司、博世科环保公司等一批科研、设计、生产、施工及管理运营一体化的环保龙头企业。已建成省级以上节能环保工程技术研究中心 8 家，省级重点实验室 2 家。南宁和梧州成为餐厨废弃物资源化利用和无害化处理国家级试点城市。

4. 新材料产业

铝基新材料。广西铝产业已形成一定规模，具备氧化铝产能 840 万吨、电解铝产能 59.5 万吨、铝加工产能 260 万吨的生产能力。目前广西铝加工业已形成以铝板、带、箔、型材为基础，航空和轨道交通铝合金材料为重点的铝加工体系。

稀土新材料。贺州市和崇左市是广西稀土开采及加工应用的主要区域。目前全区可生产 13 个系列近 40 种不同规格的稀土高纯氧化物、钕铁硼永磁材料和稀土金属等。中铝广西有色稀土开发有限公司是广西从事稀土开发、采用离子型稀土矿进行高纯稀土分离和稀土新材料深加工的国内规模最大的高新技术企业，在稀土冶炼分离和深加工生产方面已达国内领先水平。

铟锡锑等稀有金属材料。柳州年产精铟 130 吨左右，占全世界产量的 1/3。广西企业率先在国内研制出铜铟镓硒（CIGS）薄膜太阳能电池并形成年产 10 万瓦生产线，"铟锡氧化物靶材"和"高性能 ITO 靶材开发"技术处于国内领先水平。广西晶联光电材料公司成为国内唯一一家使用最先进的冷压烧结技术生产 ITO 靶材的厂商，靶材品质处于国内领先、国际先进水平。锑产业是广西优势特色产业之一，氧化锑和锑系阻燃产品产销量约占全国的 20%，拥有 14 个系列、36 种规格的普通氧化锑产品、氧化锑复配材料系列产品和阻燃母粒产品。

5. 新能源汽车业

目前，广西上汽通用五菱、东风柳汽、柳州五菱、桂林大宇、桂林星辰公司等企业具备新能源汽车研发生产能力。上汽通用五菱汽车股份有限公司开发了五菱之光纯电动车和乐驰纯电动车，东风柳州汽车有限公司研发了纯电动厢式运输车。柳州五菱汽车有限责任公司的纯电动微型货车通过国家工业和信息化部审查，获得国内首个新能源（纯电动）货车生产资质，填补了国内微型电动货车产品的空白。柳州延龙汽车有限公司开发了纯电动乘用车、客车、货车等十几款电动汽车产品。全区在南宁市、柳州市、桂林市、梧州市建成并投入使用的电动汽车充电站共有 5 座，共推广应用新能源汽车 64 辆。上汽通用五菱开发了五菱宏光混合动力样车，东风柳汽研发了油电混合动力车，桂客研发了插电式混合动力客车，桂林星辰电力电子有限公司研发了油电强混动力总成与 V2 汽车配型。

6. 大健康产业

广西拥有中药材加工企业 200 多家，中医药产业 2014 年产值近 250 亿元，拥有一批国内知名企业和品牌。已建立 29 种药材规范化种植（养殖）示范基地、5 种药材野生抚育生产示范基地。建设世界级药用植物园和南宁生物国家高技术产业基地，有 1 个国家级中药材专业市场（玉林药市）和 3 个国家级一类中药材进出口口岸（防城港东兴、凭祥友谊关、靖西龙邦）。

广西优质饮用水发展迅猛。2013 年，全区优质饮用水生产企业 300 多家，其中规模以上企业 18 家，产量从 2010 年的 235 万吨增加到 469 万吨以上，年均增长 26%，总产值达 90 亿元以上。娃哈哈等国内饮用水行业龙头企业在南宁、桂林等地区布局，河池、南宁、桂林、玉林等地已建成一批饮用水产业基地。目前广西优质饮用水市场已形成了以矿泉水、山泉水和纯净水为主要种类的包装饮用水，品牌超 60 个以上。

以桂林、巴马等为代表的养生养老业发展迅速，形成了一批养生、托老、疗养、度假等方面的特色产品，养生度假已逐渐成为广西养生休闲旅游业的主打品牌，已初步形成休闲度假游、休闲养生游、长寿养生游、滨海休闲度假游、温泉疗养游等多元化旅游产品体系。其中，北海、桂林位列"中国十大休闲之城"，巴马被评为全国"最适宜人居和最佳休闲养生小城"。

8.4.3　广西战略性新兴产业发展的优劣势分析

8.4.3.1　优势分析

1. 地理位置优越

广西地理位置十分优越，西接越南，南濒北部湾，是我国面向东盟的重要门户和前沿地带。其地处华南、西南结合部，处于资源丰富的西南地区与经济发达的珠三角地区之间的交通要道，也是我国唯一与东盟海陆空相连接的省区、西南地区最便捷的出海通道。

2. 资源丰富

广西水资源、矿资源、生态资源丰富，为发展战略性新兴产业提供了基础条件。广西矿产资源种类多、储量大，尤以铝、锡等有色金属资源丰富，是全国 10 个重点有色金属产区之一。河流众多，水力资源丰富，水力资源蕴藏量为 2 133 万千瓦。生态环境质量优势明显，建立各类自然保护区 78 个，森林覆盖率达到 62%，空气指数优良率达 95.6%，主要河流水质监测达标率为 93.1%。

3. 传统产业基础优势

培育和发展战略性新兴产业，要与传统产业紧密结合，依托传统产业的发展优势。2015 年，广西食品加工、化学、非金属矿物、黑色金属、汽车、电子、电力七大传统支柱行业全部实现主营业务收入过千亿元的目标，其中以糖业为主的食品加工业、以民用汽车为主的汽车工业、以钢铁为主的冶金工业已率先突破两千亿元目标。食品加工业实现主营业务收入 2 009.7 亿元，比 2010年增长 44.8%；黑色金属冶炼工业实现主营业务收入 2 288.2 亿元，比 2005 年增长 1.1 倍。七大行业主营业务收入占广西规模以上工业的 51.7%，利税总额达 1 094.3 亿元，占广西规模以上工业的 49.3%。2015 年，广西汽车、钢铁、铁合金、电解铝、水泥、化肥等多种主要工业产品产量位居全国前列，其中氧化铝 846.0 万吨，比 2010 年增长 60.0%，占全国氧化铝总产量的 16.6%；铁合金 542.4 万吨，比 2010 年增长 1.0 倍，占全国铁合金总产量的 13.0%。广西成品糖、微型汽车、轮式装载机、柴油内燃机、多功能乘用车等产品的市场占有率居全国第一，人造板产量排名全国第 3 位。这些传统产业的优势为发展战略性新兴产业提供了发展条件。

4. 高技术产业迅速发展

战略性新兴产业与高技术产业关系密切，高技术产业在一定程度上支撑着战略性新兴产业的发展。2015 年，广西高新技术产业（制造业）实现增加值526.5 亿元，占规模以上工业比重由"十一五"末的 5.1% 提高到 8.6%；实现主营业务收入 1 772.5 亿元、利税总额 184.0 亿元，分别占广西规模以上工业的 8.8% 和 8.3%，有力地推动了广西工业产业结构的优化升级。多项高科技技术迈入领先行列，如铝电解预焙槽控制技术、桑蚕育种"化性遗传互补"技术、水牛亚种间克隆、冷冻胚胎克隆和转基因克隆等生物技术，拥有可再生空气混合动力柴油发动机、机械式硫化机，以及达到欧 V 排放标准的柴油发动机、最大的轮式装载机等先进装备产品。

5. 创新平台发展优势

2015 年，广西国家级高新区达到 4 个，高新区总数达到 8 个，数量位居西部地区前列。高新区完成工业总产值 4 395 亿元、工业增加值 1 179 亿元，与"十一五"期末相比，分别增长 127.24%、137.54%。其中，南宁、柳州、桂林国家高新区全部进入全国 50 强，高新技术产业化指数位居全国第 9 位、西部第 3 位。高新区成为广西经济的重要增长点和自主创新的战略高地。

广西共建设 23 家千亿元产业研发中心、25 家工程院、28 个产业技术创新战略联盟。创新平台的建设为战略性新兴产业的发展提供了强有力的公共服务和产业技术支撑，促进自然科学、生命科学等前沿领域的科技成果显著提升。截至 2014 年，全区专利申请共计 32 294 件，授权 9 664 件，每万人专利拥有量增长率全国第一。

8.4.3.2 劣势分析

1. 战略性新兴产业规模偏小，核心竞争力弱

与全国比较，广西战略性新兴产业规模总体偏小，部分领域尚处于孕育期，部分领域的产业尚未形成产业体系，仍处于中低端环节，参与全国和全球竞争与分工的能力不足。

广西产业层次普遍偏低，产业链高端化、完整化有待进一步推进。目前，广西战略性新兴产业中，大部分产业存在"高端产业、低端环节"的突出问题，许多关键设备仍然需大量从国外进口和外地采购，不少企业虽然属于新兴产业领域，但处于产业链的低端环节，附加值不高。如光伏产业仅仅是来料加工，缺乏技术的研发；大部分的生物医药产业依然是在进行简单医药生产加工，仅仅是技术含量较高的劳动加工，缺乏对整个产业价值链的控制权，市场稍有变化，产业发展就会出现问题，处于被控制的地位。

2. 科技投入少，强度低

2015 年，广西全社会 R&D 经费内部支出为 105.9 亿元，占广西地区生产总值的比重为 0.6%，低于全国的 2.1%。其中工业企业 R&D 经费内部支出为 769 189.7 万元，占全区支出的 72.6%，高于全国的 70.7%。大中型工业企业 R&D 经费支出为 666 123.9 万元，占规模以上工业企业 R&D 经费支出的 86.6%。

工业企业 R&D 经费投入强度为 0.4%，低于全国的 0.9%，其中大中型工业企业 R&D 经费投入强度为 0.5%，低于全国的 1.1%。广西有 R&D 活动的工业企业达 456 家，占工业企业的 8.3%，低于全国的 19.2%，其中大中型工业企业有 R&D 活动的达 214 家，占大中型工业企业的 14.7%，低于全国的 37.4%（见表 8-2）。

表 8-2　　　　　　　　　广西企业 R&D 活动投入表

	有 R&D 活动的企业占比（%）	有 R&D 活动的企业平均 R&D 活动经费支出（万元/家）	企业 R&D 活动投入强度（%）
广西工业企业	8.27	1 686.82	0.38
大中型企业	14.68	3 112.73	0.48
高技术产业(制造业)企业	26.69	939.39	0.44
盈利企业	8.64	1 771.39	0.38
全国工业企业	19.20	1 361.14	0.90
西部地区工业企业	12.10	1 651.67	0.63

3. 企业自主创新能力不强，科技与人才支撑能力有待增强

广西传统产业仍然占据主导地位，全区高新技术产业比重较低。大部分企业缺乏自主知识产权和核心技术。研究表明，2015 年广西区域创新综合能力在全国排第 19 位，特别是企业创新方面，位居第 22 位。战略性新兴产业与传统产业在人才需求方面有着较大的不同，其对技术人才的要求特别高。与东部沿海发达地区相比，人才总量较少，高学历、高技术人才比重低，整体素质不高。

4. 政策体系有待完善

广西壮族自治区人民政府投入资金相对不足，管理部门分散，支持重点不突出，风险投资体系不完善，企业融资较为困难。自治区层面的部门联席会议制度虽然已经建立，但部门间很难协调形成合力，步调不一致。自治区层面专项资金切块分头安排，推进设立国家参股新兴产业创投基金工作协调难度很大，自治区层面专项资金总量小，引导和推动作用不明显。现有政策之间不衔接、不配套、难落实的问题依然存在。土地、财税、环境、金融等政策也没有明显的倾斜性和具体操作细则。

8.5　发达国家战略性新兴产业发展的主要经验及启示

美国、德国、日本等多个国家都在经济发展的不同阶段推出了各项政策措施，鼓励本国战略性新兴产业的发展，为产业的发展创造出更大的空间。

1. 美国

现阶段，美国政府大力推动以新能源和互联网为核心的产业发展战略，此外立足于自身的科研优势，在发展生物育种、有机材料、燃料电池等产业方面也保持着全球领先的地位。美国在 2011 年发布的《政府的创新议程》，将新能源产业发展上升到国家战略，同时将清洁能源、先进制造、空间技术、医疗信息等作为国家优先发展的领域，并提出明确的发展目标：到 2012 年风能、太阳能等再生能源的比重达到 10%，到 2025 年达到 25%。2030 年前将石油消费降低 35%。美国的市场机制比较健全，新兴产业的成长基本上依赖市场过程完成。但是，政府通过的一系列相关政策、法律也起到关键的作用。

一是加大对科研教育的财政投入。2009 年，美国《复苏和再投资法案》推出，在科研教育上的投入超过 1 000 亿美元。同年 4 月，《重整美国制造业框架》颁布实施，重要科研机构的 R&D 预算资金提高一倍。

二是通过税收、财政以及良好的产业配套政策对新兴产业进行整体调节。美国政府采取直接拨款、税收激励、提供长期低息贷款、设立产业基金、鼓励风险投资等财政税收杠杆进行整体调节，引导市场选出最具活力的企业。同时在产业发展中，根据产业内各个生产环节的需求，通过产业配套提供支撑，注重延伸产业链条、建设产业集群等，促进新兴产业园区建设，加速科技成果的转化。

三是为中小企业提供支持。美国前总统奥巴马签署的《2010年小企业就业法案》提出对中小企业提供120美元的贷款和120亿美元的税收减免，同时进一步放宽了对中小企业的贷款限制，加大了对中小企业贷款的担保力度。

2. 德国

德国的战略性新兴产业的重点是发展低碳产业、绿色技术。同时也立足于自身在机械和装备制造业方面的领先优势，发展"智能制造"。德国制定了包括《能源战略2050》《德国2020高科技战略》《德国联邦政府国家电动车发展规划》的一系列战略，并提出相应的目标：到2050年一次能源的总消费量中可再生能源至少占50%；到2020年至少拥有100万辆电动车。德国政府推行的主要政策如下：

一是政企合作支持科研，激发中小企业的创新活力。德国也非常注重科学研究，德国的科研投入中，企业和政府各占一半。这不但有利于激发企业的创新活力，同时也能将国家和企业的需求结合起来，提高科研资金投入的效率。

二是大力促进科技成果的转化。德国通过财政资金鼓励研究机构和实际应用部门合作建立创新联盟，使得创新的过程覆盖产业的所有重要环节。同时设立了专门的进行科技推广应用的机构，实施产业集群政策，促进产学研的高效结合。

三是扩大国内市场的需求。一方面通过政府采购为战略性新兴产业创造新的市场需求，同时对产品的购买者实行税收优惠，拉动对战略性新兴产品的有效消费。另一方面通过对其他国家产品进口的限制，扶持本国相关新兴产业的发展。

3. 日本

由于受到资源的限制，日本非常注重能源利用，在考虑经济振兴与未来发展时特别重视以新能源和新材料为代表的新兴产业。日本出台《低碳社会行动计划》，提出以核能和太阳能为低碳能源的发展重点。在《新经济成长战略中》将低碳革命、健康长寿和发挥魅力作为振兴本国经济的神器。日本战略性新兴产业的发展主要是以政府为主导，通过对技术的引进、吸收、消化和创新，为经济发展和科技进步节约经费和时间。日本政府采取的具体措施如下：

一是政府对关键科技技术进行预测。日本政府预计未来科技发展的走势，并制订相应的中长期科技发展计划，确定目标与任务，同时选择有利于提高本国企业技术能力的产业进行财政支持。

二是加强基础性研究。由于技术获得日益困难，日本开始调整战略性新兴产业引进、吸收、消化和创新的发展路径，政府逐步加强对基础研究的投入；同时企业也更加重视基础研究设备更新，对研究与开发的体制进行调整，提高对基础性研究经费分配的比例。

三是政府主导的产学研机制。日本较早采取了官产学研相结合的政策，以政府为主导，优化生产要素，形成完整的从研究到应用的体系，从而缩短新技术研究和应用的时间，加快科技成果的转化。

四是采取财政金融政策鼓励新兴产业发展。日本政府通过税收优惠、特别折旧制度、政府补贴、低息贷款等手段支持战略性新兴产业发展。

从美、德、日近年来发展战略性新兴产业的政策措施，我们可以看到其发展的重点都是以新能源和低碳经济为主的绿色经济。无论是以市场为主导的欧美国家还是以政府为主导的日本，在战略性新兴产业发展中都给予了必要的培育和扶持，并将发展科技、拥有核心技术作为可持续发展的第一要素。他们的战略清晰、政策设计完整，给了我们深刻启示：第一，战略性新兴产业的选择应围绕国家或者地区的经济发展水平、科技和产业基础。第二，出台国家战略，明确各个产业的发展重点及发展目标。第三，在发展过程中厘清政府和市场的关系，合理界定政府的职能，发挥市场对资源配置的基础性作用。第四，加强对技术的创新，完善产业创新体系。第五，积极培育新型产业产品市场，提高市场需求。第六，综合采用立法、财政、税收等政策，引导中小企业成为创新的主体。

8.6 广西战略性新兴产业发展阶段的评判

8.6.1 产业生命周期的形成、特征及发展模式

产业生命周期是指一个产业在市场中从产生到消失的过程。一般而言，产业生命周期可以分为四个阶段，呈 S 形——形成期、成长期、成熟期和衰退期。

产业在不同的生命周期阶段呈现出不同的特征：

（1）形成期。在生产方面，由于行业内部企业数量较少，技术水平仍不成熟，企业将会面临较高的生产成本。在需求方面，由于市场处于刚刚形成的阶段，消费者对战略性新兴产业的产品缺乏足够的了解，市场需求量少。因而，在这个时期，企业难以获得较高的利润。因此，在这个阶段，政府的培育和扶持对促进战略性新兴产业的发展非常重要。政府应制定产业发展战略、规划等，并以直接投资以及政策性金融支持等手段引导和干预产业资金的流向与各种要素资源的配置，来推动产业发展。在形成期，政府主导的产学研联盟的发展模式也是较好的选择，政府、企业和研究机构之间以合资、技术联盟、研发联合体等创新的组织形式主导产业技术的研发，有效整合资源，加快促进企业技术进步和创新能力的提高。

（2）成长期。在生产方面，随着产品工艺、生产设施的不断完善，进入产业的企业数量增多，产品逐步开始实现规模化生产，产品生产成本相比形成期有所下降，企业利润开始出现较快增长的趋势。产业链和产业集群也逐步形成。在市场方面，随着市场对产品的认知提升，市场的需求量不断增加。在成长期阶段，市场需求不断扩大，中小企业迅速涌入，但由于中小企业融资能力低，需要政府利用财政税收杠杆进行调节，为中小企业的发展引入风险投资基金，激发中小企业创新活力。市场主导的产学研联盟的发展模式是较好的选择。在扩大市场需求方面，政府可学习发达国家的经验，采取政府采购的方式来扶持战略性新兴产业发展，或通过间接的税收优惠政策引导消费。该阶段应以市场为主导，政府不能替代市场去引领产业发展方向，只能作为辅助角色，为产业发展提供服务和配套的支撑，解决组织内部信息不对称的问题。

（3）成熟期。产业经过成长期的快速发展后，进入成熟期。此时，市场和生产规模的扩张空间变得越来越有限，市场集中度不断提高，企业数量相对减少，规模较大、层次较高的企业存活下来，生产规模效益日益显现，发展趋向于专业化和一体化，形成一些大的集团企业。由于核心技术已被市场上的企业掌握，以大企业为主的自主创新发展模式更加有利于生产要素的集中，实现规模效益。但同时市场竞争力不断减弱，这将不利于产业内技术的持续创新。政府需要考虑出台相应政策对技术专利进行保护，并促进产业技术的进一步创新。

（4）衰退期。产业经历了成熟期后，随着人们消费需求的变化、消费偏好的改变、市场新兴替代品的不断涌现，市场对产业产品的需求量会呈下降趋势。产品的生产开始萎缩，在产业内部，会出现产能过剩、利润下降、资金情况恶化的现象，产业逐渐进入衰退期。如果产业内部出现影响较大的技术创新，或者开辟了新的市场，进入衰退期的产业有可能会结束衰退，开始新一轮的产业生命周期。

8.6.2 产业生命周期的判断方法

产业生命周期的基本判断方法有三种，拟合曲线法、增速判断法和经验法。

1. 拟合曲线法

识别产业生命周期阶段的比较典型的拟合曲线方法分两种，龚伯兹曲线拟合法和皮尔曲线拟合法。

龚伯兹曲线拟合法最早是由龚伯兹在对人口增长进行预测时提出的。其基本数学表达式为：

$$y_t = Ka^{b^t}(K > 0) \tag{8-1}$$

其中，y_t 表示第 t 期的指标值，可以是收入、产量或销量等；t 是时间变量；K、a、b 是参数，K 为设定的饱和值。龚伯兹曲线的形状取决于参数 a 和 b 的值。因此，根据某一产业参数 a 和 b 的估计值，就可以判断该产业处于产业生命周期的哪个阶段（见图 8-2）。

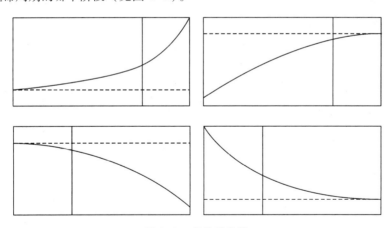

图 8-2　龚伯兹曲线

皮尔曲线拟合法最早是由哈尔斯特提出的，已被广泛地应用于生命周期阶段的分析和预测中。皮尔曲线的基本表达式为：

$$y_t = \frac{K}{1 + ae^{-bt}}(K > 0) \tag{8-2}$$

其图像是一条 S 曲线（见图 8-3），即 y_t 在产业发展初期增速较慢，随着产业的成长增速逐渐加快，进入成熟期后产业增长速度又开始放缓，最终 y_t 会

逐渐接近饱和值 K。

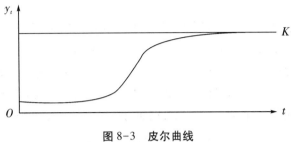

图 8-3　皮尔曲线

2. 增速判断法

增速判断法是指通过计算某些具有代表性的、能够反映产业情况指标的增长速度，对产业所处生命周期阶段进行识别。常用的指标有产量、销售量。以产量增长率为例，一般认为，增长率小于 10% 时表明产业处于形成期；随着增长率持续上升，超过 10% 时表明产业处于成长期；当增长率再次回落到 10% 以下表明产业进入成熟期；随着产业持续回落出现负增长，则表明产业进入衰退期。

3. 经验法

经验法是指利用先进国家的某产业的发展经验与本国情况相对比，确定某产业处于产业生命周期的哪个阶段的方法。

8.6.3　广西战略性新兴产业发展阶段的判断

1. 研究的思路

由于战略性新兴产业的发展时间不长，相关数据不多，本研究采用对数据要求较少的龚伯兹曲线拟合法对广西战略性新兴产业目前所处的产业生命周期进行研究。

首先，龚伯兹曲线为双指数曲线，需要对其函数两边取对数进行修正转换。

$$\ln Y_t = \ln K + b^t \ln a \tag{8-3}$$

其次，将数据分成 $3n$ 等份（n 为整数），并对上式进行计算，得出参数 a、b 和 K 的计算公式为：

$$\ln a = \left(\sum_2 \ln Y_t - \sum_1 \ln Y_t \right) \frac{b-1}{(b^n - 1)^2} \tag{8-4}$$

$$b = \sqrt[n]{\left(\sum_3 \ln Y_t - \sum_2 \ln Y_t \right) / \left(\sum_2 \ln Y_t - \sum_1 \ln Y_t \right)} \tag{8-5}$$

$$\ln K = \frac{1}{n}(\sum_1 \ln Y_t - \frac{b^n - 1}{b - 1}\ln a) \qquad (8\text{-}6)$$

其中，$\sum_i \ln Y_t$ 为第 i 份数据中各个年产值取对数后的算数和。

再次，通过求 $\ln a$ 和 $\ln K$ 的反对数，计算参数 a、b 和 K 的初值。

最后，我们再通过 SPSS 软件，用非线性最小二乘法对龚伯兹模型中的参数进行估计。将计量分析得到的参数 a、b 和 K 的值与下表进行对比，即可知道某一战略性新兴产业处于产业生命周期的哪个阶段（见表 8-3）。

表 8-3　　　　　　　　　　　产业生命周期的划分标准

K 值	a、b 的值	产业生命周期阶段
K 为成长下线	$lga > 0$，$b > 1$	形成期
K 为增长上线	$lga < 0$，$0 < b < 1$	成长期
K 为增长上线	$lga < 0$，$b > 1$	成熟期
K 为衰退下线	$lga > 0$，$0 < b < 1$	衰退期

2. 数据来源

由于缺少战略性新兴产业发展数据，本研究用 2010—2015 年广西高技术产业收入数据代替（见表 8-4）。

表 8-4　　　　　　　　　广西高技术产业主营业务收入　　　　　　　单位：亿元

年份	医药制造业	电子及通信设备制造业	电子计算机及办公设备制造业	医疗设备及仪器仪表制造业	航空航天器制造业
2010	153.10	141.10	60.00	28.30	1.30
2011	198.00	215.80	87.80	28.50	2.70
2012	223.00	324.40	191.50	41.20	9.50
2013	291.30	450.36	304.36	40.46	14.29
2014	333.10	451.70	537.40	55.90	16.20
2015	354.81	589.50	729.84	69.83	19.38

3. 广西战略性新兴产业发展阶段的判断

利用估计出的 a、b 和 K 值对各产业生命周期进行判断，广西医药制造业、电子及通信设备制造业、电子计算机及办公设备制造业、航空航天器制造业处于成长期，医疗设备及仪器仪表制造业处于形成期，具体结果如下：

（1）医药制造业。

根据 2010—2015 年的数据，运用三和值法可以计算出龚伯兹模型中三个参数的初值：$a = 0.152\ 322$；$b = 0.886\ 15$；$K = 1\ 026.92$。用非线性最小二乘法对三个参数进行估计，结果如表 8-5 所示。

表 8-5 医药制造业分析结果

参数	估计	标准误	95% 置信区间	
			下限	上限
b	0.837	0.079	0.585	1.089
$\ln a$	−1.76	0.436	−3.147	−0.373
$\ln k$	6.503	0.521	4.846	8.16

拟合优度系数 R^2 为 0.987，拟合度较高。可以得到医药制造业的龚伯兹模型中参数的估计值：$a = 0.172\ 0$（$\lg a = -0.764\ 4$）；$b = 0.837\ 0$；$K = 2\ 607.11$。与表 8-3 进行对比，最终可以判断出医药制造业目前仍处于成长期。

（2）电子及通信设备制造业。

根据 2010—2015 年的数据，运用三和值法可以计算出龚伯兹模型中三个参数的初值：$a = 0.208\ 1$；$b = 0.618\ 7$；$K = 621.59$。用非线性最小二乘法对三个参数进行估计，结果如表 8-6 所示。

表 8-6 电子及通信设备制造业分析结果

参数	估计	标准误	95% 置信区间	
			下限	上限
b	0.73	0.08	0.49	0.97
$\ln a$	−2.44	0.19	−3.03	−1.85
$\ln k$	6.71	0.29	5.78	7.63

拟合优度系数 R^2 为 0.986，拟合度较高。可以得到电子及通信设备制造业的龚伯兹模型中参数的估计值：$a = 0.087\ 4$（$\lg a = -1.058\ 5$）；$b = 0.727\ 2$；$K = 818.32$。与表 8-3 进行对比，最终可以判断出电子及通信设备制造业目前处于成长期。

（3）电子计算机及办公设备制造业。

根据 2010—2015 年的数据，运用三和值法可以计算出龚伯兹模型中三个参数的初值：$a = 0.002\ 1$；$b = 0.890\ 6$；$K = 24\ 219.46$。用非线性最小二乘法对三个参数进行估计，结果如表 8-7 所示。

表 8-7 电子计算机及办公设备制造业分析结果

参数	估计	标准误	95% 置信区间	
			下限	上限
b	0.93	0.07	0.70	1.15
$\ln a$	-8.95	6.61	-29.99	12.09
$\ln k$	12.31	6.81	-9.36	33.98

拟合优度系数 R^2 为 0.991，拟合度较高。可以得到电子计算机及办公设备制造业的龚伯兹模型中参数的估计值：$a = 0.000\ 1$（$\lg a = -3.886\ 6$）；$b = 0.926\ 5$；$K = 222\ 608.16$。与表 8-3 进行对比，最终可以判断出电子计算机及办公设备制造业目前处于成长期。

（4）医疗设备及仪器仪表制造业。

根据 2010—2015 年的数据，运用三和值法可以计算出龚伯兹模型中三个参数的初值：$a = 7.597\ 7$；$b = 1.082\ 6$；$K = 3.437\ 8$。用非线性最小二乘法对三个参数进行估计，结果如表 8-8 所示。

表 8-8 医疗设备及仪器仪表制造业分析结果

参数	估计	标准误	95% 置信区间	
			下限	上限
b	1.19	0.22	0.49	1.88
$\ln a$	0.59	1.06	-2.78	3.97
$\ln k$	2.61	1.19	-1.18	6.41

拟合优度系数 R^2 为 0.952，拟合度较高。可以得到医疗设备及仪器仪表制造业的龚伯兹模型中参数的估计值：$a = 1.806\ 2$（$\lg a = 0.256\ 8$）；$b = 1.185\ 0$；$K = 13.64$。与表 8-3 进行对比，最终可以判断出医疗设备及仪器仪表制造业目前处于形成期。

（5）航空航天器制造业。

根据 2010—2015 年的数据，运用三和值法可以计算出龚伯兹模型中三个参数的初值：$a = 0.040\ 5$；$b = 0.479\ 0$；$K = 3.437\ 8$。用非线性最小二乘法对三个参数进行估计，结果如表 8-9 所示。

表 8-9　　　　　　　航空航天器制造业分析结果

参数	估计	标准误	95% 置信区间	
			下限	上限
b	0.65	0.10	0.31	0.98
$\ln a$	-5.01	0.56	-6.79	-3.22
$\ln k$	3.40	0.50	1.82	4.99

拟合优度系数 R^2 为 0.971，拟合度较高。可以得到航空航天器制造业的龚伯兹模型中参数的估计值：$a = 0.006\ 7$（$\lg a = -2.174\ 6$）；$b = 0.646\ 9$；$K = 30.04$。与表 8-3 进行对比，最终可以判断出航空航天器制造业目前处于成长期。

8.7　广西战略性新兴产业发展对策

在前文分析的基础上，本节将对广西处于不同发展阶段的战略性新兴产业未来应该采取的发展策略进行研究，为促进广西战略性新兴产业的发展提供一些思路。

8.7.1　处于形成期的战略性新兴产业的发展政策

1. 以政府资金为引导，加大对技术创新的投入力度

战略性新兴产业处于形成期时，新技术的经济和市场价值都有很大的不确定性，企业及其他市场主体会对投资研发持观望的态度，此时，如果完全让市场资金自主进行技术创新，会导致资金量的严重不足。这就需要政府直接投入资金来鼓励企业的技术研发和技术创新，加大对战略性新兴产业重点领域的创新投入，支持基础性、关键性和前沿性技术的改革和创新，努力掌握关键技术，鼓励企业开发具有自主知识产权的产品。

2. 钻研战略性新兴产业的核心技术

在形成期，战略性新兴产业的发展趋势初步确立，发展所涉及的关键核心技术仍比较缺乏，此时，在核心技术上取得突破性进展是产学研合作的重点。同时由于接近创新价值链的上游，大学和科研院所的能力较强，产学研合作采取以政府为主导的形式，重点放在学和研上面，围绕产业的技术突破，重点解决技术选择和技术实现问题，积极协调整合相关资源，抢占产业技术的制

高点。

3. 加大政策性银行对战略性新兴产业的融资支持力度

该阶段，战略性新兴产业处于刚刚萌芽的阶段，需要大量的资金用于基础研究、生产和市场开发。但由于形成期的战略性新兴产业生产规模较小，营利能力不强，还达不到从资本市场直接融资的门槛，因此只能通过银行信贷间接融资。但由于产业规模小，市场风险和财务风险比较突出，商业银行出于商业化经营的考虑很少会对其提供资金上的支持和帮助。政府可通过间接信贷引导方式，引导政策性银行不断通过金融业务创新，将其信贷支持逐渐向战略性新兴产业倾斜。在战略性新兴产业的形成期，产业发展的突出风险主要是创业风险，可以借鉴国外的融资模式，如采用风险投资、设立战略性新兴产业发展创业基金等方式来缓解创业企业的资金方面的压力。

4. 加强政府采购和对消费市场的引导

在此阶段，政府对战略性新兴产业产品的采购有利于为战略性新兴产业提供稳定的市场需求，而且政府的行为本身还具有重要的示范效应。一方面，政府及时加强对战略性新兴产业相关产品的宣传、普及教育，会正确引导国内企事业单位和居民的消费倾向；另一方面，要求国内大工程、大项目以及政府预算资金必须优先采购战略性新兴产品，实行政府首购或订购政策，对战略性新兴产业的试制品或者是首次投向市场的新产品和新设备进行政府采购。

8.7.2　处于成长期的战略性新兴产业的发展政策

1. 进一步明确企业在战略性新兴产业发展中的主体作用

在成长期，政府对战略性新兴产业的直接的资金扶持会逐步减少，政策的重点应变为引导民间资本进入战略新兴产业，可以通过 PPP 模式使政府和民营资本共同投资，并营造良好的投资环境。同时加大对战略性新兴产业中小企业的创新的支持力度。采用以市场为主导的产学研模式，建立企业与大学、科研机构的长期合作关系，采用联合或委托研发、定向培养专业技术人才等多种形式促进科技资源与企业需求的结合，有利于加速科研成果向产业化生产转移的进程，占领产业技术制高点。政府在管理上，一方面要加强知识产权的保护，为企业自主创新的技术提供保障；另一方面要创新决策、资金、人才的激励机制，促进中小企业自主创新的持续性。

2. 促进产业的集群发展

回顾发达国家发展战略性新兴产业的过程可以发现，产业的集群发展有利于促进产业链的形成以及科技成果的转化。在成长期，战略性新兴产业企业数量开始增加，在现有战略性新兴企业的基础上，筛选一批规模较大、产业链条完善、带动能力强的大型企业进行重点培育，鼓励现有优势企业围绕其上下游产业链进行兼并重组，迅速扩大规模，加快调整资本结构和发展方向，并对其在科研、项目申报方面给予政策扶持，成为具有龙头带动作用的大公司、大集团，引领、带动、促进一批战略性新兴企业的快速发展。

3. 构建多元化的融资体系

建立和完善多层次的担保体系和多层次的资本市场。引导和支持条件好的战略性新兴核心企业在国内外主板市场上市进行直接融资，建立真正的创业板市场，支持符合条件的中小企业上市融资。建立完善的引用担保体系，对为战略性新兴企业进行担保服务的担保机构，由政府给予一定的担保补助；发挥商业银行的主体作用，引导商业银行的贷款资金向战略性新兴产业倾斜。创新金融科技服务，为战略新兴产业提供全方位的融资解决方案，并合理运用多种金融衍生品以实现对企业风险的分担。

4. 加快产业创新技术的转化和应用

在成长期，发展战略性新兴产业应充分发挥市场配置资源的基础性优势，以企业为主体进行科技成果的转化。政府完善科技成果转化的一系列政策的制定、平台建设等公共服务职能，着力为战略性新兴产业科技成果的转化营造的良好环境。

5. 充分发挥市场需求的动力

在成长期，战略性新兴产业的产业链基本形成，要充分发挥上下游企业之间发展的协同效应，挖掘产品的市场潜力。政府的政策重点转向消费者，通过对消费者购买战略性新兴产业的相关产品进行直接补贴、税收价格优惠等措施促进战略性新兴产业产品市场的形成和发展。同时，鼓励社会民间资本支持创新产品的生产和应用。

8.7.3 加大战略性新兴产业人才队伍建设

完善人才的培养和引进机制，引进一批具有自主知识产权和专利的研发队伍，培养和引进一批创新型领军人才。加快调整优化高等教育结构，支持广西有实力的高等院校和技术院校加强战略性新兴产业方面的学科建设，加快各类实用技能型人才和硕、博士等高级专业人才的培养。

8.7.4 统筹协调优化联动工作机制

一是在战略性新兴产业、创新创业、信息化建设等领域加强工作上的统筹协调，在机制体制改革、政策措施制定、重大工程实施等方面形成分工合作的良好局面。二是发挥战略性新兴产业发展部门联席会议的作用，重点建立工作协调机制、重要任务落实机制、重大问题研究机制。三是建立区市协调和联动机制，实现广西战略性新兴产业、创新创业、信息化建设等方面的工作上下贯通，相互配合和整体协调推进。四是完善统计监测，推动建立广西战略性新兴产业统计指标体系，争取国家批准制定广西战略性新兴产业统计制度。建立考核评价标准，争取将推进新兴产业发展的工作纳入年度绩效考核体系。

参考文献

［1］万钢. 把握全球产业调整机遇，培育和发展战略性新兴产业［J］. 求是，2010（1）：28-30.

［2］施平，郑江淮. 战略性新兴产业的特征与发展思路［J］. 贵州社会科学，2010（12）：36-39.

［3］东北财经大学产业组织与企业组织研究中心课题组. 发展战略、产业升级与战略性新兴产业选择［J］. 财经问题研究，2010（8）：40-48.

［4］中华人民共和国国务院. 国务院关于加快培育和发展战略性新兴产业的决定：国发〔2010〕32 号［A/OL］.（2010-10-18）［2016-10-01］. http://www.gov.cn/zwgk/2010-10/18/content_1724848.htm.

［5］S C Blank. Insiders'views on business models used by small agricultural bio-technology firms：Economic implications for the emerging global industry［J］. Ag Bio Forum，2008，11（2）：71-81.

［6］G V Claude. Dynamic Competition and Development of New Competencies［M］. Charlotte：Information Age Publishing，2003.

［7］吕明元. 论产业结构协调与经济和谐的关系［J］. 现代财经，2009（2）：5-8.

［8］王益民，宋琰纹. 全球生产网络效应、集群封闭性及其"升级悖论"——基于大陆台商笔记本电脑产业集群的分析［J］. 中国工业经济，2010（4）：46-53.

［9］曾昭宁. 日本、芬兰、美国发展战略新兴产业的经验及启示［J］. 商业时代，2011（1）：21-23.

［10］冯春林. 国内战略性新兴产业研究综述［J］. 经济纵横，2011（1）：

110-112.

　　[11] 剧锦文.战略性新兴产业的发展"变量"：政府与市场分工 [J].改革，2011 (3)：31-37.

　　[12] 万军.战略性新兴产业发展中的政府定位———日本的经验教训及启示 [J].科技成果纵横，2010 (1)：13-16.

　　[13] 钟清流.战略性新兴产业发展进程中的政府角色 [J].现代商业，2010 (21)：149-150.

　　[14] 陈刚.新兴产业形成与发展的机理探析 [J].理论导刊，2004 (2)：2-10.

　　[15] 蔡冬青，朱玮玮.日本家电产业战略性贸易政策实践及对中国的启示 [J].中国科技论坛，2009 (9)：1-5.

　　[16] 兰建平.战略性新兴产业需跨越式发展 [J].浙江经济，2010 (10)：8-13.

　　[17] 顾海峰.战略性新兴产业发展的金融支持体系及其政策设计 [J].现代财经，2011 (9)：12-14.

　　[18] 王新新.战略性新兴产业发展规律及发展对策分析研究 [J].科学管理研究，2011 (8)：1-5.

　　[19] 王佳兴.我国战略性新兴产业的发展阶段及发展策略研究 [D].济南：山东财经大学，2014.

　　[20] 康媛媛.战略性新兴产业生命周期判断及发展模式选择 [J].南方金融，2014 (3)：15-27.

　　[21] 张烁，程家瑜.我国战略性新兴产业发展阶段研究 [J].中国科技论坛，2011 (6)：15-18.

　　[22] 王利政.我国战略性新兴产业发展模式分析 [J].中国科技论坛，2011 (1)：12-15.

　　[23] 芮明杰.战略性新兴产业发展的新模式 [M].重庆：重庆出版社，2014.

　　[24] 薛澜.战略性新兴产业创新规律与产业政策研究 [M].北京：科学出版社，2015.

　　[25] 王礼恒.战略性新兴产业培育与发展战略研究综合报告 [M].北京：科学出版社，2015.

　　[26] 中国工程科技发展战略研究院.2016 中国战略性新兴产业发展报告 [M].北京：科学出版社，2016.

［27］骆祖春.发展战略性新兴产业的国际比较与经验借鉴［J］.科技管理研究，2011（7）：36-39.

［28］广西壮族自治区人民政府办公厅.广西壮族自治区人民政府办公厅关于印发广西战略性新兴产业创新发展实施方案的通知：桂政办发〔2016〕112号［A/OL］.（2016-10-09）［2016-12-11］.http：//www.gxzf.gov.cn/frame/201203/t20120314_409947.htm？where＝广西战略性新兴产业创新发展实施方案.

［29］广西科技厅.广西科技创新"十三五"规划：桂政办发〔2016〕111号［A/OL］.（2016-10-11）［2016-12-11］.http：//www.gxsti.net.cn/gxkjt/ddmf/20161011/002005_e163213e-a830-4515-8299-3ead4f9afd04.htm.

［30］中华人民共和国国务院.国务院关于印发"十三五"国家战略性新兴产业发展规划的通知：国发〔2016〕67号［A/OL］.（2016-12-19）［2016-12-31］.http：//www.gov.cn/zhengce/content/2016-12/19/content_5150090.htm.

［31］白冰洁.河北省战略性新兴产业的发展与评价研究［D］.天津：河北工业大学，2013.

［32］黄思源.广西战略性新兴产业与传统优势产业协同发展研究［D］.南宁：广西大学，2014.

［33］霍影.战略性新兴产业、传统产业与区域经济空间协调发展度研究［J］.情报杂志，2012（12）：180-186.

［34］卢文光.技术创新与战略性新兴产业的协调发展［J］.技术经济，2013（7）：13-18.

［35］樊茗玥.战略性新兴产业发展评价研究［J］.科技进步与对策，2011，28（21）：121-123.

［36］刘洪昌，闫帅.战略性新兴产业发展的金融支持及其政策取向［J］.现代经济探讨，2013（1）：60-64.

［37］袁天昂.资本市场证券市场支持我国战略性新兴产业发展研究［J］.西南金融，2010（3）：68-72.

［38］孟祺.战略性贸易政策视角下的新兴产业发展路径选择［J］.经济体制改革，2011（3）：89-93.

［39］徐晓兰.建议设立战略性新兴产业投资基金［J］.中国科技产业，2010（7）：61.

［40］朱瑞博，刘芸.我国战略性新兴产业发展的总体特征、制度障碍与机制创新［J］.社会科学，2011（5）：65-72.

[41] 肖兴志. 战略性新兴产业发展战略研究 [J]. 经济研究参考, 2011 (7): 47-60.

[42] 张训. 战略性新兴产业发展的金融支持研究 [D]. 长沙: 长沙理工大学, 2012.

§9 广西创新能力评价与分析

9.1 研究述评

随着经济社会的发展，创新被认为是经济增长的主要驱动力，创新能力直接影响企业、区域以及国家等各个层面的竞争力。创新能力现已成为提升生产力、增强国家竞争力和提高人民生活水平的基础和源泉，创新能力的强弱也成为能否保持长期经济增长和持续增强综合国力的关键。关于创新理论和实证方面的研究成果自进入 21 世纪以来如同雨后春笋般涌现，对创新指数的研究也不断增多。创新既包括科技、管理等的创新，也包括制度、体制等的创新，各创新环节之间又相辅相成、相互影响。而科技创新能力是其中的核心，它对提升生产效率和开发高新产品等有着直接而广泛的影响。事实也证明，从农业社会到工业社会，再到后工业社会或知识经济时代，科技创新对社会生产方式的突变都起着决定性的作用，对经济增长的贡献力也逐步增强，特别是现在，科技已成为名副其实的第一生产力。

创新的概念最早出现于 1912 年，由美裔奥地利人熊彼特提出。他在经济意义上将创新活动归纳为引进新产品、引进新生产方法、开辟新市场、获得新的原材料或半成品供应渠道和实施新的产业组织方式等 5 种形式。自 1992 年以来，国际创新调查标准规范——《奥斯陆手册》在统计意义上将创新进一步定义为新的组织方式或营销方法的采用。《奥斯陆手册》指出，实现商业转化和市场价值是企业创新活动的终极目的和本质特征。鉴于熊彼特创新理论在创新活动开展过程和实现机制上的探讨不够深入，之后的研究中又相继产生了创新线性模型理论和国家创新体系（以下简称 NIS）理论。创新线性模型理论认为，创新活动依次经历基础研究、应用研究、试验发展、商业化生产、市场销售、社会扩散等环节，呈线性推进；R&D 是创新的源泉，R&D 投入越多，创新产出就越大,因而创新能力在一定程度上被简单理解为 R&D 投入水平。然而,线性模型理论却不能很好地解释在不同国家投入了同样的 R&D,但体现在技术进步程度和对经济增长的贡献等创新效果上存在巨大差异的现实情况。于是 NIS 理论在 20 世纪 80 年代中后期应运而生。该理论开始从系统论角度研究创新活动开展机制及创新能力影响因素,认为国家创新体系是一个国家内部各创新活动主体以及相关的各种政策、制度在创新活动过程中相互作用而形成的网络体系。在 NIS 理论框架下,传统线性模型依然是测度创新能力的有力工具,且 R&D 始终是国家创新体系的重要组成部分;但 NIS 理论强调创新各主体的作用和它们之间的复杂关系以及宏观层面创新模式的选择,更能反映国家创新指数能力的内在特质。可以说,NIS 理论是创新线性模型的拓展和延伸。

9.2 国内外创新指数

20 世纪 90 年代以来,随着创新理论日趋成熟,创新正在走到竞争的前沿。在区域层面,全球衡量科技园创新能力的最著名的指标是美国"硅谷指数";在国家层面,许多国家加强了对创新型城市的研究,实施"创新型城市"战略,产生并形成了一些国际公认的创新度量标准,如欧盟的各种创新指数、日本的科学技术综合指标等,以监测和评价不同时间、不同区域的创新。

9.2.1 国外创新指数

在国外创新指数中,欧盟创新指数、国家创新能力指数和全球知识竞争力指数既可以对各测评对象进行横向比较,又可以与自身的各年度指数进行纵向比较。

9.2.1.1 硅谷指数

硅谷是世界先进科技园区的代表。"硅谷指数"描述硅谷地区的发展状况,反映硅谷的经济实力与社区发展情况,突出挑战,从而为领导层和决策者提供分析基础。《硅谷指数报告》由非营利组织"硅谷网络联合投资"于 1995 年首次编制并发行,现已在全美乃至世界产生了影响力,成为硅谷风险投资走向、企业成长与新兴产业培育的重要风向标。"硅谷指数"最初只有创新经济、宜居环境、包容性社会与区域治理 4 个方面的内容,经过不断修订和完善，2006 年，"硅谷指数"指标体系修订为人力资源、创新经济、多样化社区、生活场所、地区治理 5 个一级指标，下面包含人才流动、就业、文艺、健康等 16 个二级指标，以及 59 个细分的三级指标。2010 年的"硅谷指数"沿用了之前的一级指标，对二级指标有所调整，三级指标内容和数量则变动较大。"硅谷指数"在三级指标上每年都会有一些变化，以反映硅谷地区的新形势、新问题。

9.2.1.2 欧盟创新指数

20 世纪 90 年代初，欧盟及其成员国开始意识到企业缺乏竞争力，并推出一系列创新计划；从 2000 年开始欧盟发布创新政策的年度报告，定性分析和展望各成员国的创新政策；从 2001 年开始，欧盟正式发布"欧盟创新指数"报告，以美国和日本为标杆，利用创新指标体系对欧盟成员国的创新绩效进行定量比较，分析欧盟各国的创新优势和劣势。"欧盟创新指数"从人力资源，知识生产，知识传播与应用，创新金融、创新产出与创新市场 4 个方面，运用 17 个二级指标对统计资料进行了分析，设计了"综合创新指数 SII"，随后欧盟在每年发布的欧盟创新指数报告中都会对指标、研究范围等进行修订。

9.2.1.3 全球创新指数

欧洲工商管理学院（INSEAD）于 2007 年首次推出"全球创新指数"（GII），每年发布一次，目的是确定怎样找出有关的指标和方法，以更好地体现各国的创新财富，并用研究论文数量和研发（R&D）支出水平等传统创新措施之外的方法对创新表现进行评估。2012 年 7 月 3 日该学院首次与联合国专门机构——世界知识产权组织（WIPO）在日内瓦联合发布《2012 年全球创新指数（GII）：增强创新联动，促进全球增长》报告，该报告基于创新能力和成果对 141 个国家/地区进行排名，并且进行动态监测与结构分析。这也是世界知识产权组织第 5 年发布全球创新指数报告。通过逐年的修订与完善，2012 年全球创新指数的计算方法是取两个次级指数（创新投入次级指数与创新产出次级指数）的平均值；创新效率指数是取两个次级指数的比率。创新投入次级指数衡量的是可以体现下列五大创新支柱活动的国家经济要素：（1）机构；（2）人力资本与研究；（3）基础设施；（4）市场成熟度；（5）企业成熟度。创新产出次级指数体现的是创新成果的实际证据，由两个支柱组成：（1）知识与技术产出；（2）创意产出。GII 在下列两个方面进行了创新：首先，GII 首次对影响每年排名变化的潜在要素进行了详细分析。其次，在国家概况中明确了每个经济体的优势/弱点。此外，尽管 GII 报告是一项年度对比表现评估，但仍试图更新/改进创新的衡量方式。

其他很多国家也有类似的创新能力评价指数，如日本的创新能力评价报告等。在 20 世纪 90 年代日本陷入了经济低迷期，1995 年 11 月，日本通过了《科学技术基本法》，把"科学技术创造立国"作为基本国策。2001 年被日本各界认为是科学技术政策形成和实施体制改革的转折点，设立了综合科学技术会议，科技指标的设立和指标体系结构都是为了决策者更好地了解科技发展的整体状况，使科技统计数据成为科技决策的基本和依据。日本逐年发布《日本科技指标报告》并进行修订与完善，其科技指标体系分为：科技发展总体情况指标（全球科技发展趋势和日本的科技竞争综合实力）、科技人力资源指标（知识经济时代从事 R&D 活动的人员、知识经济时代的科研者及学校教育中的科技人力资源的开发）、科技成果指标（R&D 体系的国际比较、R&D 绩效指标、科技研究方式的转变、政府的角色、高校科技产出及高校与其他机构的合作、私营部门的 R&D 活动指标）、科技与社会指标（公民的生活水平、人均 GDP 与科技发展的关系等）。

9.2.2 国内创新指数

上海市统计局推出"张江创新指数"；北京推出"中关村创新指数"；中国人民大学发布了"中国 31 省市区创新指数研究报告"；中国城市发展研究会组织了"中国城市创新能力科学评价"研究等。目前，运用创新指数评价城市创新能力已成为一种共识。

9.2.2.1 关于国家层面的创新指数

当前，全国性创新能力评价体系设计方面的主要成果有：中国人民大学发布了"中国 31 省市区创新指数研究报告"；中国城市发展研究会组织了"中国城市创新能力科学评价"研究；中国科学技术发展战略研究院向社会发布"国家创新指数"；国家统计局社科文司《中国创新指数（CII）研究》课题组编制的"2005—2011 年中国创新指数（CII）"。

1. 中国 31 省市区创新指数研究报告

中国人民大学统计学院赵彦云教授及其课题组于 2007 年 7 月 13 日首次发布了 2006 年中国 31 省市创新指数，随后于 2008 年 3 月 3 日进一步发布了中国创新指数和分析的系列报告，进一步编制了金砖国家创新指数，并进行横向比较。同时编制了 2001—2007 年中国 31 省市区创新指数，对 31 个省市区城市创新能力进行评价和动态监测：认为 2001 年地区间创新指数是个别突出、多数落后，即北京、上海、江苏、广东、天津等 5 个省市较突出；截至 2003 年，除了浙江、上海等少数地区提升比较明显外，其他区域提升较微弱；2004 年，地区间的分化比较明显，差距逐渐加大；2007年分化更明显，宁夏、青海和西藏属于创新指数最低的群体且发展缓慢。此外还编制了31个省市区的中国制造业产业创新指数，并进行评价比较。

2. 中国城市创新能力科学评价

2008年3月10日，中国城市发展研究会组织各部门有关领导和专家学者共同参与的中国城市创新能力科学评价课题研究全面启动，其关于城市创新能力的评价指标体系如表9-1所示。随后连续以《中国城市创新年度报告》的形式向社会发布了2008—2011年中国副省级以上城市、地级城市及县级城市创新能力综合测评排行，并在国内外公开出版。

表9-1　中国城市发展研究会关于城市创新能力的评价指标体系

创新基础条件与支撑能力	技术产业化能力	品牌创新能力
R&D经费占地区生产总值比重 R&D人员占企业职工总量比重 高等教育毛入学率 教育经费投入占地区生产总值比重 每万人拥有企业数量 企业综合实力指数 每万人互联网用户数 风险投资总额 科技园区数量	每万R&D研究人员科技论文数 每万人三种专利授权数 新产品销售额占总产值比重 科技进步对经济增长的贡献率 每万元地区生产总值综合能耗指标 人均地区生产总值 高技术产业增加值占地区生产总值比重 高技术产品出口额占工业制成品出口额比重	城市综合知名度 注册商标数量与企业数量比值 国内知名品牌影响力 国际知名品牌影响力

3. 国家创新指数

2011年2月24日中国科学技术发展战略研究院首次向社会发布"国家创新指数2010"。在列入测算的40个主要国家中，我国的创新指数为57.9，排名第21位。我国的这套指标体系，借鉴了国内外最新研究成果，建立了"创新资源""知识创造与应用""企业创新""创新绩效"和"创新环境"5个一级指标和31个二级指标。列入测算的40个国家是从全球有R&D活动经费的112个国家中选出的，其R&D经费总量占世界的98%、GDP总量占世界的88%。其中，美国、瑞士、韩国和日本，位居前四位。从主要科技指标表现来看，我国虽然排名第21位，但R&D经费总量已位居世界第四位，R&D人员总量位居世界第一，被SCI数据库收录的论文数居第二位，高技术产业产品出口稳居世界首位。从历史比较来看，我国的创新指数增长迅猛，2005年较

2000 年翻了一番，2008 年则是 2000 年的 3.1 倍。

4. 中国创新指数（CII）

2013 年 4 月 19 日国家统计局发布了国家统计局社科文司《中国创新指数（CII）研究》课题组编制的"2005—2011 年中国创新指数（CII）"。该指数研究表明，2005 年以来我国创新能力稳步提升，在创新环境、创新投入、创新产出、创新成效 4 个领域均取得了积极进展。以 2005 年为 100，2011 年中国创新指数达 139.6，年均增长 5.7%。在 4 个分指数中，创新产出指数年均增长 7.0%，创新投入指数、创新环境指数和创新成效指数年均增速分别为 5.9%、5.5% 和 4.4%。

上述介绍的关于国家层面的创新指数中，中国 31 省市区创新指数和中国城市创新能力指数既可以对各测评对象进行横向比较，又可以与自身各年度指数进行纵向比较。其中，中国人民大学建立的中国 31 省市区创新指数，包含创新资源能力、创新攻关能力、创新技术实现、创新价值实现、创新人才实现、创新辐射能力、持续创新能力和创新网络能力 8 个创新要素。该指数从创新投入、创新实现和创新发展 3 个角度分析我国 31 个省市区的创新能力，重点突出创新实现和创新发展，但没有反映创新活力。而中国城市发展研究会发布的《中国城市创新能力科学评价》，建立了一套具有中国特色的城市创新能力评价体系，从创新基础与支撑能力、技术产业化能力和品牌创新能力 3 个方面进行研究，对我国大陆 661 个城市的多项指标进行系统分析测评。该体系集中研究城市创新能力，所包含的范围较为广。

9.2.2.2　关于区域层面的创新指数

1. 北京中关村指数和首都科技创新发展指数

2005 年 1 月 14 日，北京市统计局首次向社会公开发布了"中关村指数"，从 2004 年年初开始试算。其主要目的是综合描述北京市高新技术产业发展状况，总体评价北京市高新技术产业发展水平。中关村指数由五个分类指数构成，即：经济增长指数、经济效益指数、技术创新指数、人力资本指数和企业发展指数。各分类指数均由 3 个指标构成，共计 15 个指标。经过几年的反复修改和完善，2012 年 9 月 13 日改版后的"中关村指数 2012"编制工作由北京市社会科学院、中关村创新发展研究院、北京方迪经济发展研究院共同完成。指标体系包括创新创业企业、产业发展、创新能力、创新创业环境、国际化、中关村 300 强和上市公司 100 强等 6 个一级指标，涵盖 20 个二级指标以及 122 个三级指标。"中关村指数"将创新能力建设、创新创业企业等放在突出位置，指标选取符合中关村特色，凸显了高新区与其他类型开发区的不同点，对全国其他高新区具有积极的示范作用。该指数为政府部门实时监测示范区发展动态、把握示范区发展趋势、引导示范区科学发展提供了重要的智力支持，为社会各界全面了解中关村的发展开启了一扇新的窗口，提供了一个新的平台。"中关村指数"由独立的第三方智库机构来设计、研究和发布，更具客观性、公正性，这在国内也是一种积极的探索。

2012年9月13日北京市首次发布首都科技创新发展指数，是首个以连续、动态方式跟踪和度量北京科技创新发展情况的指数系统。该指数分析影响科技创新发展的主要因素，提出针对重大战略性问题的解决思路和政策建议，通过62个纵向指标和13个横向指标在世界范围内将北京科技创新水平进行了定位，是第一次为首都科技创新"画像"。纵向比较指标体系主要运用时间序列数据进行历史分析，连续监测北京科技创新发展数据，跟踪北京科技创新发展动态，总体评价北京科技创新发展水平的变化和特征，主要由三个层次指标构成。其中，一级指标共4个，包括创新资源、创新环境、创新服务、创新绩效。二级指标共14个，包括创新人才、研发经费、政策环境、人文环境、生活环境、国际交流、科技条件、技术市场、创业孵化、金融服务、科技成果、经济产出、结构优化、绿色发展。三级指标共62个，包括创新资源三级指标11个，创新环境三级指标15个，创新服务三级指标11个，创新绩效三级指标25个。横向比较指标体系主要由两个层次指标构成。其中，一级指标共3个，包括创新能力、创新环境和创新收益；二级指标共13个，包括专利数、科技公司指数、科技园区、金融公司指数、文化公司指数、政府公共治理指数、跨国公司联系度、自由度指数、互联网服务器、大学指数、人均GDP、GDP增长和地均GDP。选取北京、纽约、伦敦、巴黎、莫斯科、东京、首尔、新加坡、香港和圣保罗等有代表性的城市进行比较分析，在全球范围内研究和评估北京科技创新发展水平。

2. 上海张江创新指数和上海科技创新实力指数

上海市统计局于2005年正式推出代表本市科技创新水平的上海"硅谷指数"，取名为"张江创新指数"。因为上海科技创新战略就是"聚焦张江"，张江已经成为上海科技创新的品牌。张江创新指数共有六大分类指标，分别为创新环境指数、创新主体指数、创新投入指数、创新人才指数、创新成果指数和创新水平指数，集中反映全市的原始创新、集成创新和二次创新能力。由于"张江创新指数"是上海探索性设计建立的新指标，没有现成模板可以引用，部分指标还得从一些数据中"分离"或"归并"，因此该指数体系推出以后，一直没有对外公布过具体数值。张江方面一直在对该指数如何评估、分析进行研究测算，统计部门也在不断完善统计方法和具体细化指标的测算方法。"张江园区创新指数"自 2005 年建立，总指数和各分类指数均呈逐年上升态势。指数由反映原始创新、二次创新、集成创新的 16 项指标构成，来反映科教兴市总体变动方向和程度。该指数分别对园区、重点产业和重点领域进行评估，并采用系统指数方法合成的指标综合反映上海园区和企业科技创新的能力。

2012 年 6 月 6 日上海交通大学安泰经济与管理学院在论坛上发布了《上海科技创新实力指数》。报告显示上海科技创新实力逐年增强，但软实力增速低于硬实力，创新环境和创新文化有待优化。硬实力包含了创新基础和创新效率，软实力则主要涉及创新环境和创新文化。报告显示，2004 年、2005 年上海科技创新硬实力位列北京、广东之后为全国第三，2006 年开始超越广东，至 2010 年稳居全国第二。软实力 2009 年以来从位居首位下降至第二，且竞争优势不明显，上海科技创新发展的短板在于科技创新软实力。

3. 杭州滨江创新指数和杭州创新指数

杭州市高新区（滨江）作为杭州高新技术企业的发源地和集聚区，是杭州市打造"天堂硅谷"的主阵地。2008 年年初，经区政府研究同意，制定了《"滨江创新指数"指标体系》，旨在量化自主创新能力，综合描述区域创新体系状况，科学评价全区高新技术产业发展水平，实现"高点定位谋发展，自我加压求跨越"。它由 6 个分类指数构成，即创新环境指数、创新主体指数、创新投入指数、创新人才指数、创新成果指数和创新辐射指数。每个分类指数由 5 个指标构成，共计 30 个指标，每项指标赋予相应的权重，并将每项指标当年实现的绝对值和相比上一年度的变化情况通过数学模型综合成一个指数，由区政府组织实施，每年年初公布一次。2008 年 3 月，杭州市高新区结合滨江创新指数评价体系，对 2007 年的发展作了试评价，发布了第一份《滨江创新指数报告》。2009—2010 年修订完善"滨江创新指数"评价体系。2011 年，区委三届八次全会明确提出了"创新驱动、转型发展，全力打造全国一流高科技园区"的奋斗目标，标志着滨江创新指数成为杭州高新区（滨江）中心工作的风向标。

2008 年 7 月 17 日，杭州市在全国副省级城市中率先研究发布"杭州创新指数"，首次以量化的指标，把杭州市创新环境的改善、创新能力的提高一一记录。这标志着杭州市创新发展有了风向标，政府部门的创新布局决策有了新工具。杭州创新指数是在借鉴美国硅谷指数、上海张江指数、北京中关村指数等国内外先进创新指数的基础上，结合杭州特点设立的。杭州创新指数体系包括 3 个一级指标（创新基础、创新环境和创新绩效）、7 个二级指标（科教投入、人才资源、经济社会环境、创业环境、创新载体、成果产出和经济社会发展）和 32 个三级指标。该指数的开发研究团队以概念模型为基础，进一步导出了杭州创新指数的研究模型，基本确定了杭州创新指数研究的指标体系框架，使杭州创新指数的产生有了严谨、科学的理论支撑和依据。杭州市科技局通过进一步推广应用杭州创新指数，跟踪指标的波动发展情况，从动态的数据变化中，看到成绩鼓舞斗志，看到差距努力赶超，从而使杭州全市的创新能力和水平不断得到提升。

4. 太原城市创新指数

太原市科技部门 2011 年 7 月 8 日首次发布了由太原生产力促进中心完成的《城市创新指数研究报告》，对创新型城市建设情况进行量化评价，太原成为国内继杭州之后第二家发布创新指数的城市。太原城市创新指数作为太原市科技创新领域的首个指数类参照物，用于衡量和评价太原创新水平和创新工作的进展，是指导全市科技强市、创新性城市建设和一流的省会城市建设的风向标，为相应工作提供标杆和参考。该项研究对"欧洲创新记分牌"等 13 个国外评价体系和"国家创新指数""中国创新城市评价"等 13 个国内评价体系包含的 232 个指标进行了逐条辨析和频次统计，并选择与北京、上海、深圳等 28 个国内主要城市和省会城市进行比对。太原创新指数由创新投入、创新环境和创新绩效 3 个一级指标，科技投入、人才资源、创新载体、政策环境、经济社会环境、成果产出和经济社会发展 7 个二级指标，以及 17 个三级指标构成。在 29 个城市中，太原市创新投入综合指数由 2006 年的 19 位上升到 2009 年的 12 位，创新环境综合指数由 2006 年的 25 位上升到 2009 年的 21 位，创新绩效综合指数由 2006 年的 24 位上升到 2009 年的 18 位。同时综合指数的位次表明太原市自主创新能力在不断前进，但与一些发达城市相比还有一定距离。此外，太原市在人才资源建设方面较落后，规模以上工业高新技术产品产值率相比 2006 年有所下降。总体来说，科技实力相对薄弱的局面仍然存在，产业升级的任务仍然繁重，科技投融资体系有待改进。

5. 深圳市科技创新景气指数

2011 年 11 月 16 日深圳市委市政府要求南山区加快创建国家核心技术自主创新先锋城区。南山区委托中国科技开发院会同有关机构联合开展定量研究，对每个季度的区域科技创新活动发展态势予以披露。指数体系分为两个部分，一是由科技投入指标、科技产出指标、经济产出指标等 15 个综合指标构成的科技创新景气指数；二是反映企业家创新信心及南山区创新环境的企业调查结果。在南山指数体系基础上，中国科技开发院研究发布了深圳市科技创新景气指数（深圳南山指数），并开展深圳市与国内主要城市的科技创新指数横向对比研究。

上述关于区域层面的创新指数中，中关村指数、张江创新指数和杭州创新指数只与自身各年度指数进行纵向比较。中关村指数有利于分析影响北京市高新技术产业发展的主要因素，监控不同领域的发展变化情况，有利于及时全面地掌握北京市内高新技术企业的发展趋势。张江创新指数能综合反映张江园区的创新能力和水平，为科学评价园区的自主创新能力提供依据，并为园区未来的可持续发展指明方向。张江创新指数还被上海市统计局用来综合评价全市的创新能力和水平。杭州创新指数由杭州市科技局和杭州市科技信息研究院编制，从创新基础、创新环境和创新绩效3个方面反映杭州市创新发展的现状、水平与层次。该指数涉及面广，指标较全，结合了杭州经济发展的现实，多项指标均具有创新性和引导性，对全国具有借鉴意义。这些指数有各自的特点和作用，但因是区域型指数，因此对技术创新主体和产业技术创新缺乏具体评价。

9.3 广西创新指数评价现状分析

熊彼特（1912）提出创新是经济发展的源泉，20世纪60年代后新增长理论又强调知识在经济增长中的作用。因此，OECD（经济合作与发展组织）提出了知识经济概念（1996），并进一步认为创新是推动经济发展的基本动力，而学习是知识资本有效积累的根本途径，知识经济发展包含了学习与创新两阶段。在知识经济背景下，党的十六大报告提出了建立"终身学习的学习型社会"；《国家中长期科学和技术发展规划纲要（2006—2020年）》中明确提出建设创新型国家；2012年9月份，中共中央、国务院出台了《关于深化科技体制改革加快国家创新体系建设的意见》。之后，各省争相提出建设区域创新系统的规划，西部地区也不例外。但西部地区创新能力较弱，已经成为建设创新型国家的短板，严重影响着创新型国家战略的实现。而广西壮族自治区地处华南、西南接合部，是我国面向东盟的重要门户和前沿地带，在促进区域协调发展、深化与东盟开发合作、维护国家安全和西南边疆稳定方面具有重要战略地位。同时广西的矿产、水能、旅游、海洋和农业资源丰富，但经济欠发达，企业缺乏竞争力，规模以上企业数量少，工业发展亟须产业化与进行结构调整，资源依赖与环境保护矛盾显著，是西部省市区中创新能力相对较弱的地区。因此提高广西的创新能力，是广西要在西部地区率先建成全面小康社会、实现富民强桂的目标、跟上全国发展形势的关键问题之一。建设"创新型广西"已经作为战略目标写入《广西科学技术发展"十二五"规划（2011—2015年）》。"十二五"以来，在自治区党委、政府的正确领导下，广西科技战线深入贯彻落实科学发展观，积极实施创新驱动发展战略。按照《广西科学技术发展"十二五"规划》"强基础、提能力、促发展、惠民生"的总体思路，积极落实规划部署的八大任务、十一个重大专项等工作，取得了一系列重要成绩，获得了一批重大产品和技术成果，多个研发平台上升为国家级，科技投入持续增长，专利年申请突破2万件大关，全区科技事业取得了长足的进步，为主动适应和引领经济发展新常态、促进自治区"两个建成"战略目标的实现提供了有力地支撑。一方面，广西发明专利受理量、授权量及每万人口发明专利拥有量等多项指标增长率连续多年排在全国前列。全区发明专利申请量合计76 692件，授权合计8 781件，分别是"十一五"时期的13.8倍和6.6倍；2015年年末每万人口发明专利拥有量达到2件，是"十一五"期末的近7倍。另一方面，全区在资金、平台建设等方面不断加大投入，取得显著成效。财政科技投入对全社会研发投入的引导作用明显增强，全区财政科技拨款年初预算安排年均增长超过20%，全社会R&D经费支出由2010年的62.87亿元增长到2014年的111.87亿元，增长了77.92%。创新平台和基地建设持续加强。广西目前已有国家重点实验室7个、国家工程技术研究中心3个、国家工程实验室8个、国家地方联合工程研究中心（实验室）11个、国家级企业技术中心8个，工程技术研究中心达到213个，建设了23个千亿元产业研发中心、25个工程院、288个产业技术创新战略联盟。到2015年年底，全区有高新技术企业641家，比"十一五"期末增长55%；创新型企业（含试点）163家，比"十一五"期末增长49%。自治区重点实验室及培育基地由"十一五"期末的38个增加到78个。同时围绕战略性新兴产业和特色优势产业，从基础研究、共性关键技术攻关到产业化示范进行全链条创新设计。通过组织实施新能源汽车、铝资源、非粮生物质能源、制糖等11个重大科技专项，攻克了一批产业关键技术难题，研发出一批国内外领先并拥有自主知识产权的新产品。工业科技创新成效明显，在航空铝合金材料与加工技术、轨道交通高端铝合金材料等方面得到突破性的发展。研发出国内首台达到欧洲第六阶段排放标准的柴油发动机。战略性新兴产业蓬勃发展，新一代信息技术、生物医药、有色金属新材料等产业已初具规模。农业科技创新取得丰硕成果，自主培育出通过审定的粮食、林木、畜禽等新品种576个，全区农业良种覆盖率达到90%，全区农作物耕种收综合机械化水平达到50%，国家级农业科技园区总数达到5个。

"十三五"期间，我国经济发展进入"新常态"，是全面建成小康社会的决胜阶段，也是进入创新型国家行列的冲刺阶段。这是由投资驱动向创新驱动全面转型的关键时期，科技创新将发挥引领作用。信息技术、生物技术、新能源技术、新材料技术等交叉融合正在引发新一轮科技革命和产业变革。供给侧改革的推进，要求培育发展新动力，优化劳动力、资本、土地、技术、管理等要素配置，激发创新创业活力，推动大众创业、万众创新，释放新需求，创造新供给，推动新技术、新产业、新业态蓬勃发展，加快实现发展动力转换。中央对科技创新提出新的要求，科技创新在国家发展全局中的战略地位提升到前所未有的新高度，创新发展已经摆在了五大发展理念之首，创新已经成为引领发展的第一动力。"十三五"时期，是广西贯彻落实"四个全面"战略布局，与全国同步全面建成小康社会的决胜期，是全面履行中央赋予广西"三大定位"新使命，基本建成国际通道、战略支点、重要门户的关键阶段，是新型工业化城镇化加速发展时期和经济转型升级、爬坡过坎的重要阶段。自治区政府把创新驱动摆在"十三五"时期广西"四大战略"之首，把创新摆在经济社会发展全局的核心位置，大力推进制度创新、科技创新、文化创新、人才创新等，加快形成以创新为引领的经济体系和发展模式，促进大众创业、万众创新，建设创新型广西。在新的形势下，广西既面临新常态的趋势性变化，又具有后发展欠发达地区的特征。经济下行压力持续加大，投资增长乏力，三产增速缓慢，市场需求持续低迷，深层次矛盾与短期困难交织。经济增长旧的动力逐渐减弱，新的动力尚未形成，科技发展面临巨大挑战。广西的科技创新投入严重不足，且资金管理条块分割，使用效率低下。广西传统的资源型产业和制造业面临巨大转型压力，企业的创新意识不强，自主创新能力低，全区规模以上工业企业研发投入强度为0.49%，仅为全国平均水平的61%。广西的整体科技创新能力难以支撑经济转型升级，高校院所创新综合实力不强，人才特别是领军人才匮乏，创新内生动力不足，缺乏对全局具有整体带动作用的科技先导产业，难以拓展新的战略发展空间。科技体制机制改革滞后，政策环境有待完善，大众创业、万众创新的局面尚未形成。

从目前广西创新发展取得的成果和存在的问题来看，建立一套创新能力评价体系来定期评价广西创新能力显得尤为必要。前述国外创新指数的相关研究分别从不同的角度进行指标的选取，进而将一级指标逐层分解为二级指标、三级指标。指标的选取主要参考国外城市发展状况，并不太适合国内大多数省市，而且这些评价指标体系也具有整体性不足、设计指标差异性较大等缺陷。

而国内的相关研究主要有国家级创新评价、区域型创新评价、副省级创新评价等。国家级创新评价从科技创新角度出发建立创新能力评价指标体系，以此作为衡量一个国家或城市的创新程度，但是科技创新只是城市创新的一部分，不能够全面地反映一个国家的创新程度。而硅谷创新指数、中关村创新指数、张江创新指数、杭州创新指数等区域创新指数，其指标体系主要针对一些经济发展比较迅速的省、市，从高新技术的拥有量等方面进行评价，因此这种指标选取方法不具有普适性；副省级创新评价体系往往依据其地方特色，以市级为单位或者以县级为单位进行研究，因此也没有普适的统一标准。考虑到现在有关国内外创新指数的研究成果及应用都是从多层面、多角度阐释创新的要素架构，具有各自评价的侧重点，缺少针对广西特点的个性指标；因此在建立广西的创新能力评价体系和讨论创新指数时，不能一味照搬现有的创新指数研究成果，而应借鉴现有的创新指数研究成果再结合广西的地方特色和经济发展状况来研究建立合理的符合广西实际情况的创新指数。

目前有关广西创新指数的研究很少。李芹芹、刘志迎（2012）讨论了中国各省市技术创新指数研究，但讨论的角度基于全国层面，其创新评价指标都是共性指标，缺少针对广西特点的个性指标。王紫陌、廖志高（2013）从创新要素角度出发，建立可供国内外工业城市参考的柳州城市创新指数评价指标体系，同时计算出柳州市的创新指数，通过与其他工业城市的创新指数对比分析发现柳州在发展中的优劣势，对柳州未来的发展提出建议与对策。但该研究只是局部研究，其结论也具有局部性，不能完全用以评价广西的创新能力。因此研究广西创新能力评价体系和创新指数具有重要的现实意义。

9.4　广西创新指数评价指标体系与评价分析方法

广西享受国家西部开发、边境贸易和少数民族地区的优惠政策，初步形成了以制糖、冶金、电力、汽车、机械、建材、食品、医药等为主的一批优势产业。这是提高广西区域创新能力和构建广西特色的区域创新体系的基础。广西创新指数的提出，有利于衡量和评价广西的创新水平。广西创新指数研究应遵循科学性、导向性、可操作性和开放性原则，从系统论的角度研究创新开展机制以及创新能力影响因素。为了综合和直观地反映创新能力，本研究将孤立、单一的指标整合，构建了一套评价指标体系。

9.4.1 指数的有关概念

广义的指数是指一切说明现象数量差异（变动）程度的相对数。如动态相对数、比较相对数、计划完成程度等。狭义的指数是指用来反映由许多不能直接加总的要素所组成的复杂现象数量综合差异（变动）程度的特殊相对数。如零售物价指数和工业产品产量指数。由指数的概念可知"广西创新指数"是反映广西在创新方面变化程度的一个相对数。

指数按其反映对象的范围不同，可分为个体指数和总指数。个体指数是反映个别现象数量变动的相对数，多指总体各单位的动态标志值；总指数是说明多种现象综合变动程度的相对数，多指总体中某标志在各单位的综合或平均变动程度的相对指标。按指数所反映现象的内容性质不同，可将其分为数量指标指数和质量指标指数。数量指标指数是反映数量指标变动（或差异）程度的相对数；质量指标指数是反映质量（或说明生产经营中所取得的效益状态、工作质量）指标变动（或差异）程度的相对数。按指数采用的基期不同，可将其分为定基指数和环比指数。定基指数是指在指数数列中，各期指数都以某一固定时期为基期的指数。环比指数是指各期指数都以其前一期为基期的指数。根据研究性质，创新能力指数是一种数量指标指数。

统计指数的作用有：综合反映现象总体的变动方向和变动程度，这是总指数最基本的作用；分析现象总体变动中的各个因素的影响方向和影响程度；分析研究社会经济现象在长时间内的发展变化趋势，对社会经济现象进行综合评价和测定。

总指数的编制可以从两个角度进行，即平均法和综合法。本研究中的创新指数采用综合法进行编制。

9.4.2 广西创新指数指标的选择

在具体指标选择时，应考虑的程序和因素有：将同类指标先进行分类，再从各大类中选取具有代表性的指标；要求选取的指标能够覆盖同类指标，覆盖的面越广，就越有代表性；选取的指标一定要具备可获取性，要求有归口统计单位可获取；尽量考虑能包容现有科技考核指标中已有的指标，可以承上启下继承使用；选取的指标还要与广西近年来已制定的各种规划、计划，如"创新型广西"等规划中的"奋斗目标"衔接起来，便于结合实际将工作落实到有关部门，以保证广西创新指数能起到实效。

综合国内外各创新指数的指标体系设计思路和广西的具体实际情况，以指标的科学性、综合性、引领性、可比性和可操作性为原则，由创新系统理论出发，基于投入-产出角度、知识创造-扩散-应用角度、创新能力要素角度来构建广西创新评价体系。本研究认为，广西创新指标体系应设计创新投入、创新环境、创新产出和创新效果四个目标层。其中创新投入是创新能力的前提条件和基础，创新环境对创新有基础保障和支撑作用，创新产出主要反映的是一个地区创新成果产出和支撑经济转型综合情况，创新效果则直接反映一个地区创新的综合实力。在保证数据的可获得性等相关因素的前提下，本研究建立了广西创新指数指标体系。本指标体系共分为四级指标，包括 1 个综合指标、4 个一级指标、9 个二级指标和 21 个三级指标，具体如表 9-2 所示。

表 9-2　　　　　　　　　　　广西创新指数指标体系

一级指标	二级指标	三级指标
创新投入	科教投入	全社会 R&D 经费支出占地区生产总值的比重（%）
		地方财政科研拨款占地方财政支出的比重（%）
		规模以上工业企业 R&D 经费支出（万元）
		财政性教育经费支出占地区生产总值的比重（%）
	人才资源	大中型工业企业 R&D 人员占就业人员的比重（%）
		每万人高校在校生数（人/万人）
创新环境	创新载体	自治区、各部委重点实验室数（个）
		国家级、自治区工程技术研究中心数（个）
	创业环境	国家级、自治区级科技企业孵化器数（个）
	经济社会环境	人均地区生产总值（万元/人）
		全员劳动生产率（万元/人）
创新产出	知识产权	发明专利申请数（件）
		发明专利授权数（件）
	成果产出	自治区级科技成果登记数合计（项）
		技术合同成交额（万元）
		高新技术产业主营业务收入（万元）
		高新技术产业利税总额（万元）
创新效果	经济社会发展	高新技术产业总值占地区生产总值的比重（%）
		高新技术产品出口额占出口总额的比重（%）
		工业新产品产值率（%）
	环境改善	单位地区生产总值综合能耗（吨标准煤/万元）

9.4.3 评价与分析方法

广西创新指数研究采用综合法进行编制。该方法是在评价体系结构的基础上，将系统复杂性特征简单化，计算各指标反映的综合信息，继而给出简洁、直观的评价结果。该方法在综合评价工作中使用最为广泛。

首先，将数据进行标准化处理，消除不同量纲的影响。标准化的方法有直线型、折线型和曲线型。一般对指标值变动比较平稳、评价中又鼓励平稳发展的情况，采用直线型无量纲化方法；对指标值变化不均衡、在指标值的不同区域内实现指标值的困难程度不同的情况，采用折线型或曲线型无量纲化方法。本研究采用直线型方法进行指标数据的标准化处理。通过公式（9-1）或（9-2）得到单个指标原始数据标准化结果。公式（9-1）或公式（9-2）数据标准化结果的变化范围是 [0，100]，即数据标准化结果的最小值是 0，最大值是 100。

对于正向评价指标，标准化处理公式为：

$$X_{ij} = \frac{y_{ij} - y_j^{\min}}{y_j^{\max} - y_j^{\min}} \times 100 \tag{9-1}$$

对于反向评价指标，标准化处理公式为：

$$X_{ij} = \frac{y_j^{\max} - y_{ij}}{y_j^{\max} - y_j^{\min}} \times 100 \tag{9-2}$$

上述公式中，$y_j^{\max} - \max\limits_{i} y_{ij}$，$y_j^{\min} - \min\limits_{i} y_{ij}$。

y_{ij} 表示第 i 个市中第 j 个评价指标的原始数据，$y_j^{\max}$ 表示各个市中第 j 个指标原始数据的最大值，$y_j^{\min}$ 表示各个市中第 j 个指标原始数据的最小值，X_{ij} 表示第 i 个市中第 j 个评价指标的标准化数据。

其次，确定各指标的权重。权重值的确定直接影响综合评估的结果，权重值的变动可能引起被评估对象优劣顺序的改变。所以，合理地确定各主要因素指标的权重，是综合评估能否成功的关键问题。确定指标权重值的方法有很多，学术界通常将这些方法分为三类：主观赋权法、客观赋权法和组合赋权法。其中，主观赋权法是基于某方面的专家对各指标的重要性的判断来确定权重系数；客观赋权法是利用指标值自身的数学特征或指标之间的关系确定权重系数。这两类方法各有利弊：主观赋权法解释性较强，但过于依赖专家的主观判断，有较大的不确定性和模糊性；客观赋权法得到的权重虽然克服了人为因素的缺陷，但得到的结果常常难以给出明确的解释，甚至会与决策者的意向及实际情况相悖。同时赋权结果容易受指标样本随机误差的影响，样本的变化可能导致权重的变化，造成权重的不稳定。组合赋权法力求有机地将主观权重和客观权重组合起来，在减少权重的主观性的同时，充分体现指标值的客观数字特征，使指标权重体系更为合理。本研究采用组合赋权法，在主观赋权部分采用较为常用且容易操作的层次分析法，客观赋权部分采用标准差系数法，最后采用基于权重总偏差最小的最优组合赋权法得到最终的指标权重。

层次分析法简称 AHP，在 20 世纪 70 年代中期由美国运筹学家 T. L. Saaty 提出。它是一种在解决多层次、多因素复杂问题时可采用的定性和定量相结合的分析方法。运用层次分析法确定指标权重一般可分为五个步骤。

第一步是建立层次结构模型，层次结构一般分为三层，自上而下为目标层、准则层（或指标层）、方案层。

第二步是构造各层次的判断矩阵：设某一层有若干个评价因素即 u_1，u_2，……，u_n，从 n 个评价因素中任意取出两个不同因素，比较选取的 u_i 和 u_j 这两个因素的重要度，得出 u_{ij}，即表示 u_i 因素相对于 u_j 而言的重要程度的判断值。表 9-3 列出了重要程度与实际数值之间的对应关系。

表 9-3　　　　　　　　　　重要程度与实际数值之间的对应关系

赋值判断矩阵的标度 u_{ij}	重要性
$u_{ij} = 1$	表示两个因素相等，具有同样的重要性
$u_{ij} = 3$	表示 u_i 和 u_j 相比，u_i 比 u_j 的影响稍强
$u_{ij} = 5$	表示 u_i 和 u_j 相比，u_i 比 u_j 的影响强
$u_{ij} = 7$	表示 u_i 和 u_j 相比，u_i 比 u_j 的影响明显强
$u_{ij} = 9$	表示 u_i 和 u_j 相比，u_i 比 u_j 的影响绝对强
$u_{ij} = 2，4，6，8$	表示 u_i 和 u_j 两个因素相比，在上述两相邻等级之间
$u_{ij} = \dfrac{1}{3}，\dfrac{1}{5}，\dfrac{1}{7}，\dfrac{1}{9}$	表示 u_i 和 u_j 的重要性与上面相反（即强改为弱）

根据表 9-3 可构造相应的判断矩阵为：

$$P = \begin{pmatrix} u_{11} & u_{12} & \cdots & u_{1m} \\ u_{21} & u_{22} & \cdots & u_{2m} \\ \cdots & \cdots & \cdots & \cdots \\ u_{m1} & u_{m2} & \cdots & u_{mm} \end{pmatrix}，\text{其中 } u_{ii} = 1，u_{ij} = \frac{1}{u_{ji}}$$

第三步是根据上面的判断矩阵，计算判断矩阵每行元素的乘积 M_i，然后计算 M_i 的 n 次方根 $\overline{W}_i$（即 $\overline{W}_i = \sqrt[n]{M_i}$），并求和。

第四步对向量 $\overline{W} = (\overline{W}_1, \overline{W}_2, \cdots, \overline{W}_n)$ 进行归一化处理：$W_i = \dfrac{\overline{W}_i}{\sum \overline{W}_i}$，$W =$ $(W_1, W_2, \cdots, W_n)$ 即为指标权重向量。

第五步是计算判断矩阵的最大特征根 λ_{max} 并做一致性检验。一致性检验公式为：

$$CR = CI/RI \qquad (9-3)$$

其中，CR 表示比较矩阵的随机一致性比率，CI 是比较矩阵的一般一致性指标，$CI = (\lambda_{max} - n)/(n - 1)$ （n 表示阶数），而 RI 是判断矩阵的平均随机一致性指标。对于 1~10 阶判断矩阵，其 RI 值如表 9-4 所示。

表 9-4 RI 值

n	1	2	3	4	5	6	7	8	9	10
RI	0	0	0.52	0.89	1.12	1.26	1.36	1.41	1.46	1.49

当 $RI < 0.1$ 时，即认为判断矩阵的一致性程度在容许范围之内，说明权重分配是合理的；否则，就得调整判断矩阵，直到一致性检验通过为止。

在确定主观权重赋值后，我们再进行客观权重赋值的计算。标准差系数法是应用广泛的一种客观赋权法，其基本原理是一个指标的标准差系数越大，说明其变异程度越大，包含的信息量也越大，因此应赋予该指标更高的权重。利用标准差系数法为 m 个指标确定权重，计算各指标权重公式的如下：

$$\omega_j = \frac{V_{\sigma j}}{\sum\limits_{j=1}^{m} V_{\sigma j}} \qquad (9-4)$$

其中，$V_{\sigma j}$ 为第 j 个指标的标准差系数 $V_{\sigma j} = \dfrac{\sigma_j}{x_j}$，$\sigma_i$ 为第 j 项指标原始数据标准化后的标准差，$\bar{x}_j$ 为第 j 项指标原始数据标准化后的均值。

本研究采用基于权重总偏差最小的最优组合赋权法模型，其原理如下：

假设某一多指标综合评价问题有 m 项指标，主观赋值法确定的权重系数向量为 ω_1，$\omega_1 = (\omega_{11}, \omega_{12}, \cdots, \omega_{1m})$；客观赋值法确定的权重系数向量为 ω_2，$\omega_2 = (\omega_{21}, \omega_{22}, \cdots, \omega_{2m})$；组合权重向量表示为 ω_0，$\omega_0 = (\omega_{01}, \omega_{02}, \cdots, \omega_{0m})$，其中第 j 项指标的组合权重可表示为前面两种赋值法确定的权重的线性组合，即 $\omega_{0j} = \theta_1\omega_{1j} + \theta_2\omega_{2j}$。

因此最优组合赋权法可转化为确定主客观权重系数向量 $\theta = (\theta_1, \theta_2)$ 的求解。

组合权重向量与主、客观赋值权重偏差分别为:$\omega_0 - \omega_1$ 与 $\omega_0 - \omega_2$。

要使权重偏差平方和最小,则可建立目标方程:

$$\min D = \sum_{i=1}^{2} || \omega_0 - \omega_i ||^2$$

$$= \mu \sum_{j=1}^{m} (\omega_{0j} - \omega_{1j})^2 + (1-\mu) \sum_{j=1}^{m} (\omega_{0j} - \omega_{2j})^2$$

$$= \mu \sum_{j=1}^{m} [(\theta_1 \omega_{1j} + \theta_2 \omega_{2j}) - \omega_{1j}]^2 + (1-\mu) \sum_{j=1}^{m} [(\theta_1 \omega_{1j} + \theta_2 \omega_{2j}) - \omega_{2j}]^2$$

μ 为偏好因子,$0 < \mu < 1$,最终建立优化模型为:

$$\min D = \mu \sum_{j=1}^{m} [(\theta_1 \omega_{1j} + \theta_2 \omega_{2j}) - \omega_{1j}]^2 + (1-\mu) \sum_{j=1}^{m} [(\theta_1 \omega_{1j} + \theta_2 \omega_{2j}) - \omega_{2j}]^2$$

$$\text{s. t.} \sum_{j=1}^{m} \omega_{0j} = 1$$

该模型中只有 $\theta = (\theta_1, \theta_2)$ 为变量,而 ω_1 和 ω_2 均为已确定的系数向量,通过求 $\theta = (\theta_1, \theta_2)$ 的最优解,即可得到最终的权重向量 ω_0。为求得目标函数的极值,用目标函数分别对 θ_1,θ_2 求偏导,取偏导为 0,化简得到:

$$\begin{cases} \omega_1 \binom{\omega}{1} T \theta_1 + \omega_1 \binom{\omega}{2} T \theta_2 = \omega_1 \binom{\omega}{1} T \\ \omega_2 \binom{\omega}{1} T \theta_1 + \omega_2 \binom{\omega}{2} T \theta_2 = \omega_2 \binom{\omega}{2} T \end{cases}$$

解方程可得到 $\theta = (\theta_1, \theta_2)$。为满足约束条件,对该解作归一化处理:

$$\overline{\theta^1} = \frac{|\theta_1|}{|\theta_1| + |\theta_2|}, \quad \overline{\theta^2} = \frac{|\theta_2|}{|\theta_1| + |\theta_2|}$$

得到最终的权重向量:$\omega_{0j} = \overline{\theta^1} \omega_{1j} + \overline{\theta^2} \omega_{2j}$

最后,计算各分类评价指数(R_i)和综合评价总指数(R)。综合评价的数学模型有线性加权综合模型和非线性加权综合模型,由于创新指数反映的是一种相互组合产生的效果,本研究决定采用线性加权综合法进行测算,评价数学模型为:

$$R = \sum_{i=1}^{n_i} \omega_i R_i$$

$$R_i = \sum_{k=1}^{n_1} p_{ijk} \omega_{ijk}$$

$$p_{ijk} = \frac{X_{ijk}}{X_{ijkB}} \quad (\text{适用于正指标的计算})$$

$$p_{ijk} = \frac{X_{ijkB}}{X_{ijk}} \quad (\text{适用于逆指标的计算})$$

其中，n_i 为指标体系中一级指标个数，n_k 为指标体系中三级指标个数；X_{ijk} 为第 i 个一级指标下的第 j 项二级指标下的第 k 项三级指标原始数据经过标准化处理后的数值；X_{ijkB} 为第 i 个一级指标下的第 j 项二级指标下的第 k 项三级指标的基准值；ω_{ijk} 为第 i 个一级指标下的第 j 项二级指标下的第 k 项三级指标的权重；ω_i 为第 i 个一级指标的权重。

9.5 广西创新指数实证评价与分析

9.5.1 数据来源

本研究的评价指标原始数据来自《广西统计年鉴 2015》和《广西科技统计数据 2015》等。

9.5.2 广西创新指数权重的计算

本研究首先对二级指标采用层次分析法来确定各指标的权重，在层次分析法中，需要根据专家对各指标重要性的判断，计算各指标最终权重，然后通过确定好的二级指标权重来计算一级指标和层次分析法下三级指标的权重。具体方法是：二级指标权重之和为对应的一级指标的权重；三级指标通过二级指标"等权法"来确定，即在某一领域内，三级指标的权重＝三级指标对应的二级指标权重/n（n 为该二级指标领域下三级指标的个数）。一级、二级指标的权重如表 9-5 所示。

表 9-5　　　　　　　　一级指标、二级指标权重

一级指标	权重	二级指标	权重
创新投入	0.153 8	科教投入	0.076 9
		人才资源	0.076 9
创新环境	0.230 7	创新载体	0.076 9
		创业环境	0.076 9
		经济社会环境	0.076 9
创新产出	0.307 6	知识产权	0.153 8
		成果产出	0.153 8
创新效果	0.307 6	经济社会发展	0.153 8
		环境改善	0.153 8

对于各二级指标下的三级指标，采用主客观赋权相结合的组合赋权法确定各指标权重。其中主观赋权依然采用层次分析法，客观赋权采用标准差系数法。层次分析法和标准差系数法确定的三级指标权重最终结果如表9-6所示。

表9-6 三级指标权重

二级指标	三级指标	层次分析法确定权重	标准差系数法确定权重	组合赋权法确定权重
科教投入	全社会 R&D 经费支出占地区生产总值的比重	0.019 2	0.046 1	0.032 7
	地方财政科研拨款占地方财政支出的比重	0.019 2	0.059 9	0.039 6
	规模以上工业企业 R&D 经费支出	0.019 2	0.050 5	0.034 9
	财政性教育经费支出占地区生产总值的比重	0.019 2	0.035 7	0.027 5
人才资源	大中型工业企业 R&D 人员占就业人员的比重	0.038 5	0.041 2	0.039 9
	每万人高校在校生数	0.038 5	0.036 3	0.037 4
创新载体	自治区、各部委重点实验室数	0.038 5	0.050 1	0.044 3
	国家级、自治区工程技术研究中心数	0.038 5	0.027 9	0.033 2
创业环境	国家级、自治区级科技企业孵化器数	0.076 9	0.060 4	0.068 7
经济社会环境	人均地区生产总值	0.038 5	0.044 9	0.041 7
	全员劳动生产率	0.038 5	0.046 7	0.042 6
知识产权	发明专利申请数	0.076 9	0.052 8	0.064 9
	发明专利授权数	0.076 9	0.044 6	0.060 8
成果产出	自治区级科技成果登记数合计	0.038 5	0.042 2	0.040 4
	技术合同成交额	0.038 5	0.054 7	0.046 6
	高新技术产业主营业务收入	0.038 5	0.054 4	0.046 5
	高新技术产业利税总额	0.038 5	0.062 3	0.050 4
经济社会发展	高新技术产业总值占地区生产总值的比重	0.051 3	0.055 7	0.053 5
	高新技术产品出口额占出口总额的比重	0.051 3	0.052 9	0.052 1
	工业新产品产值率	0.051 3	0.044 5	0.047 9
环境改善	单位地区生产总值综合能耗	0.153 8	0.036 1	0.095 0

9.5.3 广西创新指数评价结果与分析

本书在研究广西创新指数时，主要研究其每年变化程度。在计算创新指数时，以 2006 年各项指标值作为基准值 100 进行测算。同时在广西创新指数指标体系中，除"单位地区生产总值综合能耗"是逆指标之外，其余 20 个指标都是正指标。将广西各年预处理后的创新能力指标数据带入指标评价体系计算出各年广西创新能力指标，结果如表 9-7、图 9-1、表 9-8 所示。

表 9-7 广西各年创新指数

年份	2006	2007	2008	2009	2010	2011	2012	2013	2014
创新指数	100	121.8	152.5	165.6	237.5	300.1	356.8	468.0	1 084.1
增长情况	–	21.8%	25.2%	8.6%	43.4%	26.4%	18.9%	31.2%	131.6%

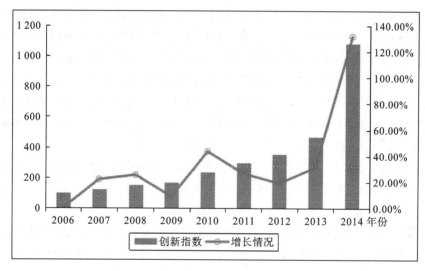

图 9-1 广西各年创新指数和增长情况（2006—2014 年）

表 9-8 广西各年创新指数和一级指标创新指数表

年份	2006	2007	2008	2009	2010	2011	2012	2013	2014	年均增长率(%)
创新指数	100	121.8	152.5	165.5	237.8	300.1	356.8	468.0	1 084.1	34.7
创新投入指数	100	110.6	130.7	157.5	162.9	187.3	213.6	228.1	233.3	11.2
创新环境指数	100	139.2	155.6	178.8	247.1	295.2	379.2	475.9	585.7	24.7
创新产出指数	100	118.0	176.3	189.3	331.9	464.7	586.3	831.3	2 424.1	45.0
创新效果指数	100	114.5	132.3	129.8	187.8	221.8	225.9	246.8	251.3	12.2

根据上述指标体系和评价方法，对 2006—2014 年广西创新指数计算结果进行分析，可概括出以下特点：

第一，广西创新能力稳步提高，以 2006 年为 100%，2014 年广西创新指数达 1 084.1%，8 年间增长将近 10 倍，年均增长 34.7%。期间呈波浪式增长，在 2014 年创新能力增长达到了一个小高峰。

广西创新指数以投入和产出为主线，兼顾环境和效果的评价，设定 4 个领域，选取 21 个评价指标，形成创新指数评价体系的框架，对数据进行了逐步计算。计算结果表明 2006—2014 年期间，广西全区的创新能力逐年稳步提高。但在 2008 年爆发了国际金融危机，中国经济各方面都受到了影响，如中国经济增长速度放缓、央行的货币政策陷入"左右为难"的境地等，在这样的背景下，广西在 2008—2009 年的经济自然也会受到影响，如 2008 年大中型企业主营业务收入和利润均有一定幅度的减少，科教投入这部分也有相应的减少等。这样 2008—2009 年，广西的总体创新能力受到了影响，出现了增长速度放缓的情况。2009 年以后随着全球金融危机的影响慢慢消退，中国经济也慢慢恢复，广西经济复苏并稳步发展，其总体创新能力也随之稳步提升。

第二，广西创新投入有所增加、创新环境不断优化、创新产出能力明显增强、创新效果也有所增强，其创新投入、创新环境、创新产出、创新效果的年均增长率分别为 11.2%、24.7%、45.0%、12.2%，创新产出增长最快，创新环境次之，创新投入和创新效果的增长相对偏低。

创新投入领域由科教投入、人才资源 2 个二级指标和 R&D 经费支出占地区生产总值的比重、地方财政科研拨款占地方财政支出的比重、规模以上工业企业 R&D 经费支出、财政性教育经费占地区生产总值的比重、大中型工业企业 R&D 人员占就业人员的比重、每万人高校在校生数 6 个三级指标组成。通过对创新的人、财、物投入及企业研发等相关发展活动，来反映广西创新指数体系中的创新投入情况。

以 2006 年为基准，2006 年的广西创新投入指数为 100，2014 年广西创新投入指数为 233.3，年均增长 11.2%，年均增长率偏低。政府财政科技投入不足是其主要问题。由中国科技发展战略研究小组和中国科学院大学中国创新创业管理研究中心合著的《中国区域创新能力评价报告 2015》可看到，对比全国情况，广西壮族自治区在 2012 年、2013 年政府研发投入经费变化不大，而其他省市大部分都有不同程度的提高；同时与全国各地区比较还可以看到，广西壮族自治区的政府研发经费投入小于 100 亿元，而创新能力领先地区或较发达的地区，其政府研发经费投入都超过 100 亿元，北京市、上海市、陕西省、四川省、江苏省、广东省六个地区的政府研发活动经费投入超过100亿元；虽然一个地区的研发投入水平与创新能力之间的关系不是线性的，但二者有着密切关系。必要的研发投资经费是一系列创新活动的基础和保证。

创新环境由创新载体、创业环境、经济社会环境3个二级指标和自治区、各部委重点实验室数，国家级、自治区工程技术研究中心数，国家级、自治区科技企业孵化器数，人均地区生产总值，全员劳动生产率5个三级指标组成。通过人力、财力和政府对科技的扶持力度等指标反映驱动创新能力发展所必备基础条件的支撑情况，以及政策层面对创新的引导和扶持力度。

表9-9　　　　　　　　　广西各年创新环境指数和增长情况表

年份	2006	2007	2008	2009	2010	2011	2012	2013	2014
创新环境指数	100	139.2	155.6	178.8	247.1	295.2	379.2	475.9	585.7
增长情况(%)	–	39.2	11.8	14.9	38.2	19.5	28.5	25.5	23.1

由表9-9可看到，以2006年为基准，除了2008—2009年（由于受到全球金融危机的影响，2008年创新环境指数较2007年的创新环境指数增速和2009年创新环境指数较2008年的创新环境指数增速有所放缓），其他年份的创新环境指数的增速都稳步提升。2006年的广西创新环境指数为100，2014年为585.7，年均增长24.7%。总体而言，创新环境总指数显示2006年以来广西创新环境持续优化。

创新产出领域由知识产权、成果产出2个二级指标和发明专利申请数、发明专利授权数、自治区级科技成果登记数合计、技术合同成交额、高新技术产业主营业务收入、高新技术产业利税总额6个三级指标组成。通过这些指标来反映创新产出结果。不断改善的科技发展宏观环境极大地激发了科技人员的积极性和创造性，科技产出硕果累累。创新产出指数的年均增长率为45.0%，是四个一级指标指数中年均增长率最高的，增长优势也是最明显的。分项来看，2006年广西发明专利申请数达2 784件、专利授权数达1 442件，2014年发明专利申请数达32 293件、专利授权数达9 664件，自治区级科技成果登记数合计、技术合同成交额、高新技术产业主营业务收入和高新技术产业利税总额在2006年分别为427件、9 423.4万元、1 111 000万元和14.21亿元，在2014年则分别为666件、1 172 191.4万元、13 943 000万元和174.6亿元。2006—2014年，这几项指标的值都有明显的提高。这些指标值提高，创新产出中的这些指标指数就会增长，从而带动创新产出能力的显著增强。

创新效果领域由经济社会发展、环境改善2个二级指标和高新技术产业总值占地区生产总值的比重、高新技术产品出口总额占出口总额的比重、工业新产品产值率、单位地区生产总值综合能耗4个三级指标组成。通过用反映企业销售产品中创新技术含量高的新产品的总值来体现产品结构调整、高新技术产品的出口额比重体现产业国际竞争力、工业新产品产值率体现科技产出及对经济增长的直接贡献、单位地区生产总值综合能耗体现节约能源，综合反映创新对经济社会发展的影响。以2006年为基准，其创新效果指数为100，2014年创新效果指数为251.3，年均增长12.2%。从分项指数看，在4项评价指标中，高新技术产业总值占地区生产总值的比重指数、高新技术产品出口总额占出口总额的比重指数和工业新产品产值率指数年均增速分别为10.9%、25.98%和2.62%，单位地区生产总值综合能耗指数（逆向指标）年均减速为7.15%。创新效果领域通过这些分项指标的相互作用，创新效果指数整体增加，从而说明整个创新效果增强。

第三，应通过降低单位地区生产总值综合能耗来提高广西创新效果；经济发展、居民收入及教育水平较落后制约了广西创新能力的发展。

一方面，对比21个三级指标的权重，其中权重最大的指标是单位地区生产总值综合能耗指标（逆向指标）。该指标是一级指标创新效果下的三级指标。上述分析中提到广西的创新效果有所增强，年均增长率为12.2%，该增长率还是偏低。数据显示，2015年的单位地区生产总值综合能耗是0.71吨标准煤/万元，处在全国31个省市自治区中第12的位置，距北京、上海等创新能力较强的地区还有一定差距。因此要提高广西的创新效果，在发展生产的同时注意创新和提高生产效率，降低能耗，进而降低单位地区生产总值综合能耗的值，从创新效果方面来提高广西的创新能力。另一方面，这21个三级指标中，权重处于第二的位置的指标有国家级、自治区级科技企业孵化器数，发明专利申请数，发明专利授权数；处于第三的位置的指标有高新技术产业占地区生产总值的比重、高新技术产业利税总额、高新技术产业出口额占出口总额的比重、人均地区生产总值、全员劳动生产率、每万人高校在校生数等。这些指标的权重都相差不大，并构成了广西创新指标体系的主要部分，同时这些指标又从不同侧面反映了广西经济发展、居民收入及教育水平等情况。虽然这几年广西的创新能力稳步提高、创新投入有所增加、创新环境不断优化、创新产出能力明显增强、创新效果也有所增强，但就全国情况来看，一直以来江苏省、广东省、北京市、上海市、浙江省、山东省、天津市、重庆市等省市的创新能力较强，处于领先地区。比如，江苏省创新能力均衡、创新能力突出；广东省的创新能力突出则反映在创新的开放度高，创业精神强，高科技产业和信息产业发展迅猛；北京市、上海市创新能力强则体现在科技研发能力强，高新技术产业发展水平高，国际化程度高。通过对这些创新能力领先地区的分析，发现它们的共同特点是经济较发达、居民收入较高、教育水平较先进，而一个地区的创新能力与该地区的经济发展、居民收入及教育水平有着密切关系。由表9-10和图9-2可看出，不论是反映经济发展水平的人均地区生产总值和城镇居民人均收入，还是反映教育水平的人口学历指标，创新能力领先的地区一般要高于相对落后的地区。这是地区历史积累和已有创新的结果，也是今后创新的基础和起点。表9-10和图9-2中，广西壮族自治区不论是反映经济发展水平的人均地区生产总值和城镇居民人均收入，还是反映教育水平的人口学历指标，都处在全国较落后的位置，经济发展、居民收入及教育水平的落后在一定程度上制约了广西创新能力的发展。

表9-10　　　　　2013年各地区经济发展、居民收入及教育水平

地区	人均地区生产总值(元)	城镇居民平均每人全年家庭总收入（元）	6岁及6岁以上人口中大专以上学历所占比例（%）
天津	99 607	35 656	22.06
北京	93 213	45 274	39.46
上海	90 092	48 879	23.69
江苏	74 607	35 131	12.97
浙江	68 462	41 241	16.52
内蒙古	67 498	26 978	9.58
辽宁	61 686	27 905	19.19
广东	58 540	36 504	7.62
福建	57 856	33 383	8.23
山东	56 323	30 628	9.31
吉林	47 191	23 544	11.09
重庆	42 795	26 850	8.86
陕西	42 692	24 109	11.19
湖北	42 613	25 180	11.13
宁夏	39 420	23 767	10.4
河北	38 716	24 143	7.15
黑龙江	37 509	21 149	11.76

表9-10(续)

地区	人均地区生产总值（元）	城镇居民平均每人全年家庭总收入（元）	6岁及6岁以上人口中大专以上学历所占比例（%）
新疆	37 181	22 388	11.68
湖南	36 763	24 643	7.9
青海	36 510	22 131	11.64
海南	35 317	24 920	8.06
山西	34 813	24 014	10.1
河南	34 174	23 687	7.44
四川	32 454	23 894	9.9
江西	31 771	22 949	8.68
安徽	31 684	25 006	8.45
广西	30 588	25 029	7.04
西藏	26 068	22 561	2.14
云南	25 083	24 698	7.17
甘肃	24 296	20 149	8.42
贵州	22 922	21 413	8.4

数据来源：《中国统计年鉴2014》。

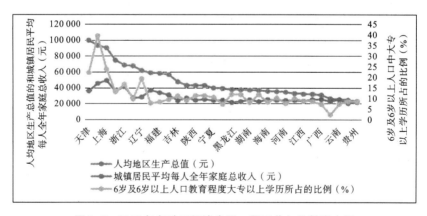

图9-2　2013年各地区经济发展、居民收入及教育水平

9.6 提高广西创新能力的对策建议

近几年广西壮族自治区科技工作按照"强基础、提能力、促发展、惠民生"的总体思路加快创新驱动发展，科技进步与创新取得了新成效，为实现广西"两个建成"的目标做出了积极贡献。广西的创新能力在全区各级单位和人民的共同努力下稳步提升，并呈现出较强的发展潜力，但总体依然处于全国中下游水平，为了进一步提高广西的创新能力，本书提出如下建议：

第一，加大政府扶持力度，促进广西创新投入快速增长。前文的分析指出广西创新投入的年均增长率偏低，只有11.2%，对比全国情况，广西政府对研发投入少于全国平均水平，处于较落后的位置。因此应增加地方政府的科技投入。2006年以来，虽然广西壮族自治区财政科技拨款在逐年增加，但其增长速度仍低于财政支出的增长速度。另外增加投入的同时也要落实好《科技进步法》的有关要求，如国家财政用于科学技术经费的增长幅度要高于国家财政经常性收入的增长幅度，建立财政科技投入适度超前的稳定增长机制，充分考虑重大科技项目科研需求增长，制定应急制度。建立严格的规范检查、审核制度，使财政科技投入落到实处。同时加强与科技发达省份的合作，借鉴其科技发展的经验，根据自身情况，制定合理的优化财政、促进科技投入的政策。这样政府加大扶持力度的同时也具有了科学合理的资金管理政策，使政府投入的资金能得到高效科学合理的使用，为广西创新能力的提高提供基础保证。

第二，继续发展经济，提高居民的收入和教育水平，促进广西创新环境的改善和创新效果的提升。一个地区的创新能力与该地区的经济发展、居民收入和教育水平有着密切关系。由前文的分析可知广西壮族自治区不论是反映经济发展水平的人均国内生产总值和城镇居民人均收入，还是反映教育水平的人口学历指标，都处在全国较落后的位置。这在一定程度上制约了广西创新能力的发展，因此今后应该继续发展经济、提高居民收入和教育水平，为今后的创新提供基础和保障。

参考文献

[1] 李芹芹, 刘志迎. 中国各省技术创新指数研究 [J]. 科技进步与对策, 2012 (19): 47-50.

[2] 李芹芹, 刘志迎. 国内外创新指数研究进展述评 [J]. 科技进步与对策, 2013 (2): 158-160.

[3] 杨毅. 陕西创新指数研究 [J]. 统计与信息论坛, 2014 (4): 70-74.

[4] 国家统计局社科文司"中国创新指数(CII)研究"课题组. 中国创新指数研究 [J]. 统计研究, 2014 (11): 24-28.

[5] 袁志红. 城市创新指数的设计与选择研究——以太原为例 [J]. 科技管理研究, 2012 (15): 79-83.

[6] 王俊. 安徽省科技创新能力比较研究 [J]. 安徽理工大学学报(社会科学版), 2015 (2): 31-35.

[7] 倪芝青, 林晔, 沈悦林, 等. 城市创新指数指标选择研究——以杭州为例 [J]. 科技进步与对策, 2011 (6): 123-126.

[8] 王紫陌, 廖志高. 基于主成分分析的广西柳州城市创新指数研究 [J]. 广西工学院学报, 2013 (3): 88-94.

[9] 广西壮族自治区统计局. 广西统计年鉴2012 [M]. 北京: 中国统计出版社, 2012.

[10] 广西壮族自治区统计局, 广西壮族自治区科学技术厅. 2012广西科技统计数据 [M]. 北京: 中国统计出版社, 2012.

[11] 中国科技发展战略研究小组, 中国科学院大学中国创新创业管理研究中心. 中国区域创新能力评价报告2015 [M]. 北京: 科学技术文献出版社, 2015.

§10 广西全面小康建设进程评价与分析

10.1 研究述评

2002 年，党的十六大提出了建设小康社会的发展方向，即"使经济更加发展、民主更加健全、科技更加进步、文化更加繁荣、社会更加和谐、人民更加殷实"，并提出到 2020 年实现全面小康社会的宏伟目标；2007 年，党的十七大再次强调，确保到 2020 年全面建成小康社会的奋斗目标；2012 年，党的十八大在十六大、十七大的基础上，对全面建设小康社会目标增加了新的要求，即"国内生产总值和城乡居民人均收入比 2010 年翻一番"；此后，党的十八大报告中再次强调应全面把握机遇，确保到 2020 年实现全面建成小康社会的目标。而现在距党中央所提出的全面建成小康社会的时间仅剩几年，为了能按时完成全面建成小康社会的目标，需要对全面小康社会的建设进程进行监测和评价，进而发现建设过程中的薄弱环节，以不断调整改进。

全面建成小康社会的目标是否能顺利实现，需要有一整套完整科学的指标体系对建设过程进行监控，以及时发现问题，并对相关政策进行调整。过去，国内很多学者对小康进程指标体系及其评价方法展开了研究。小康社会是我国政府于 20 世纪 70 年代基于我国国情以及世界发展趋势所提出的我国社会发展的中长期目标。国外虽鲜见小康社会评价指标体系，但关于生活水平、经济社会发展水平的衡量标准较为丰富，总体上可分为单一指标评价标准以及综合指标体系评价标准两大类。对于单一指标，19 世纪德国统计学家恩格尔根据居民消费规律总结出了恩格尔系数，即家庭食物消费支出占生活消费总支出的比重，并以此来衡量居民生活质量的综合指标；20 世纪初意大利经济学家基尼根据洛伦茨曲线提出了用基尼系数作为判断收入分配公平程度的指标，基尼系数的数值在 0~1 之间，数值越小，表明收入分配的公平程度越高。对于综合指标，20 世纪 70 年代，美国社会学家英克尔斯提出了包括人均国民生产总值、农业和服务业生产总值、农业劳动力占总劳动力的比例、医生服务人数等10 项现代化主要评价指标和 5 个辅助评价指标，该指标体系在衡量发展中国家的发展水平时起到了积极的作用，也成为国内多数全面小康社会和现代化指标体系的参照标准；20 世纪 60 年代初期，美国社会学家艾斯特斯选择了 36 个社会指标，对 120 多个国家或地区的"社会进步指数"进行计算。小康社会的概念源于国内，因此国内学者对于小康社会评价指标体系的研究成果丰硕。龚曙明（2004）从工业化、农业产业化、城镇化、信息化等十个方面建立了一套评价指标体系。2008 年 6 月，国家统计局根据全面建设小康社会总体要求，制订了《全面建设小康社会统计监测方案》。该指标体系由 23 项指标组成，覆盖经济发展、社会和谐、生活质量、民主法制、文化教育和资源环境六大方面。

在小康社会进程评价方面，李爱香（2009）采用国家统计局统计科学研究所发布的监测指标体系进行评价，并运用灰色关联模型，从动态的角度，对2000—2007 年我国小康社会建设进程进行定量评价。金晓斌、周寅康、彭补拙（2004）认为全面小康不仅仅是单纯的经济发展，因此建立的评价指标体系包含对经济、社会、资源环境协调发展能力的度量，并以江苏省为例进行了实证研究。刘汉蓉（2009）使用了人均 GDP、基尼系数等 23 个指标来进行评价。杨珊（2013）综合运用案例分析法、主成分分析方法、聚类分析法，对西部地区和重庆地区全面建设小康社会的实现程度进行一系列的分析，对研究对象的各个区域小康社会的实现程度进行客观的评价。宋立芝（2006），李晶晶、梁森、高明（2010）以及郝杰璐（2015）采用主成分分析法为各个指标赋权，对江苏省、河北省全面小康社会建设的实现程度进行分析，并采用聚类分析方法将该两省省内各地区的建设水平进行分类。谢培原（2013）则对欠发达地区全面小康社会的进程进行分析比较。

首先，本研究在对国内其他研究的参考和借鉴基础上，理解和深化全面建设小康社会内涵，提出了一套较为科学的指标体系，对广西全面建设小康社会的水平进行评价；其次，本研究利用了所建立的小康社会监测指标体系，对广西全面小康社会的建设进程进行了评价，并与我国东部省份代表广东以及西部省份代表云南进行比较，找出各地区的发展差距和侧重点；最后，本研究对广西小康社会建设进程进行了预测，预测以目前的发展速度能否按时实现全面建成小康社会的目标。

10.2 建设小康社会的基本理论与实践经验

10.2.1 小康的起源及演变

10.2.1.1 小康的起源

"小康"的说法早在西周时期的《诗经》中便已出现，是一个蕴含中华民族传统文化特色的概念。《诗经·大雅·民劳》中提到"民亦劳止，汔可小康"，体现了当时劳动人民对安定富足生活的向往。此后，《礼记·礼运》中对"小康"进行了更详细的描述，反映了对儒家理想社会的追求和向往。而现代的小康社会的概念是由邓小平在改革开放初期提出的。

1979 年 12 月，邓小平会见来华访问的日本首相大平正芳时，提出了在中国实现"小康"的发展目标。1987 年，邓小平又完整地提出了"三步走"的发展战略：到 20 世纪 80 年代末，人均国民生产总值达到 500 美元；20 世纪末达到 1 000 美元；21 世纪中叶达到中等发达国家水平。邓小平还依据国民生产总值和人民生活水平把社会的发展划分为贫穷、温饱、小康和富裕四个阶段，从而明确了小康社会的发展目标。

10.2.1.2 总体小康到全面小康

目前，我国已顺利实现"三步走"战略中的前两步，人民生活基本达到小康水平，现已进入全面建成小康社会的决定性阶段。改革开放以来，我国的经济持续高速增长，到 2010 年成为世界第二大经济体，经济发展水平已经迈上了新的台阶。但同时社会发展却严重滞后于经济的增长速度。比如，城乡差距、区域差距日益扩大，生态环境与经济发展的矛盾日益突出，科学教育水平较低，就业压力和社会保障压力增大，等等，造成了很多社会不稳定因素。在十六大、十七大提出的"全面建设小康社会"目标的基础上，十八大在报告中鲜明提出了"全面建成小康社会"的新部署——从"建设"到"建成"，并提出全面建成小康社会的新目标：到 2020 年，经济持续健康发展，转变经济发展方式取得重大进展，实现国内生产总值和城乡居民人均收入比 2010 年翻一番；人民民主不断扩大，文化软实力显著增强，人民生活水平全面提高，资源节约型、环境友好型社会建设取得重大进展。

10.2.2 国内外地区建设全面小康社会的实践经验

10.2.2.1 国外发达国家建设小康社会的实践经验

1. 美国

美国西部地区曾经是美国的欠发达地区，如今已是美国重要的科技、文化、教育基地。在美国西部的建设开发中，政府起到了重要的作用。首先，在19世纪60年代，美国为促进西部开发设立地区再开发署、经济开发署等专门的组织管理机构，并制定《宅地法》《鼓励西部草原植树法》等法律，为区域援助和开发提供了有效的保障；其次，注重以交通为重点的基础设施建设，以打破东西部之间的地形限制，形成了较完善的全国交通运输体系，强化了东部和西部地区的经济联系；最后，充分发挥科技、教育在西部地区的带动作用，美国政府引导各类人才向西部地区迁移，补贴西部地区的教育经费，大力发展教育事业。而美国西部地区因土地与劳动力成本均较低、资源较为丰富等优势，高新技术工业得以大力发展。据统计，20世纪70年代，高技术工业就业人数净增最多的10个都市地区有8个位于西部，只有2个位于东部。

2. 德国

德国的工业化始于19世纪30年代，19世纪70年代是德国工业化飞速发展的时期。到20世纪初，德国已成为世界第二大经济强国。在后来的发展中，德国采取了一系列措施。首先，德国为了促进落后地区的发展，从20世纪50年代起，政府将西柏林、东部边境地区等落后的农业区纳入到中央的财政平衡体系中，颁布一系列法规用于保护农业用地和农产品价格，并采用一系列政策大力支持农业和农村经济的发展；其次，重视社会公共服务设施和公益事业的建设，提高农民的收入水平，利用财政资金，将发达地区对落后地区的对点支援法定化，提供制度保障，支持小城镇的发展，帮助农民就业；最后，德国注重区域间的协调发展，在每个经济大区都设有区域经济协会，主要负责协调区域经济发展战略规划、基础设施规划等。在德国经济飞速发展的过程中，政府扮演了重要的角色。

3. 意大利

二战后，意大利为了促进地区协调发展，针对南部落后地区的经济社会发展问题，通过国家干预对南部地区进行了长达十年的开发。意大利政府开发南部欠发达地区，同样制定了相关法律及计划。意大利为消除南北经济社会发展的差距，先后制定了"瓦多尼计划""潘多尔菲计划""南方开发计划"等，并根据南方的自然地理条件、经济基础等制定了符合南方发展特点的总体开发规划。意大利对南部欠发达地区的开发共经历了加快农业发展、推动以重工业为主的工业化发展、扶持中小企业的发展三个阶段。

4. 经验启示

通过以上分析，可发现国外发达国家对欠发达地区开发的成功经验主要集中在以下方面：首先，制定专门的法律，重视立法和配套机构的建设，为政策的顺利实施提供了制度保证。其次，在发展初期都重视以改善交通为重点的基础设施建设，改善落后地区的交通条件；形成全国性的交通网络体系，才能加强落后地区与发达地区之间的经济联系，为落后地区的工业化奠定了基础，同时也为发达地区向落后地区投资提供了便利的交通条件。最后，充分发挥教育、科技在落后地区开发中的带动作用，通过教育经费补贴、政策扶持等大力发展落后地区的教育，通过财政支持建立高新技术实验室等发展高新技术产业，为落后地区的跨越式发展提供丰富的人力资源和智力支持。

10.2.2.2　国内建设小康社会的实践经验

1. 浙江

按照国家统计局制定的《全面建成小康社会统计监测指标体系》进行测算，浙江全面小康社会实现程度已超过97%，居全国各省市区第一。过去，浙江省经济发达的城市、区县主要集中在东部沿海地带，西部和南部山区的衢州、丽水、舟山等都属于浙江的欠发达地区。近年来，浙江加强了对省内相对欠发达地区的扶持开发，取得了一定的成效，值得借鉴。大力发展县域经济，浙江是全国县域经济最发达的省份，通过"省管县""强县扩权"等体制改革，推动了县域经济的快速发展，从而为欠发达地区的发展奠定了经济基础。具体措施包括：积极培育主导产业，引导企业向园区聚集，建立特色产业基地；发展绿色特色农业和服务业，建立农村专业合作经济组织，并巧用地理和自然条件，发展"农家乐"等特色生态旅游和商贸物流产业；鼓励欠发达地区的农民转移，以此推动城镇化、提高农民收入。2008年，浙江在全国率先启动全国首个《基本公共服务均等化行动计划（2008—2012）》，以实现基本公共服务覆盖城乡、区域均衡的目标。

2. 成都

当前，全面建成小康社会的重点和难点在农村，如何加快农村全面小康社会的建设成为亟待解决的问题。成都作为全国城乡统筹综合配套改革试验区，建立了一系列发展城乡经济的体制，对欠发达地区起到了很好的指引作用。首先，成都打破城乡二元管理体制。2003年以来在全市实施乡镇区划调整和管理体制改革，撤并了30%的乡镇、47%的行政村，建立统筹城乡的管理体制。

其次，推进以农村产权制度改革为核心的农村市场化改革，鼓励土地、劳动力、资本、技术等在城乡自由流动、优化配置，进一步促进农村剩余劳动力的转移。最后，推进城乡公共服务均等化，建立城乡居民共创共享改革发展成果的体制机制，建立统筹城乡的社会保险制度、公共医疗卫生服务制度、劳动就业服务制度、教育制度等，最终形成了现代城市与新型农村社区协调共融的新型城乡形态。

10.2.2.3 对广西小康社会建设的启示

国内在欠发达地区建设全面小康的经验可以总结为以下几点：第一，把县域经济作为欠发达地区经济发展的重要突破口，以工业园区为载体，使乡镇企业向园区集中，形成规模经济，发挥小城镇和工业企业的集聚带动作用，加快农村剩余劳动力向城镇转移，将城镇作为联系城市和乡村的发展联结带，以促进两者的资源优化配置，达到协调发展的目的。第二，完善的市场体系和政策制度是保障欠发达地区稳定协调发展的重要动力，公共投资是提升农村经济、解决贫困的主要途径，城乡统一市场体系的建立与完善程度是实现资本、技术、劳动力等资源要素在城乡之间合理流动和有效分配的重要保障。第三，政府通过政策干预，加大对农业和乡村工业的扶持和保护，在居住、就业、招商引资等方面进行改革和政策优惠，也进一步促进了城乡发展的良性循环，为城乡协调发展打下坚实的基础。

10.3 广西小康社会建设进程评价指标体系与赋权方法

10.3.1 广西小康社会进程评价指标体系构建

10.3.1.1 指标权重选择原则

本研究结合全面建成小康社会的总体目标，参考权威部门提出的评价小康的指标体系，并综合考虑广西实际情况，力求建立广西全面小康指标体系。一方面，2015 年广西实现人均地区生产总值 35 190 元，虽每年逐步提升，但尚低于全国水平；另一方面，本指标体系旨在将广西的全面小康进程进行纵向与横向比较。所以，本研究所建立的指标体系应当具有全面性和普遍适用性，适合在全国范围使用，以便将广西全面建设小康社会的进程与全国其他省份相比较。并且该指标体系应当既能满足当前科研的需要，又要具有一定的前瞻性。具体来说，应该考虑以下基本原则：

1. 全面性与代表性原则

指标的选取应当具有全面性，能够全面反映全面小康社会的内涵和特征，能够全面反映与人民生活相关的政治、经济、文化、社会、居住环境等各个方面。在满足全面性的基础上，指标的选取也不应繁琐，应当尽量选择具有代表性指标，避免指标数量过多，以最典型的指标来衡量全面小康社会的建设进程。

2. 纵向可测与横向可比原则

选取的指标应当是可测的，并且所选取的指标应当能够在时间上前后衔接，让人能够在一个较长的时间段内对全面建设小康社会的进度有动态把握。与此同时，所选取的指标应当与现有的比较规范的指标接近，要能够比较不同地区全面建设小康的进度，更加客观和准确地把握广西全面建设小康社会的水平。

3. 科学性与可操作性原则

全面建设小康社会评价指标体系作为一种绩效评价指标体系，应当在选取指标时科学把握全面建设小康社会的内涵，并客观反映全面小康社会的实际进程，且指标间有合理的内在关系，能够形成一个科学的有机整体。此外，所选取的指标还应考虑到指标体系的实际应用，应当简洁实用，数据采集方便。因此，在选取指标时，无法测量的指标不应选取，过于主观的指标也不应入选，以保证指标体系简便易用。

4. 可持续发展与以人为本原则

在建立指标体系时，不仅要强调经济社会的发展，更加要注重生态环境、自然资源的可持续利用。也要认识到世界是不断向前发展进步的，现有的指标在未来也许并不适合，未来也许会出现新的指标来衡量人民生活水平和社会进步。因此，所选取的指标应当具有前瞻性和开放性。全面建设小康社会着重强调的是社会中人的生活水平、生存状态的进步，因此选取指标时必须坚持以人为本的原则，所选取的指标应当能够切实反映人民生活水平的方方面面，能够为人民所切身感受。

10.3.1.2　指标体系的借鉴

表 10-1 为全国统一标准方案（全国及各地区统一目标值）。

表 10-1　　　　全国统一标准方案（全国及各地区统一目标值）

	监测指标		单位	权重	目标值
经济发展	人均地区生产总值（2010 年不变价）		元	4	≥57 000
	第三产业增加值占地区生产总值的比重		%	2	≥47
	居民消费支出占地区生产总值的比重		%	2.5	≥36
	R&D 经费支出占地区生产总值的比重		%	1.5	≥2.5
	每万人口发明专利拥有量		件	1.5	≥3.5
	工业劳动生产率		万元/人	2.5	≥12
	互联网普及率		%	2.5	≥50
	城镇人口比重		%	3	≥60
	农业劳动生产率		万元/人	2.5	≥2
民主法制	基层民主参选率		%	3.5	≥95
	每万名公务人员检察机关立案人数		人/万人	3.5	≤8
	社会安全指数	每万人口刑事犯罪人数	%	4	100
		每万人口交通事故死亡人数			
		每万人口火灾事故死亡人数			
		每万人口工伤事故死亡人数			
	每万人口拥有律师数		人	3	≥2.3
文化建设	文化及相关产业增加值占地区生产总值的比重		%	3	≥5
	人均公共文化财政支出		元	2.5	≥200
	有线广播电视入户率		%	3	≥60
	每万人口拥有"三馆一站"公用房屋建筑面积		平方米	2.5	≥450
	城乡居民文化娱乐服务支出占家庭消费支出的比重		%	3	≥6
人民生活	城乡居民人均收入（2010 年不变价）		元	4	≥25 000
	地区人均基本公共服务支出差异系数		%	1.5	≤40
	失业率		%	2	≤6
	恩格尔系数		%	2	≤40
	基尼系数		–	1.5	≤0.4
	城乡居民收入比		以农为1	1.5	≤2.8
	城乡居民家庭住房面积达标率		%	2	≥60
	公共交通服务指数	每万人拥有公共交通车辆	辆	2	100
		行政村客运班线通达率	%		

表10-1（续）

	监测指标		单位	权重	目标值
人民生活	平均预期寿命		岁	2	≥76
	平均受教育年限		年	2	≥10.5
	每千人口拥有执业医师数		人	1.5	≥1.95
	基本社会保险覆盖率		%	3	≥95
	农村自来水普及率		%	1.5	≥80
	农村卫生厕所普及率		%	1.5	≥75
资源环境	单位地区生产总值能耗（2010年不变价）		吨标准煤/万元	3	≤0.6
	单位地区生产总值水耗（2010年不变价）		立方米/万元	3	≤110
	单位地区生产总值建设用地占用面积（2010年不变价）		公顷/亿元	3	≤60
	单位地区生产总值二氧化碳排放量（2010年不变价）		吨/万元	2	≤2.5
	环境质量指数	PM2.5达标天数比例	%	4	100
		地表水达标率			
		森林覆盖率			
		城市建成区绿化覆盖率			
	主要污染物排放强度指数	单位地区生产总值化学需氧量排放强度	%	4	100
		单位地区生产总值二氧化硫排放强度			
		单位地区生产总值氨氮排放强度			
		单位地区生产总值氮氧化物排放强度			
	城市生活垃圾无害化处理率		%	3	≥85

　　2008年6月，国家统计局贯彻十七大精神，根据当时全面建设小康社会总体要求，制订了《全面建设小康社会统计监测方案》。党的十八大又提出全面建成小康社会"两个翻番"目标。因此，2013年10月，国家统计局对《全面建成小康社会统计监测方案》进行修改，整个指标体系由经济发展、民主法制、文化建设、人民生活和资源环境五大方面39项指标组成（如表10-1）。全国一些地区还因地制宜，制订了市、县级《全面建成小康社会统计监测方案》，目前此项工作正在各地深入展开。

本研究在借鉴全国统一指标体系的同时，考虑到部分指标基础数据不全，如社会安全指数和环境质量指数所需的基础数据在有些年份有统计数据而某些年份则无统计数据，使统计指标的应用受到了极大的限制，违背了可操作性的原则。因此，本研究对原指标体系进行了一定的修改，以满足研究需要。

10.3.1.3　指标体系的确定

在综合考虑全国统一的指标体系以及指标选取原则后，本研究最终确定了如表 10-2 所示的指标体系。体系包含三个一级指标——经济发展、人民生活以及资源环境，每个一级指标下包含若干个二级指标。

表 10-2　　　广西全面小康社会建设进程监测指标体系

一级指标	二级指标
经济发展	人均地区生产总值（元）
	第三产业占地区生产总值的比重（%）
	居民消费支出占地区生产总值的比重（%）
	R&D 支出占地区生产总值的比重（%）
	每万人口发明专利拥有量（件）
	工业增加值占地区生产总值的比重（%）
	互联网普及率（%）
	城镇人口比重（%）
	农业劳动生产率（万元/人）
人民生活	每万人口交通事故死亡人数（人）
	文化及相关产业增加值占地区生产总值的比重（%）
	城镇登记失业率（%）
	城镇居民家庭恩格尔系数（%）
	农村居民家庭恩格尔系数（%）
	城乡居民收入比
	每万人拥有公共交通车辆（辆）
	每千人口拥有执业医师数（人）
	饮用自来水人口占农村人口（%）
	农村卫生厕所普及率（%）
资源环境	单位地区生产总值能耗（吨标准煤/万元）
	森林覆盖率（%）
	城市建成区绿化率（%）
	城市生活垃圾无害化处理率（%）

10.3.2 赋权方法

10.3.2.1 熵值法

用熵值法确定各指标的权系数的步骤如下：

（1）数据的非负数据化处理

由于熵值法计算采用的是各个方案某一指标占同一指标值总和的比值，因此不存在量纲的影响，不需要进行标准化处理。若数据中有负数，就需要对数据进行非负化处理。此外，为了避免求熵值时对数的无意义，需要进行数据平移：

正向指标：$r_{ij} = \dfrac{x_{ij} - x_i^{\min}}{x_i^{\max} - x_i^{\min}}$

负向指标：$r_{ij} = \dfrac{x_i^{\max} - x_{ij}}{x_i^{\max} - x_i^{\min}}$

为了方便起见，记非负化处理后的数据为 r_{ij}。

（2）由 $R = (r_{ij})_{m \times n}$ 计算第 i 项指标下第 j 个方案占该指标的比重 f_{ij}：

$$f_{ij} = \frac{r_{ij}}{\sum\limits_{i=1}^{m} r_{ij}} \quad i = 1, 2, \cdots, m; j = 1, 2, \cdots, n$$

（3）第 i 个评价指标 f_i 输出的熵：

$$H_i = -K \sum_{j=1}^{n} f_{ij} \ln f_{ij} \quad j = 1, 2, \cdots, n$$

（4）各目标的熵权系数：

$$w_i = \frac{1 - H_i}{m - \sum\limits_{i=1}^{m} H_i} \quad i = 1, 2, \cdots, m$$

10.3.2.2 全国测评体系权重分析

根据全国全面小康社会建设进程测评体系，可得到各指标权重。由于本研究剔除了该体系中个别指标，为满足权重综合等于1的条件，因此将该体系中相应权重进行调整，调整方法如下：

$$w_i' = \frac{w_i}{\sum\limits_{i \mid A} w_i}$$

其中 w_i' 为本研究指标体系权重，w_i 为全国测评体系权重，A 为本研究所使用的指标集合。

10.3.2.3　组合赋权法

本研究采用基于权重总偏差最小的最优组合赋权法模型，其原理如下：

假设某一多指标综合评价问题有 m 项指标，主观赋值法确定的权重系数向量为：$\omega_1 = (\omega_{11}, \omega_{12}, \cdots, \omega_{1m})$；客观赋值法确定的权重系数向量为：$\omega_2 = (\omega_{21}, \omega_{22}, \cdots, \omega_{2m})$；组合权重向量表示为：$\omega_0 = (\omega_{01}, \omega_{02}, \cdots, \omega_{0m})$。

其中，第 j 项指标的组合权重可表示为前面两种赋值法确定的权重的线性组合，即 $\omega_{0j} = \theta_1 \omega_{1j} + \theta_2 \omega_{2j}$。由此，最优组合赋权法转化为确定主客观权重系数向量 $\theta = (\theta_1, \theta_2)$ 的求解。组合权重向量与主、客观赋值权重偏差分别为：$\omega_0 - \omega_1$ 与 $\omega_0 - \omega_2$。要使权重偏差平方和最小，则可建立目标方程：

$$\min D = \sum_{i=1}^{2} ||\omega_0 - \omega_i||^2$$

$$= \mu \sum_{j=1}^{m} (\omega_{0j} - \omega_{1j})^2 + (1-\mu) \sum_{j=1}^{m} (\omega_{0j} - \omega_{2j})^2$$

$$= \mu \sum_{j=1}^{m} [(\theta_1 \omega_{1j} + \theta_2 \omega_{2j}) - \omega_{1j}]^2 + (1-\mu) \sum_{j=1}^{m} [(\theta_1 \omega_{1j} + \theta_2 \omega_{2j}) - \omega_{2j}]^2$$

μ 为偏好因子，$0 < \mu < 1$，最终建立优化模型为：

$$\min D = \mu \sum_{j=1}^{m} [(\theta_1 \omega_{1j} + \theta_2 \omega_{2j}) - \omega_{1j}]^2 + (1-\mu) \sum_{j=1}^{m} [(\theta_1 \omega_{1j} + \theta_2 \omega_{2j}) - \omega_{2j}]^2$$

$$\text{s.t.} \sum_{j=1}^{m} \omega_{0j} = 1$$

该模型中只有 $\theta = (\theta_1, \theta_2)$ 为变量，其他 ω_1 和 ω_2 均为已确定的系数向量，通过求 $\theta = (\theta_1, \theta_2)$ 的最优解，即可得到最终的权重向量 ω_0。为求得目标函数的极值，用目标函数分别对 θ_1、θ_2 求偏导，取偏导为 0，化简得到：

$$\begin{cases} \omega_1 \binom{\omega}{1} T \theta_1 + \omega_1 \binom{\omega}{2} T \theta_2 = \omega_1 \binom{\omega}{1} T \\ \omega_2 \binom{\omega}{1} T \theta_1 + \omega_2 \binom{\omega}{2} T \theta_2 = \omega_2 \binom{\omega}{2} T \end{cases}$$

解方程可得到 $\theta = (\theta_1, \theta_2)$。为满足约束条件，对该解作归一化处理：

$$\overline{\theta^1} = \frac{|\theta_1|}{|\theta_1| + |\theta_2|}, \quad \overline{\theta^2} = \frac{|\theta_2|}{|\theta_1| + |\theta_2|}$$

得到最终的权重向量：$\omega_{0j} = \overline{\theta^1} \omega_{1j} + \overline{\theta^2} \omega_{2j}$。

10.4 广西小康社会建设进程评价实证

10.4.1 广西小康社会发展现状分析

10.4.1.1 广西基本概况

随着东盟自贸区建设以及"一带一路"政策的落实,广西抓住机遇,实现经济社会快速发展。经济方面,"十二五"期间,广西立足区情,根据广西优势及特色,在生态经济、服务业发展、新型城镇化等方面挖掘和培育新的经济增长点,加快产业结构转型升级;同时,利用区位优势,加强与东盟各国的贸易合作,全方位提升对外开放水平。在改善民生问题上,广西积极推进精准扶贫,并加大就业政策力度,出台对高校毕业生、农村转移劳动力和城镇困难人员就业、创业的鼓励政策,同时加快完善社会保障体系;并大力发展科教文化体育事业,丰富群众精神文化生活。在资源环境方面,广西一方面大力发展生态经济,一方面注重环境保护。狠抓节能减排降碳,严格实施单位地区生产总值能耗和二氧化碳排放强度目标责任考核,全力完成污水垃圾处理设施建设任务,推进城镇垃圾分类收集处理,加强生态保护和环境治理。

10.4.1.2 经济发展水平分析

近年来,广西经济平稳较快地增长,所有指标均有所增长,个别指标增幅明显。截至 2015 年,广西人均地区生产总值达到 35 190 元,较上年增长 6.35%;第三产业占地区生产总值的比重达到 37.6%,较上年增加 5.28%;每万人口发明专利拥有量达到 2 件/人,较上年增长 13.31%;农业劳动生产率达到 0.34 万元/人,较上年增长 12.73%。经济各方面的增长,均体现了广西大力发展经济、提升科学技术水平以提升生产效率的卓越成效。

10.4.1.3 人民生活水平分析

各项民生政策实施效果显著,居民生活质量有了显著提高。2015 年,城镇登记失业率降至 2.92%,比上年降低 8.75%,已达到全面小康标准;城镇恩格尔系数降低至 34.5%,农村恩格尔系数为 35.5%,其中城镇恩格尔系数已达到全面小康标准;城乡居民收入比为 3.53,较上年降低 2%。这些指标表明人民收入日渐提高,城乡居民收入日趋平衡,就业制度日益完善。此外,每万人拥有公共交通车辆达到 9.43 辆,饮用自来水人口占农村人口的 70.46%,农村卫生厕所普及率约达到 85%,体现了基础设施建设的显著成果。

10.4.1.4 资源环境分析

丰富的资源以及良好的生态环境一直是广西的优势所在。截至 2015 年，广西森林覆盖率达到62.24%，城市建成区绿化率为37.6%，均处于全国前列。这体现了广西良好的生态环境以及环保举措的成效。此外，截至 2014 年，单位地区生产总值能耗为 0.61 吨标准煤/万元，较上年降低了 10.3%。这来自于节能减排政策的有效实施。

10.4.2 广西小康社会建设进程评价

10.4.2.1 原始数据处理

1. 缺失值处理

在数据分析过程中，由于各省份的数据发布时间不同，公开指标也有差别，因此在近几年尤其是 2014 年的比较中，各省份指标数据均有不同程度的缺失。对于缺失值，本书主要作如下处理：（1）对于有明显增长或下降趋势的指标，利用近五年数据计算其平均增长（下降）速度，并用最后一年真实指标乘以平均增长（下降）速度进行推算；（2）对于无明显趋势的数据，则以最后一年真实值作为估计值。

2. 进程化处理

本研究目标为探究全面小康社会建设进程，因此需将各指标原始数据转换为进程百分比。由于全国统一监测指标体系已制定各指标目标值，因此本研究借助目标值对各省份指标数据作如下处理：①对于正向指标，进程百分比＝指标值/目标值；②对于逆向指标，进程百分比＝目标值/指标值。

10.4.2.2 实证分析

1. 广西小康社会建设现状评价

从总体来看，广西小康社会建设推进迅速，目标完成度由 2005 年的33.5%增长至 2015 年的 67.66%，其中增长最为迅速的为资源环境。从三级指标来看，这主要是来源于单位地区生产总值能耗的降低以及城市生活垃圾无害化处理率的提高，目标完成度年平均增速分别为 7.35%和2.79%。此外，小康社会建设的不断推进，离不开广西经济的发展，尤其是人均地区生产总值的增长以及城镇人口的增加，年平均增速分别为 14.88%和3.42%。此外，人民生活水平方面也有所进步（见图 10-1）。

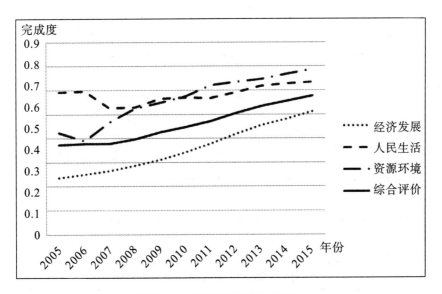

图 10-1　广西全面小康建设进程

2. "十一五"与"十二五"期间广西小康社会建设进程比较

与"十一五"时期相比，"十二五"期间，广西全面小康建设进程明显增快。从总体进程来看，"十一五"期间，第一年进展缓慢，建设速度从第二年开始才慢慢提升，而在"十二五"期间，小康进程一直稳步发展（见图10-2）；在经济发展方面，两个时期发展速度差异较小，均为匀速增长，其中"十一五"期间年平均增速为3.46%，"十二五"期间年平均增速为4.29%（见图10-3）；在人民生活方面，两段时期发展情况差异较大，"十一五"期间建设进程经历了先下降后上升的过程，"十二五"期间则一直在发展，但发展速度逐渐减慢（见图10-4）；此外，资源环境方面在两段时期的发展速度也略有差异，"十二五"与"十一五"相比，发展速度减缓（见图10-5）。

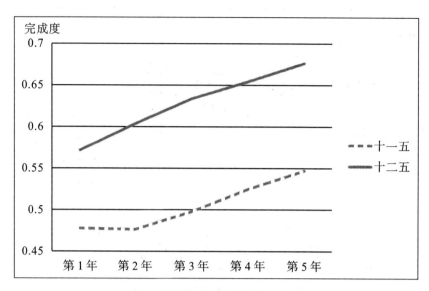

图 10-2　综合评价

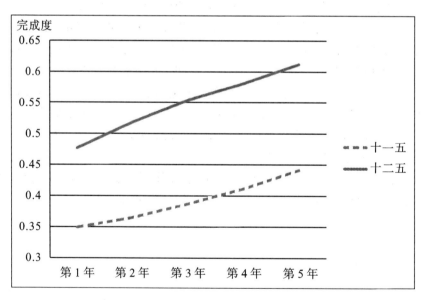

图 10-3　经济发展方面

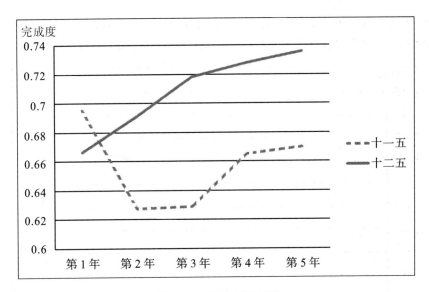

图 10-4　人民生活方面

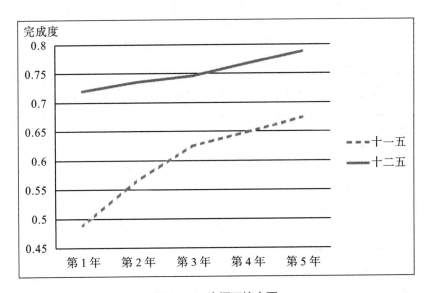

图 10-5　资源环境方面

3. 与广东、云南小康社会建设进程的比较

（1）总体进程。

从总体来看，如图 10-6 所示，三个省份增速几乎相同，每年平均以 3% 左右的速度增长。但是，广东领先广西和云南较多。2005 年，广东全面小康建设完成度已达到 67.6%，而直至 2014 年，广西及云南仍未达到此水平。2014

年，广东全面小康建设完成度达到87.12%，广西次之，为65.45%，而云南仅为62.92%。下文将从经济发展、人民生活、资源环境三个角度分析三个省份优劣。

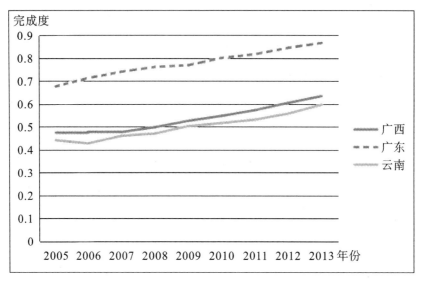

图 10-6　三个省份小康社会建设总体进程

（2）经济发展。

三个省份差距最大的方面为经济发展，由图10-7可以看出广东远远领先

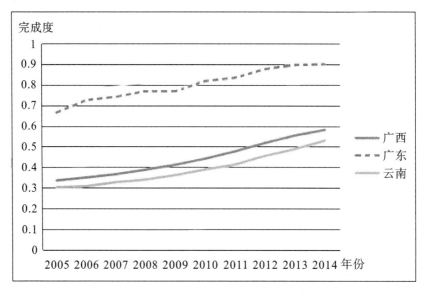

图 10-7　三个省份小康社会建设中的经济发展方面的完成度

于广西和云南。截至 2014 年，广东在人均地区生产总值、第三产业占地区生产总值的比重、每万人口发明专利拥有量、互联网普及率以及城镇人口比重均已达到全面建设小康指标目标值，而广西离目标还有一定距离。此外，广西在第三产业占地区生产总值的比重以及农业生产率两项指标上也落后于云南。

（3）人民生活。

人民生活方面，三个省份相差不大，但广西自 2006 年起便处于落后位置，且发展速度不明显。如图 10-8 所示，2005—2014 年，广东在人民生活水平方面的小康建设完成度由 74.54% 提升至 84.50%，云南也由 66.98% 上升至79.03%，而广西仅由 69.23% 提升至 72.78%，仅上升约 3 个百分点。从原始数据来看，广东在每万人口交通事故死亡人数、城镇登记失业率、恩格尔系数、城乡居民收入比、饮用自来水人口占农村人口的比重、农村卫生厕所普及率等指标上均已到全面小康标准，而广西仅有每万人口交通事故死亡人数、恩格尔系数、农村卫生厕所普及率已达到全面小康标准，且文化及相关产业增加值占地区生产总值的比重、城镇登记失业率、城乡居民收入比、每万人拥有公共交通车辆、每千人口拥有执业医师数、饮用自来水人口占农村人口的比重等指标均落后于云南。

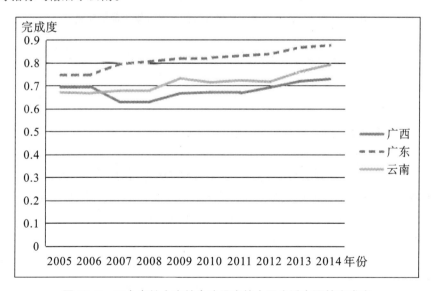

图 10-8　三个省份小康社会建设中的人民生活方面的完成度

（4）资源环境。

在资源环境方面，广西则占有较大优势。从图 10-9 可以看出，从 2005 年到 2014 年，三个省份在资源环境方面的建设均有明显提升，而广西更是后来居上，完成程度于 2014 年超过广东，达到 76.73%。从原始数据来看，广西在森林覆盖率、城市建成区绿化率及城市生活垃圾无害化处理率三项指标上占有较大优势。

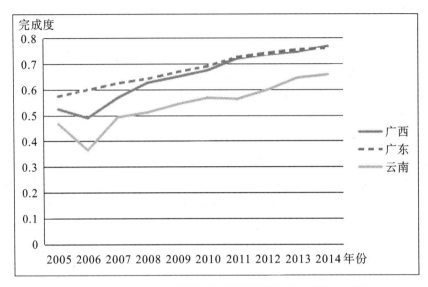

图 10-9　三个省份小康社会建设中的资源环境方面的完成度

10.4.3　广西小康社会进程预测

10.4.3.1　预测方法

1. ARIMA 模型

（1）模型理论

①自回归模型 AR（p）

AR 模型是利用观测值 x_t 与以前时期的观测值之间的关系来预测 X 值的一种多元回归方法，其中因变量为观测值 x_t，而自变量是其自身的滞后值 x_{t-1}，x_{t-2}，…，x_{t-p}。故称为自回归。因此自回归模型 AR（p）的表达式为：

$$x_t = \emptyset_0 + \emptyset_1 x_{t-1} + \emptyset_2 x_{t-2} + \cdots + \emptyset_p x_{t-p} + \varepsilon_t$$

其中 x_t 是生成的 t 期的预测值；x_{t-1} 是 $t-1$ 期的观察值；x_{t-p} 是第 $t-p$ 期的观察值；$\emptyset_1$，$\emptyset_2$，…，$\emptyset_p$ 是自回归系数；ε_t 是随机扰动项。

②移动平均模型 MA（q）

MA 模型的含义是：时间序列 x_t 表示为目前和过去各个历史时期的随机误差项的一个线性方程，其 q 阶移动平均模型数学表达式为：

$$x_t = \mu + \varepsilon_t - \theta_1 \varepsilon_{t-1} - \theta_2 \varepsilon_{t-2} - \cdots - \theta_q \varepsilon_{t-q}$$

这里，x_t 是生成的 t 期的移动平均值（预测值）；θ_1，θ_2，$\cdots$，θ_q 是移动平均系数；ε_t，ε_{t-1}，$\cdots$，ε_{t-q} 是白噪声序列值。

③自回归移动平均模型（ARMA）

当时间序列 x_t 不仅和它本身的历史观测值有关，还和过去各个历史时期的随机扰动项存在一定的关系，那么这个模型就叫自回归移动平均模型，即表示为：

$$x_t = \emptyset_0 + \emptyset_1 x_{t-1} + \emptyset_2 x_{t-2} + \cdots + \emptyset_p x_{t-p} + \varepsilon_t - \theta_1 \varepsilon_{t-1} - \theta_2 \varepsilon_{t-2} - \cdots - \theta_q \varepsilon_{t-q}$$

模型记作 ARMA（p，q）模型。其中当 $q = 0$ 时，模型变成 AR（p）模型；当 $p = 0$ 时，模型变成 MA（q）模型。

④求和自回归移动平均模型（ARIMA）

在建立 ARMA 模型之前，必须满足时间序列是平稳性序列这个条件，如果序列不是平稳序列，那么需要进行对数或差分变换使之平稳化。而 ARIMA（p，d，q）模型就是对经过 d 阶差分后变平稳的非平稳序列建立 ARMA 模型。

（2）ARIMA 模型的建模步骤

①数据的预处理

在构造模型之前，我们应该先检验序列的平稳性，只有平稳的序列才能建立 ARMA 模型。如果序列是非平稳序列，那么应该对序列进行平稳化处理，使之变成半稳序列。由于经过差分转换的序列有可能变成白噪声序列，而白噪声序列是没有研究价值的，所以还需对差分后的序列进行白噪声检验。

②模型的识别和定阶

对平稳序列作相关性检验，观察其截尾和拖尾情况，大概可以判断出 ARMA 模型的滞后阶数，并对不同组合建立模型，根据 AIC 准则最小值确定最优模型。其主要定阶规则如表 10-3 所示。

表 10-3　　　　　　　　　　ARMA 模型定阶原则

自相关系数	偏自相关系数	模型定阶
拖尾	p 阶截尾	AR（p）模型
q 阶截尾	拖尾	MA（q）模型
拖尾	拖尾	ARMA（p，q）模型

③模型参数估计

在确定模型类型及阶数后，就可以对模型参数进行估计，同时需要检验参数是否能够全部通过显著性检验。如果模型估计中的某些参数没有通过显著性检验的话，则需要进行剔除。

④模型的适应性检验

模型的适应性主要是指 ARMA 模型已经完全或基本上解释了序列的相关性，因而残差序列是独立序列。主要是通过对残差序列进行纯随机性检验，如果检验结果显示残差序列为白噪声序列，证明序列的相关性信息已被较好提取，表明模型是具有适用性。

⑤模型预测

通过建立的 ARIMA 模型便可以进行样本外的预测，并通过对比预测值与真实值之间的差异来评价模型的预测精度。

2. 二次曲线拟合法

当数据表现为随着时间推移的向上变动的曲线时，则可以使用曲线拟合法拟合其走势，并进行预测。其一般方程为：

$$y = a + bt + ct^2$$

其中 t 为时间，y 为观测值。二次曲线拟合法适用于有一个转弯的曲线。方程中有三个待定参数 a、b、c，根据最小二乘法原理，可求出三个待定参数的取值。

10.4.3.2 预测结果

由于广西经济发展、资源环境以及总体进程的趋势较为稳定，因此采用 ARIMA 模型进行预测。而人民生活的发展进程有明显的曲线变化，因此采用二次曲线拟合法对其进行预测，预测结果如表 10-4 和图 10-10 所示。

表 10-4　　　　　　　　广西小康社会建设进程预测

年份	经济发展	人民生活	资源环境	总体进程
2015	61.20%	73.58%	78.81%	67.66%
2016	64.27%	78.51%	81.45%	69.88%
2017	67.33%	82.23%	84.10%	72.09%
2018	70.40%	86.43%	86.75%	74.30%
2019	73.47%	91.09%	89.40%	76.52%
2020	76.54%	96.22%	92.05%	78.73%

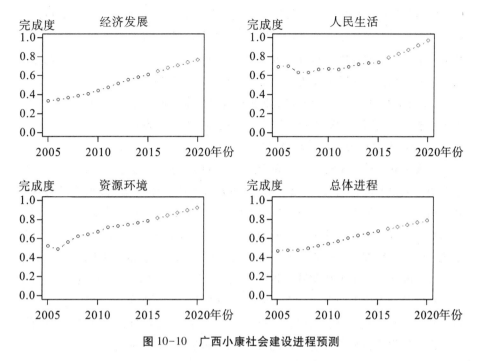

图 10-10　广西小康社会建设进程预测

　　未来五年，总体进程及其三个方面均在不断发展，但以目前的发展水平，直至 2020 年，广西全面小康建设进程离 100%完成的目标仍有一定距离。从总体来看，至 2020 年，总体完成度可达到 78.73%，较 2015 年增长约 11 个百分点。分解来看，人民生活方面发展最为明显，根据预测，至 2020 年可达到 96.22%，接近 100%完成；资源环境方面也较为乐观，2020 年可达到 92.04%；而经济发展方面形势较为严峻，至 2020 年完成程度仅为 76.54%，离完全达到小康水平仍相差约 23%。

10.5　结果分析与对策建议

10.5.1　广西小康社会建设优劣分析

10.5.1.1　优势分析

1.“一带一路”政策下，区位优势日益凸显

　　广西地处珠三角经济圈和东盟经济圈的交汇之地，一边连着粤港澳，另一边连着东盟，同时具有沿海、沿边、沿江的区位特征。中国-东盟自贸区建成

后，广西作为中国面向东盟的国际大通道，区位作用越来越重要。前文指出，广西经济水平在"十二五"期间得到显著提升，说明随着国家"一带一路"政策的推进，广西在国家对外开放战略中的地位日益凸显。广西应抓住机遇，发挥广西与东盟国家陆海相连的独特区位优势，不断推动北部湾经济区和珠江-西江经济带开放开发，建设成内陆进入东盟国家的桥头堡，打造西南、中南地区开放发展的新的战略支点，以带动全区经济社会的发展。

2. 自然资源得天独厚，环境保护较好

从实证分析结果来看，广西在资源环境方面优于广东及云南，这主要来自于广西得天独厚的自然资源。首先，广西大力推进造林绿化，发展生态林业。在植树造林活动推动下，广西森林覆盖率连年增长，人工林、速丰林、经济林面积均居全国前列，森林生态服务功能总价值突破9 500亿元；其次，广西降水充沛，河流较多，水资源十分丰富。全区拥有单河理论蕴藏量1万千瓦以上的河流246条，技术可开发量1 897万千瓦，年发电量811亿千瓦时，居全国第8位，是全国优先开发的三大水电建设基地之一①。最后，广西还是矿产资源大省，是全国10个重点有色金属产区之一。这些良好的资源环境优势既能给广西人民提供良好的环境，也能为广西经济的发展奠定基础。

3. 地貌多变且为少数民族地区，旅游资源丰富

广西是少数民族地区，同时地貌多变，因此旅游资源非常丰富且独具特色。广西的旅游资源可归纳为四大类型：一是以桂林为代表的特殊地貌地区，包括具有喀斯特地貌和丹霞地貌特征的地区、天坑群、北海银滩、德天跨国大瀑布等；二是包括桂平西山、贺州姑婆山、玉石林、梧州白云山、陆川温泉、大桂山等在内的具有丰富森林资源的地区；三是以金秀大瑶山、宜州刘三姐故乡为领衔品牌的金秀大瑶山少数民族旅游；四是人文休闲旅游景区，如桂林两江四湖、桂林乐满地、阳朔西街等。

10.5.1.2 劣势分析

1. 经济水平仍较为落后

从前文分析可知，广西经济发展仍低于全国平均水平。数据显示，2015年，广西全区生产总值为1.680 3万亿元，居全国第17位。城乡居民生活水平差异较大，尤其是农村地区人民生活水平落后，全区还有接近1/5的人口尚未脱贫。2015年广西常住人口城镇化率为47.1%，比全国的56.1%低9个百分

---

① 广西壮族自治区人民政府. 资源优势［EB/OL］. (2017-01-24)［2017-02-11］. http://www.gxzf.gov.cn/zjgx/tzhz/tzhj/200608/t20060812_287246.htm.

点。此外，产业基础较为薄弱，工业化水平还比较低，经济发展仍以农业为主。

2. 第三产业亟待发展

从数据分析结果可以看出，广西第三产业发展程度有待提升。首先，文化产业发展水平不高。2015年广西文化产业增加值占全国的比重为1.56%，排名全国第20位，在西部排在第5位，占全区地区生产总值的比重为2.52%，比全国平均水平（3.97%）低1.45个百分点，排全国第22位，西部第7位①。其次，广西文化产业发展仍处于起步阶段，总量小、步伐慢，与先进省（市）相比还有很大差距。最后，广西科技也落后于全国平均水平。根据科技部《2015中国区域科技进步评价报告》，2015年广西综合科技进步水平指数为42.09%（同比增长1.79%），在全国仅排第25位，比上年提升2位。

3. 临海沿边的区位优势未得到体现

首先，广西是我国与东盟各国连接的重要通道，然而，对外开放程度仍然不高，与东盟各国的贸易、旅游合作近几年才逐渐兴起，民众思想开放程度比较低，不利于国际化竞争。其次，广西虽然拥有漫长的海岸线和三个良港，但是海洋经济仍较为落后。2015年，海洋生产总值首次突破千亿元，同比增速约为9%，仅占全区地区生产总值的6%。这与广西的临海省份地位并不相称。最后，广西无论是陆路还是海路的优势发挥都有赖于海洋工程、造船等方面的支撑。然而与上海、广东等地相比，广西的海洋工业技术较弱，生产率较低，严重阻碍了广西海洋经济优势的发挥。

10.5.2 广西建设全面小康社会的对策建议

10.5.2.1 加强区外合作

一方面，应抓住"一带一路"政策机遇，抓住中国-东盟博览会这一平台的影响力，提升经济开放性。与此同时，加强大湄公河区域合作，建设中马钦州产业园区、中泰（崇左）产业园区、中越跨境经济合作区等一系列产业园区。加深南宁-新加坡经济走廊、文莱-广西经济走廊对沿线各国的联系程度。另一方面，作为连接东西部地区的纽带，广西应当利用与广东地区毗邻的优势，积极承接产业的转移，并联通港澳台，以实现优势资源的充分利用，并以此来促进华南、西南两地区的经济对接，加强东西部区域之间的各项合作。

---

① 广西壮族自治区统计局. 广西文化产业发展落后的问题亟须关注［EB/OL］.（2016-11-02）［2017-02-18］. http://www.gxtj.gov.cn/tjxx/yjbg/qq_267/201611/t20161102_128702.html.

10.5.2.2 加大精准扶贫力度

当前，精准扶贫行动已在各地有序进行。但要提高扶贫实效，还需采取下列措施：首先，因人、因地施策。许多地区生活水平较低主要是由于交通条件差、产业单一、过度依赖农业、基础设施落后等，因此应扩大贫困地区基础设施覆盖面，因地制宜解决通路、通水、通电、通网络等问题。其次，还应加强教育、就业、社保、医疗卫生等基本公共服务，帮助贫困地区居民提高身体素质、文化素质、就业能力，努力阻止因病致贫、因病返贫，从根本上提高人民创造财富的能力。最后，加大自治区区级财政扶贫投入，发挥政策性资金和商业性资金的互补作用，整合各类扶贫资源，开辟扶贫开发的新的资金渠道。对生存条件恶劣、生活在生态环境脆弱的地区、扶贫成本极高的贫困群众，要尽早实施搬迁脱贫。

10.5.2.3 推进文化产业建设

前文已指出，广西经济文化产业仍然薄弱。因此，广西应重视文化产业建设，提高文化产业规模化、集约化、专业化水平。首先，可通过创建国家公共文化服务体系示范区、实施重大文化产业项目等方式带动文化企业和文化品牌的发展。其次，应加快各项文化惠民工程及公共文化设施的建设，如公共图书馆、剧院等，扩大公共文化服务覆盖面，保障人民群众基本文化权益，提升居民文化水平。最后，还应结合广西特色，打造壮乡风格的文化产业品牌及文化旅游品牌，加强文化作品创作、创新文艺精品创作生产机制，推出一批质量较高的文艺作品；并与其他行业结合，促进广西特色文化与工业、农业、旅游业、演艺业等相关产业的融合发展。

10.5.2.4 实施创新驱动发展

创新是经济不断发展的重要推动力。加强创新力度，可以推动经济、科技、文化的发展。创新驱动是增强经济增长内生动力的源泉。因此，要把创新驱动摆到经济社会发展全局的突出位置，鼓励创新创业，大力推进管理创新和商业模式创新，增强驱动创新发展动力。此外，还应以产业创新需求为导向，结合广西特色，在海洋经济、东盟电子商务等领域，鼓励企业、高校、科研院所等创办或联办具有企业法人实体、实行市场化运作的新型产业技术研发机构；还应推动传统文化产业与创新创意产业融合发展。

10.5.2.5 积极发展生态经济

丰富的自然资源以及优美的环境是广西的特色优势，应充分利用自身优势带动经济发展。当前，中央推出多项关于加快推进生态文明建设的相关政策，广西可结合生态经济建设思路，推进林业生态经济、生态农业、生态旅游的协调发展，构建新型生态产业体系。而在充分利用资源的同时也应强调对环境的保护，重视可持续发展。充分重视环境资源的保护，是增强广西各地整体竞争能力和可持续发展能力的重要基础。因此，应严格制定环境保护政策，划分保护及开发区域，避免走"先污染后治理"的老路。

参考文献

［1］A Inkeles. National Character：A Psycho-Social Perspective ［J］. Translation Publisher, 1997, 3（3）：405.

［2］金晓斌，周寅康，彭补拙. 全面小康建设的定量评价与足迹分析——以江苏省为例 ［J］. 中国人口：资源与环境，2004, 14（1）：7-12.

［3］李爱香. 全面建设小康社会进程评价：2000—2007 ［J］. 统计与决策，2009（20）：102-104.

［4］刘汉蓉. 全面建设小康社会进程的实证分析——以重庆市南岸区为例 ［J］. 重庆第二师范学院学报，2009, 22（6）：82-86.

［5］邵雷鹏. 广西实现与全国同步全面建成小康社会的对策研究 ［J］. 沿海企业与科技，2016（3）：50-53.

［6］伍少金. 广西实现全面小康目标的预测分析 ［J］. 广西社会科学，2013（2）：36-39.

［7］郝杰璐. 河北省全面小康社会建设评价研究 ［D］. 石家庄：河北农业大学，2015.

［8］李柏洲，徐广玉，苏屹. 基于组合赋权模型的区域知识获取能力测度研究——31 个省市自治区视阈的实证分析 ［J］. 中国软科学，2013（12）：68-81.

［9］迟国泰，齐菲，张楠，等. 基于最优组合赋权的城市生态评价模型及应用 ［J］. 运筹与管理，2012, 21（2）：183-191.

［10］李晶晶，梁森，高明. 江苏全面建设小康社会的指标体系评价及聚类分析 ［J］. 商业经济研究，2010（9）：143-145.

［11］谢培原. 欠发达地区以县为单位建设全面小康社会进程研究 ［D］. 南京：南京大学，2013.

［12］杨姗. 全面建设小康社会实现程度的评价与分析 ［D］. 重庆：重庆大学，2013.

[13] 龚曙明. 全面小康社会建设进程综合评价指标体系与方法研究 [J].
湖南商学院学报, 2004, 11 (5): 89-91.

[14] 何琳, 朱孔来. 我国及山东全面小康社会进程的实证分析 [J]. 山东
工商学院学报, 2005, 19 (2): 74-82.

§11 结束语

　　改革开放 30 多年来，东部沿海一些省份抓住了机遇，成为改革红利的最大受益者，经济社会取得全面发展；而西部地区发展缓慢。在我国整体经济飞速发展的同时，地区经济和社会发展的不平衡状态日益显著。"十二五"是我国经济转型升级、进入新的发展阶段的关键时期。未来很长一段时期，我国经济增长速度将由高速增长转为中高速增长，经济结构不断优化升级，经济增长动力从要素驱动和投资驱动转向创新驱动。未来的一个阶段将是我国发展过程中的新的重要战略机遇期。

　　面对这一新的重要发展机遇，东、中部发达地区在资源、人才和政策上具有绝对优势，也将占据更为有利的地位。处于资源劣势的西部落后地区，应如何把握这一重要的发展机遇，实现跨越式的发展，尽快进入较发达地区行列？

　　广西作为西部落后地区，与发达地区相比，在资金、人才、基础设施建设等方面有很大的差距。但广西不仅具有作为内陆进入东盟国家的桥头堡、西部唯一出海通道等独特区位优势，在自然资源和环境方面也具有一定的比较优势。随着国家"一带一路"政策的推进，广西在国家对外开放战略中的地位日益凸显。推动北部湾经济区和珠江-西江经济带开放开发，将广西建设成为西南、中南地区开放发展的新的战略支点，是我国"十三五"经济发展战略的重要一环。广西应如何克服资源和人才短板，发挥区位和自然资源等比较优势，在未来经济发展中脱颖而出？

　　本书试图全面分析广西经济发展现状、主要特征和存在的问题，深入剖析广西长期经济发展的内在规律，以期更好地认识和把握广西经济发展状况和经济发展态势，为政府制定相应的应对策略提供决策参考。归纳起来，本书在两个方面开展了具有重要意义的创新性工作：

　　一是将广西年度经济发展置于长期经济发展阶段的背景中来考量。比如，将广西经济增长率的预测置于经济增长核算和经济周期分析的背景中；应用经济增长模型考察广西潜在的经济增长率；应用经济周期波动特征对潜在经济增长率进行修正，以对未来经济增长率做出合理的判断；将广西工业化发展特征置于广西工业化发展阶段中进行分析；将广西战略性新兴产业发展置于产业生命周期中进行分析；等等。这些不仅描述了广西经济发展运行的特征，也揭示了其经济发展运行的内在规律。

二是采用严谨的实证研究方法，构建了广西经济增长模型、经济周期模型和经济预测模型，以及工业化发展阶段评价、创新能力评价、战略新兴产业发展阶段评价和小康社会建设进程评价等综合评价模型，并进行了实证分析。比如，本书采用索洛模型、扩展的索洛模型和超越对数模型等多种经济增长模型对广西经济增长进行实证分析，对广西经济增长要素贡献率进行了测算；采用经济增长率的波峰-波谷法和因素分解法（如 H-P 滤波法）等方法，实证分析了广西经济增长的周期波动特征；采用综合指数法对广西工业化发展阶段、创新能力、小康社会建设进程等进行实证评价与分析；采用生命周期理论对广西战略新兴产业发展阶段进行实证评价；等等。

当然，由于能力和时间的局限，笔者对广西经济发展的认识还不够深刻和全面。本书主要不足是不够全面和系统、忽视了各因素之间的相互联系。课题组将继续对国内外经济形势保持高度的关注，对广西经济社会的发展进行持续的监测和评估，特别是对广西经济发展的战略性和前瞻性问题进行长期的跟踪研究。下一步将从两个方面对本书涉及的研究进行完善：一是拓展广西经济社会发展分析范围，将现有的研究领域拓展到包括区域（区内）、产业（尤其是服务业）、城镇化、投资环境、市场化和民生等在内的更多领域；二是采用系统思想，将各个领域和各种经济变量和社会变量联系起来系统考察，构建广西经济社会发展的经济系统模型。